海洋信息理论与技术系列图书

海洋科学与工程类课程思政案例
Ideological and Political Education Cases in Marine Science and Engineering

主　编　阚光锋　姜　杰
副主编　于　凯　张　洪　姜延晓　王英英

哈尔滨工业大学出版社
HARBIN INSTITUTE OF TECHNOLOGY PRESS

内容简介

本书基于我国海洋科学与工程类专业人才的培养需求,并结合教学实践过程中的经验编写而成。本书分为9章,在专业知识讲授过程中融入35个思政案例,旨在提高学生的政治站位,培养学生的家国意识和情怀,使学生在学习专业知识的同时,将品德修养、人格养成、学术志向和专业理论知识等结合起来,成为合格的新时代建设者和创造者。

本书可供高等院校海洋科学与工程相关专业师生阅读,也可供课程思政人员参考。

图书在版编目(CIP)数据

海洋科学与工程类课程思政案例/阚光锋,姜杰主编. —哈尔滨:哈尔滨工业大学出版社,2022.9
ISBN 978-7-5767-0457-0

Ⅰ.①海… Ⅱ.①阚… ②姜… Ⅲ.①思想政治教育—教案(教育)—高等学校 Ⅳ.①G641

中国版本图书馆 CIP 数据核字(2022)第 173075 号

策划编辑　许雅莹
责任编辑　马　媛
封面设计　刘长友

出版发行　哈尔滨工业大学出版社
社　　址　哈尔滨市南岗区复华四道街10号　邮编150006
传　　真　0451—86414749
网　　址　http://hitpress.hit.edu.cn
印　　刷　哈尔滨市工大节能印刷厂
开　　本　787mm×1092mm　1/16　印张10.5　字数230千字
版　　次　2022年9月第1版　2022年9月第1次印刷
书　　号　ISBN 978-7-5767-0457-0
定　　价　32.00元

(如因印装质量问题影响阅读,我社负责调换)

前　言

习近平总书记在全国高校思想政治工作会议上强调,"要用好课堂教学这个主渠道","使各类课程与思想政治理论课同向同行,形成协同效应"。高校承载"立德树人"的重要任务,课程思政能够充分挖掘各类课程的思想政治资源,因此,应发挥每门课程的育人作用,全面提高人才的培养质量。

高校作为人才培养的主阵地,只有坚定贯彻党的教育方针,坚持社会主义大学办学方向,遵循教育为人民服务、为中国共产党治国理政服务、为巩固和发展中国特色社会主义制度服务、为改革开放和社会主义现代化建设服务的基本要求,才能承担起培养担当民族复兴大任的时代新人的历史使命和时代责任。为了响应党和国家的号召,哈尔滨工业大学(简称哈工大)(威海)海洋科学与技术学院部分教师编写了本书。

本书按照海洋科学与工程的分类体系,共分为物理海洋、海洋地质、海洋生物、海洋化学、海洋矿产资源、海洋空间、海洋能源、海洋生态与环境和海洋污染警示9章,共35个案例,便于不同方向师生参考和查阅。具体编写分工如下:绪论、第2章由姜杰编写;第1章由王英英编写;第3章和第8章由阚光锋编写;第4章和第7章由于凯编写;第5章和第9章由张洪编写;第6章由姜延晓编写。

另外,本书在编写过程中也得到了分析科学与技术研究室部分硕士研究生的帮助,他们是陈思齐、焦茜、朱乾龙、刘亚琪、李中林、乔志媛、宋伟、卞晓园,向他们表示感谢。

本书参考了国内外海洋科学与工程以及相关领域的众多资料,在此向有关作者表示诚挚的谢意。

本书中的图片均来自网络,向原作者表示诚挚的谢意。

目前,海洋科学与工程类思政案例相关书籍较少,本书作为这方面的初次尝试,不当或疏漏之处在所难免,敬请广大读者提出宝贵意见,以便再版时加以完善。

作　者
2022年3月

目 录

绪 论 ·· 1

第1章 物理海洋 ·· 3
1.1 海洋雷达遥感——构建海上防线 ·· 3
1.1.1 我国开启自主研发新体制雷达的艰辛历程 ·························· 4
1.1.2 刘永坦——为祖国海防装上千里眼 ····································· 5
1.1.3 逆合成孔径实验雷达 ·· 5
1.1.4 对海观测新体制雷达整机的突破 ·· 6
1.1.5 新体制雷达研制的贡献和意义 ·· 6
1.2 海洋环流——探索海洋脉动 ·· 7
1.2.1 棉兰老流简介 ··· 7
1.2.2 棉兰老流的发现 ··· 7
1.2.3 未来的展望 ··· 8
1.3 海洋系列载人潜水器——下五洋捉鳖 ··· 8
1.3.1 "蛟龙"号载人潜水器 ·· 9
1.3.2 "深海勇士"号载人潜水器 ·· 10
1.3.3 "奋斗者"号全海深载人潜水器 ······································ 11
1.4 胶州湾海洋航空遥感实验——我国海洋遥感研究的开端 ············· 12
1.4.1 我国海洋遥感的发展 ··· 12
1.4.2 新的里程碑——胶州湾海洋航空遥感实验 ······················· 13
1.4.3 未来的展望 ·· 13
本章参考文献 ·· 14

第2章 海洋地质 ··· 16
2.1 "南海深部计划"——掀起南海的"盖头"来 ····························· 16
2.1.1 "南海深部计划"主要内容 ··· 17
2.1.2 "南海深部计划"所取得的成果 ······································ 17
2.1.3 研究意义及未来发展的重点 ·· 19

2.2 我国海域1∶100万区域地质调查——我国海洋地质调查史上的里程碑 … 20
 2.2.1 发达国家海洋地质调查概况 …………………………………… 20
 2.2.2 我国海洋地质调查发展历程 …………………………………… 21
 2.2.3 海洋区域地质调查所取得的成果 ……………………………… 21
 2.2.4 海洋区域地质调查的意义 ……………………………………… 22
 2.2.5 海洋地质调查的未来 …………………………………………… 22

2.3 "海洋地质十号"——海洋地质调查的利器 …………………………… 23
 2.3.1 "海洋地质十号"简介 …………………………………………… 23
 2.3.2 建造"海洋地质十号"的意义 …………………………………… 24

2.4 南海天然气水合物开发——"神狐奇迹" ……………………………… 25
 2.4.1 我国天然气水合物研究的标志性事件 ………………………… 25
 2.4.2 神狐海域天然气水合物的第一轮试采 ………………………… 26
 2.4.3 神狐海域天然气水合物的第二轮试采 ………………………… 26
 2.4.4 天然气水合物勘查试采的意义 ………………………………… 27

本章参考文献 ……………………………………………………………… 27

第3章 海洋生物

3.1 我国特色的海洋生物学研究 …………………………………………… 29
 3.1.1 我国海洋生物学研究的发展历程 ……………………………… 29
 3.1.2 我国海洋生物学研究的主要成就 ……………………………… 30

3.2 海带的栽培与育种 ……………………………………………………… 31
 3.2.1 历史中的海带 …………………………………………………… 31
 3.2.2 海带的人工栽培 ………………………………………………… 32
 3.2.3 海带的遗传育种 ………………………………………………… 33

3.3 南海鲸落的首次发现——一鲸落,万物生 …………………………… 35
 3.3.1 鲸落:一鲸落,万物生 …………………………………………… 35
 3.3.2 鲸落研究:海洋生态学中的国际前沿科学 …………………… 36
 3.3.3 发现鲸落的背后:我国跻身世界海洋科学研究的核心圈 …… 38
 3.3.4 海洋生态研究:打造海洋强国的必由之路 …………………… 38

本章参考文献 ……………………………………………………………… 39

第4章 海洋化学

4.1 海洋防腐——海洋钢铁卫士 …………………………………………… 42
 4.1.1 面对资源浪费,必须重视海洋防腐 …………………………… 43
 4.1.2 自强不息探索防腐事业,积极进取研发防腐工艺 …………… 43

4.2 开发海水资源,建设海洋强国 ………………………………………… 46

  4.2.1 海水资源开发对我国发展的必要性 …………………………… 46
  4.2.2 国际海水资源开发利用实践 ……………………………………… 46
  4.2.3 国内海水资源开发利用现状 ……………………………………… 47
  4.2.4 未来的展望 …………………………………………………………… 49
 4.3 蓝色海洋,新的药库 ………………………………………………………… 49
  4.3.1 古今中外,从未止步 ………………………………………………… 50
  4.3.2 海洋天然产物研究的近期发展 …………………………………… 51
  4.3.3 我国研究海洋天然产物所面临的机遇与挑战 ………………… 51
 4.4 迈向碳达峰、碳中和,海洋大有可为 ………………………………………… 52
  4.4.1 海洋固碳,改善环境 ………………………………………………… 53
  4.4.2 化学固碳,海洋助力 ………………………………………………… 53
  4.4.3 为碳中和贡献中国力量 …………………………………………… 54
 本章参考文献 ……………………………………………………………………… 55

第5章 海洋矿产资源 ………………………………………………………………… 57
 5.1 "鲲龙500"——潜入深海采"宝藏" ……………………………………… 57
  5.1.1 "鲲龙500"潜入深海 ………………………………………………… 58
  5.1.2 "鲲龙500"走出"五角星" …………………………………………… 59
  5.1.3 "鲲龙500"的技术创新与攻克的技术难题 ……………………… 60
  5.1.4 "鲲龙500"之后我国企业加快探海步伐 ………………………… 61
 5.2 "泰鑫1号"——首艘滨海采矿船 ………………………………………… 61
  5.2.1 我国滨海采矿存在的不足 ………………………………………… 62
  5.2.2 "泰鑫1号"的诞生 …………………………………………………… 62
  5.2.3 "泰鑫1号"的设计与突破 ………………………………………… 63
  5.2.4 "泰鑫1号"远景展望 ………………………………………………… 64
 本章参考文献 ……………………………………………………………………… 64

第6章 海洋空间 …………………………………………………………………………… 66
 6.1 玫瑰园计划——香港国际机场 …………………………………………… 66
  6.1.1 国际机场的建设背景 ……………………………………………… 66
  6.1.2 香港国际机场简介 ………………………………………………… 67
  6.1.3 香港国际机场的建设 ……………………………………………… 67
  6.1.4 机场十项核心工程 ………………………………………………… 67
  6.1.5 香港国际机场的科学选址 ………………………………………… 69
  6.1.6 集约用地,容量最佳,升降便捷 ………………………………… 69
  6.1.7 立体整合,换乘交通流线简捷 …………………………………… 69

6.1.8　愿景目标:从"城市机场"到"机场城市"的改变 …………………… 70
　6.2　新世界七大奇迹之一:港珠澳大桥 ……………………………………………… 70
　　6.2.1　港珠澳大桥从何而来 …………………………………………………… 70
　　6.2.2　港珠澳大桥的建设过程 ………………………………………………… 71
　　6.2.3　港珠澳大桥建设大事记 ………………………………………………… 72
　　6.2.4　港珠澳大桥建设面临的困难 …………………………………………… 72
　　6.2.5　港珠澳大桥顺利通车 …………………………………………………… 75
　　6.2.6　港珠澳大桥建成后的影响 ……………………………………………… 76
　6.3　海上浮式生产储油船——落户巴西的世界级"海上油气工厂" ……………… 77
　　6.3.1　大国重器 FPSO 落户巴西 ……………………………………………… 78
　　6.3.2　FPSO 的发展情况及应用 ……………………………………………… 79
　　6.3.3　全球 FPSO 的发展现状 ………………………………………………… 80
　　6.3.4　国内 FPSO 的发展 ……………………………………………………… 81
　　6.3.5　我国 FPSO 在巴西落户的影响及意义 ………………………………… 82
　6.4　我国极地科考——极地海洋世界的探索与保护 ……………………………… 83
　　6.4.1　我国极地探索征程 ……………………………………………………… 83
　　6.4.2　我国极地科考船 ………………………………………………………… 86
　　6.4.3　极地海洋生物探索与保护 ……………………………………………… 87
　本章参考文献 ……………………………………………………………………………… 89

第7章　海洋能源 …………………………………………………………………………… 91

　7.1　世界上首座海洋潮流能发电站——LHD 海洋潮流能发电站 ……………… 91
　　7.1.1　我国对潮流能的利用历史 ……………………………………………… 92
　　7.1.2　"LHD"横空出世 ………………………………………………………… 92
　　7.1.3　"LHD"的创新 …………………………………………………………… 93
　　7.1.4　"LHD"的展望 …………………………………………………………… 95
　7.2　"鹰式一号"波浪能发电装置 ……………………………………………………… 95
　　7.2.1　波浪能的利用由来已久 ………………………………………………… 96
　　7.2.2　我国波浪能发电的应用 ………………………………………………… 96
　　7.2.3　"鹰式一号"波浪能发电装置 …………………………………………… 97
　7.3　世界最大海上钻井台——"蓝鲸1号" ………………………………………… 99
　　7.3.1　可燃冰与人类的相遇 …………………………………………………… 99
　　7.3.2　我国海洋可燃冰的分布情况及勘探开发现状 ………………………… 100
　　7.3.3　超深水钻井平台"蓝鲸1号"的研发 …………………………………… 102
　　7.3.4　"蓝鲸1号"的拔新领异 ………………………………………………… 103

         7.3.5 "蓝鲸1号"的安全保障 104
         7.3.6 中国品牌来福士 105
   7.4 "深海一号"大气田——我国海洋石油开发进入"超深水时代" 106
         7.4.1 "深海一号"大气田简介 107
         7.4.2 破题：采用3项世界级创新和13项国内首创技术 108
         7.4.3 寓意：全面掌握了开启深海能源宝藏的"钥匙" 109
         7.4.4 标志：我国能源安全再添重量级筹码 111
         7.4.5 未来：为探求深海油气资源开启新纪元 112
   本章参考文献 113

第8章 海洋生态与环境 115

   8.1 海洋环境监测系统：海洋"保卫伞" 115
         8.1.1 海洋监测系统的工作 116
         8.1.2 海洋浮标——"海上天气侦察兵" 116
         8.1.3 海洋水色遥感技术——巡天观海卫祖国 118
   8.2 海洋生态修复：海底"荒漠"变"绿洲" 121
         8.2.1 海洋生态修复的积极意义 121
         8.2.2 大型围填海工程的生态问题 122
         8.2.3 福建宁德市三屿工业区大型围填海生态修复工程 122
   8.3 海洋防污：流水不腐，户枢不蠹 124
         8.3.1 海洋生物污损 124
         8.3.2 海洋防污涂料的发展 125
   8.4 海洋牧场——蓝色牧场修复海洋 127
         8.4.1 海洋牧场简介 127
         8.4.2 海洋牧场的建设发展 128
   本章参考文献 131

第9章 海洋污染警示 133

   9.1 福岛核泄漏——史上最大的工业污染 134
         9.1.1 核能概述 134
         9.1.2 福岛核泄漏事故 134
         9.1.3 世界各国对核废水的反应 136
   9.2 墨西哥湾漏油事件——"黑色海洋" 138
         9.2.1 海上石油泄漏事故 138
         9.2.2 海上石油泄漏的影响 138
         9.2.3 事态的最终结果 141

9.3 海洋赤潮——"红色幽灵" …………………………………………………… 141
   9.3.1 赤潮概述 ………………………………………………………………… 142
   9.3.2 赤潮发生 ………………………………………………………………… 142
   9.3.3 我国赤潮的研究进展 …………………………………………………… 143
   9.3.4 我国赤潮的防治工作 …………………………………………………… 145
9.4 海洋汞污染——水俣病 …………………………………………………… 146
   9.4.1 灾难的开始 ……………………………………………………………… 147
   9.4.2 灾难的持续发展 ………………………………………………………… 147
   9.4.3 灾难的危害 ……………………………………………………………… 148
   9.4.4 我国对汞的防治 ………………………………………………………… 148
9.5 海洋热污染 ………………………………………………………………… 150
   9.5.1 温排水对生物及生态环境的影响 ……………………………………… 150
   9.5.2 我国的温排水现状 ……………………………………………………… 151
   9.5.3 大亚湾核电基地 ………………………………………………………… 152
   9.5.4 Quad Cities 核电站（QCNS） …………………………………………… 153
   9.5.5 关于热污染的建议与展望 ……………………………………………… 153
   9.5.6 温排水生态影响研究的建议 …………………………………………… 155
本章参考文献 …………………………………………………………………… 155

绪　　论

　　海洋拥有着丰富的资源,其开发潜力巨大,支撑着国家未来的战略发展。我国是一个海洋大国,海域辽阔,海洋资源丰富。我国有 18 000 多千米海岸线,6 500 多个沿海岛屿,整个海域自然地理分布范围南北跨度约 38 个纬度,东西跨度约 24 个经度。渤海、黄海、东海和南海水深浅于 200 米的大陆架面积为 100 多万平方千米。渤海、黄海和北部湾属于半封闭型的大陆架,东海和珠江口外属于开阔海型的大陆架。几条流域面积广大的江河由陆地携带入海的泥沙量每年超过 20 亿吨。浅海大陆架开阔,渤海、黄海、东海及南海的南北两翼都有面积广大、沉积巨厚的大型盆地。根据《联合国海洋法公约》200 多海里专属经济区制度和大陆架制度,我国拥有近 300 万平方千米的海洋国土,是世界上海岛较多的国家之一。

　　海洋是人类所依赖的食物、能源和矿产的重要来源,特别是在生产、交通、健康、休闲娱乐等方面起着重要作用。"21 世纪,人类进入了大规模开发利用海洋的时期。海洋在国家经济发展格局和对外开放中的作用更加重要,在维护国家主权、安全、发展利益中的地位更加突出,在国家生态文明建设中的角色更加显著,在国际政治、经济、军事、科技竞争中的战略地位也明显上升。"地球已经并仍将面临从世界粮食安全和气候变化,到能源、自然资源的供给和医疗服务的改善等诸多方面的挑战。海洋经济已经成为临海国家经济增长最具活力和前景的领域之一,"要提高海洋开发能力,扩大海洋开发领域,让海洋经济成为新的增长点"。

　　改革开放 40 多年以来,我国对海洋的探索和利用愈发深入,《中国海洋 21 世纪议程》《全国海洋经济发展规划纲要》《全国海洋经济发展"十三五"规划》等文件的出台,强力助推了我国海洋事业的发展。尤其在党的十八大会议上,以习近平同志为核心的党中央从实现中华民族伟大复兴的高度出发,做出了"建设海洋强国"的重大部署。党的十八大报告提出,提高海洋资源开发能力,发展海洋经济,保护海洋生态环境,坚决维护国家海洋权益,建设海洋强国。"建设海洋强国"这一重大战略部署,是党中央根据国内外发展趋势做出的重大决策,体现了对国家海洋事业发展的高度重视。海洋强国之梦,是中华民族实现中国梦不可缺少的构成部分。海洋梦已经自然地融入以国家富强、民族振兴、人民幸福为指向的中国梦之中,是中国梦的重要组成部分,我们要用海洋梦托起中国梦。党的十九届五中全会明确指出,坚持陆海统筹,发展海洋经济,建设海洋强国,要求从全面建设社会主义现代化国家的战略全局关心海洋、认识海洋、经略海洋。近年来,我国海洋经济由快速发展迈入高质量发展阶段,2019 年海洋生产总值达到 8.9 万亿元。要建设海洋强国,必须拥有强大的海洋科研能力,所以,我们要提高海洋科技创新能力。

《中华人民共和国国民经济和社会发展第十四个五年规划和 2035 年远景目标纲要》明确提出,积极拓展海洋经济发展空间,坚持陆海统筹、人海和谐、合作共赢,协同推进海洋生态保护、海洋经济发展和海洋权益维护,加快建设海洋强国。

自古以来,向海而兴,背海而衰,所以要积极了解、探索海洋,对海洋资源进行合理开发应用,发挥我国海洋产业的最大优势。未来海洋资源和环境仍是制约我国海洋经济发展的重要因素,如何有效开发利用海洋资源,应对海洋资源退化、海洋生态环境问题的挑战,将成为我国乃至世界各国未来发展海洋经济面临的重大课题。

第 1 章 物理海洋

物理海洋学涵盖的内容包括海浪、潮汐、海洋环流、中尺度涡旋、湍流、混合、气候变化等过程，采用的研究手段包括卫星和现场观测、数值模拟和理论分析，其研究成果在海洋灾害预警预报、海洋环境安全保障、海洋权益维护、海洋资源开发、海上工程、气候预测等方面具有重要应用价值。

中华人民共和国成立早期，受国力所限，调查观测主要限于我国近海，于1957—1960年先后开展了渤黄海同步观测和全国海洋普查。进入20世纪80年代以来，我国的物理海洋学家有机会进行国际交流，并逐渐开始走向大洋和极地：在1980—2000年，中美、中日、中韩、中朝等国际合作在热带西太平洋、南海、东海、黄海等海域开展了科学考察研究，其中，我国开展了黑潮边缘交换过程；参加了世界大洋环流实验、全球海平面观测系统、热带海洋与大气研究计划等国际海洋组织和计划；2017年8月28日至2018年5月18日，完成了为期263天的环球海洋综合科学考察，在印度洋、大西洋、南极周边海域和太平洋开展了水文气象断面调查、潜/浮标等定点观测、水下滑翔机观测等工作。

我国物理海洋学研究起步于海浪、潮汐、近海环流与水团，以及以风暴潮为主的海洋气象灾害的研究。随着国力的增强，研究领域不断拓展，涌现了大量具有广泛影响力的研究成果，发展了第三代海浪数值模式，提出了"准调和分析方法"和"潮汐潮流永久预报"等潮汐潮流的分析和预报方法，发现并命名了"棉兰老潜流"，提出了印度尼西亚贯穿流的南海分支，发展了浅海水团的研究方法，基本摸清了我国近海水团的分布，以及消长特征与机制，构建了"南海内波潜标观测网"，发展了湍流的剪切不稳定理论，研发了全球浪—潮—流耦合模式，建立了达到国际水准的非地转和地转物理模型实验平台，建立了海洋和气候系统年代际变化的理论体系，研发了万米水深的深水水听器和海洋光学特性系列测量仪器。

随着走向大洋和极地需求的增强，我国积极发展大洋和极地的观测与研究，在太平洋西边界流、大洋环流与气候变化、极地海洋学等方面均做出了有影响力的成果，逐步进入了国际前沿研究领域。

1.1 海洋雷达遥感——构建海上防线

自20世纪60年代开始以来，我国海洋遥感技术在几代海洋遥感科研人员的持续努力下，取得了丰硕的成果。海洋不断向环境辐射电磁波能量，海面还会反射或散射太阳和人造辐射源（如雷达）射来的电磁波能量，故可设计一些专门的传感器，接收并记录这些电磁辐射能,再经过传输、加工和处理,得到海洋图像或数据资料。

人们最初对海洋状态的探测是利用原始的船舶、浮标、潜标等直接手段,在船舶和浮标等平台上用声学、电磁、机械仪器等进行探测,这些方法都比较落后且不易得到方向谱。自从1935年英国工程师沃森－瓦特设计制造了第一台实用雷达,雷达便成为对海、陆、空的重要探测仪器。20世纪50年代以前的雷达都属于第一代雷达,即机械扫描的常规雷达。这种雷达作用距离有限、天线波速扫描慢,对于超音速目标无法实现短时间内跟踪式扫描,例如喷气式飞机、导弹、人造卫星等高速飞行器。因此随着当时半导体材料的研究热潮,人们尝试使用电扫描技术替代机械扫描,研制出频率扫描和相位扫描的电控雷达波束指向系统,即新体制雷达的核心技术。

我国有延绵万里的海岸线,对于建立覆盖本国海岸线的对海和对空雷达网络这一巨大工程,党中央一直高度重视,哈尔滨工业大学刘永坦院士对高频地波超视距雷达研究做出了突出的贡献。该新体制雷达与国际最先进同类雷达相比,系统规模更小、作用距离更远、精度更高、造价更低,总体性能达到国际先进水平,使我国雷达国防的核心技术跃居于国际领先地位。

1.1.1 我国开启自主研发新体制雷达的艰辛历程

地波超视距雷达的相关原理早在1955年就被提出,但实践起来困难颇多。工作在高频段的地波超视距雷达的探测距离主要受自由空间传播损耗、发射功率随距离而增大的地波损耗和接收机受其他高频用户干扰的影响。正因如此,即使发达国家其真正造出实验用的雷达系统也是20世纪80年代以后的事情。我国的地波超视距雷达研制起点也差不多在这一时期。刘永坦于1953年考入哈尔滨工业大学,从事无线电、雷达与信息处理技术的研究,在1966—1976年期间也一直在进行雷达重要部件单脉冲延迟接收机和声表面波器件的研究。经过20多年的科研沉淀,刘永坦于1978年带着扎实的理论基础飞往英国进修,参加了海洋状态遥感信号处理机制的研究。西方国家此时正致力于对新体制雷达的研究,这一次的出国经历让刘永坦深刻意识到了第一代雷达的众多缺陷和对新体制雷达的研究刻不容缓。在这个大背景下,我国要想彻底打破西方国家的技术垄断,正如后来毛二可所说:"必须遵循雷达技术发展的自身规律,从我军未来的作战需求出发,独立自主地提出全新的解决方案,进行雷达系统的创新性研究,研制新体制雷达。"两位同一时代的学者在对我国雷达技术发展的看法上不谋而合。刘永坦于3年后的秋天带着对新体制雷达研究的国际视野和决心启程回国,并在1982年向组织递交了20多万字的《新体制雷达的总体方案论证报告》,获得方案评审会与会专家的一致表决通过,自此我国开启了自主研发新体制雷达的艰辛历程。

1.1.2 刘永坦——为祖国海防装上千里眼

哈工大于 20 世纪 80 年代中期开始研究用于探测海上移动目标高频地波雷达,并在山东威海建站,用于探测烟台－大连－威海之间运行的船舶。武汉大学 1994 年研制的 OSMAR 系统,虽然有效探测距离只有约 30 千米,但这一研究却受到国家的高度重视。1997 年,国家高技术研究发展计划海洋领域设立了重大课题"高频地波雷达海洋环境监测技术",该课题由武汉大学主持研究。海上实测比对工作由中国海洋大学和自然资源部第一海洋研究所共同承担。

最初几年由于扎实的理论功底,以及出国留学带来的国际视野,刘永坦率领团队在方案和关键技术方面接连突破,但是众人心里明白,距离真正的实际应用还有不小的距离。为此他提出在威海建立雷达站,将这些理论知识转化成实用设备。在哈工大和航天工业部的大力支持下,1989 年在威海一个偏僻的小渔村建立了我国第一个新体制雷达站。在此期间,他们遇到了一系列难题。例如在调试初期,系统频频死机,由发射、接收、信号处理、显示等设备组成的庞大系统,加上几十万行代码的大型控制程序,任何一个微小的故障都可能导致整个系统无法运行。刘永坦率领团队采用分布式检测的方法,从系统的每一个程序开始检查,发现一个问题就解决一个问题,保证了系统稳定运行。最终,于 1990 年完成了整机调试。这个新体制雷达站首次完成了我国对海面目标的远距离探测实验,实现了我国对海探测技术的重大突破,其鉴定结果为"新体制雷达研究成果居国际领先水平"。该项目获 1991 年度国家科学技术进步奖一等奖。

1.1.3 逆合成孔径实验雷达

为进一步推进新体制雷达从理论到应用,1987 年刘永坦带领团队承担了国家"逆合成孔径实验雷达"重大研究项目。逆合成孔径雷达(Inverse Synthetic Aperture Radar, ISAR)是在合成孔径雷达(Synthetic Aperture Radar,SAR)的基础上发展起来的。逆合成孔径雷达与合成孔径雷达的基本原理类似,不同之处在于,合成孔径雷达是运动的雷达对固定的目标成像,而逆合成孔径雷达是固定的雷达对运动的目标成像。逆合成孔径雷达能够对远距离目标进行高分辨率成像,具有全天候、全天时、远距离获得非合作运动目标(如大气运动、云层、飞机、舰船和导弹等)精细图像的能力,主要用在气象、军事方面。美国逆合成孔径雷达一般精度为 0.12 米,最高可达 3 厘米。

刘永坦率领团队用了 5 年时间终于突破逆合成孔径雷达的原理难关,通过固定或仅原地转动的雷达天线扫描移动目标,并运用信号综合处理方式,从多次采集到的大量数据中获得了运动目标的二维或三维图像及相关运动信息。

原理关攻克之后,下一步要进行逆合成孔径雷达整机的研制。在研制过程中,又面临了众多困难。困难之一是,要实现逆合成孔径雷达的精度成像,必须进行运动补偿。于是,刘永坦率领团队又开展了运动补偿技术的相关研究,针对大带宽信号与系统提出新的补偿理论,最终得到高分辨率的清晰图像。1991年,刘永坦当选为中国科学院院士;1994年,当选为中国工程院院士。1995年,刘永坦院士率领团队成功研制出我国第一台逆合成孔径雷达,并通过大量外场试验,完成了对飞机等运动目标的雷达成像,获得大量数据。这项科研成果达到国际先进水平,并发展了运动补偿理论,于1997年获得国家科学技术进步奖二等奖。

1.1.4 对海观测新体制雷达整机的突破

为建立起强大的海防雷达网,对海观测新体制雷达研制于1997年被国家批准正式立项,刘永坦院士率领团队承担起这项任务。由于地球存在曲率,常规岸基微波预警雷达最多只能探测40千米左右的目标,远远无法满足对200海里(约370千米)专属经济区充分观测和有效保护的基本需求。"我国有近300万平方千米海洋面积,但当时能有效监测的不到20%。大部分看不到、管辖不到,别人进入我们的海域我们都不知道。"刘永坦院士说,"如何能看得远,如何把我们的海域全都保护起来,这是国家的需求,所以一定要做出这个新体制雷达。"要满足国家海防远程探测的迫切需求,必须研制出稳定的、能够远距离探测的超视距雷达系统。刘永坦院士率领团队利用高频电磁波沿海面绕射传播的特性,研制出高频地波超视距雷达(High Frequency Surface Wave Radar,HFSWR)。实验结果表明,其可实现对数百千米之外的海面目标和超低空目标的超视距探测。然而,由于现场环境和实验场地的差异,在实际应用中又出现了很多新问题、新困难,例如各种电磁干扰。刘永坦院士率领团队在现场采集大量数据,逐一排查、研究并解决,最终成功研制出具备全天时、全天候、超视距、海空兼容对海探测能力的雷达装备,核心技术指标优于西方已有设备,标志着我国对海远程预警技术水平步入国际前列。刘永坦院士2014年获国防科学技术进步奖特等奖(第一名)、2015年获国家科学技术进步奖一等奖(第一名)、获2018年度国家最高科学技术奖。

1.1.5 新体制雷达研制的贡献和意义

为了解决国家海防远程探测的迫切需求,必须研制出具有稳定、远距离探测能力的雷达,然而,从原理到工程实现涉及电磁环境复杂、多种强杂波干扰等国际性技术难题。面对世界各国均难以逾越的技术瓶颈,刘永坦院士带领团队,历经上千次实验和多次重大改进,对长期以来困扰雷达的诸多威胁采取了有效的对抗技术措施,终于在21世纪初形成了一整套创新技术和方法,攻克了制约新体制雷达性能发挥的系列国际性难题。按照国家有关部门提出的继续提高雷达性能的要求,又是10余年的刻苦攻关,刘永坦院士和他的团队在2011年成功研制出我国具有全天时、全天候、远距离探测能力的新体制雷达,其与国际最先进同类雷达相比,系统规模更小、作用距离更远、精度更高、造价更低,总体性能达到国际先进水平,核心技术处于国际领先地位,标志着我国对海远距离探测技术的一项重大突破。

1.2 海洋环流——探索海洋脉动

海洋环流主要研究风引起的海流,密度分布不均匀所产生的密度流,大洋环流中流旋的生成和分布,大洋环流西向强化,海流的弯曲和变异,近赤道地区的流系结构,南极绕极流,大洋热盐环流,深海环流与主跃层的关系,海水的辐散和辐合运动与升降流、朗缪尔环流等的关系,中尺度涡及其能量转换,冰漂流等特殊的流动现象,海洋对风应力等的反应,以及近岸海区的环流,等等。

海洋环流是风海流和热盐环流的统称。1902年,挪威桑德斯特勒姆和海兰·汉森基于旋转地球上的环流定理,发展了在现代海洋环流研究和海洋调查中广泛应用的"动力计算"方法。1901年和1905年,瑞典埃克曼对美国莫里在1855年指出的海面风和表层海流之间的关系,做出了理论的解释,从而建立了风漂流理论。

1.2.1 棉兰老流简介

棉兰老流(Mindanao Current, MC)是东北信风驱动的北赤道流(North Equatorial Current, NEC)在菲律宾沿岸分叉形成的南向分支,是印尼贯穿流和北赤道逆流(NECC)的主要水源,在西太平洋暖池热收支和印度洋-太平洋海盆水质量分配中起着重要作用。北赤道流在接近菲律宾海岸时分叉,形成向南流动的棉兰老流和向北流动的黑潮。大部分黑潮绕过吕宋海峡,沿着中国海岸向北流动,一小部分黑潮进入中国南海。棉兰老流的主要部分流入苏拉威西海,补充印尼贯穿流,剩下的直接进入北赤道逆流。与此同时,在表层流下方存在与其相对应的反向的潜流,分别为黑潮下方南向的吕宋潜流(LUC)、棉兰老流下方的北向棉兰老潜流(MUC)与北赤道流下由西向东的赤道潜流(NEUC)。棉兰老潜流是连接新几内亚潜流和北赤道逆流的重要海流,也是南半球表层以下海水跨越赤道后向北继续输运的重要载体。

1.2.2 棉兰老流的发现

中国科学院院士胡敦欣是我国大洋环流和海洋通量研究的开拓者,是国际西太平洋海洋环流与气候研究的引领者。他前瞻性地开展深海大洋研究,在太平洋海洋环流方面取得了一系列具有突破性的原创成果,为我国海洋科学事业的发展打下坚实的基础。

多年来,胡敦欣院士在大洋环流和海洋通量研究方面取得诸多令人瞩目的成就:除了棉兰老潜流,他还发现了中国陆架第一个中尺度涡——"东海冷涡";修正了沿岸上升流传统理论;揭示了"陆架上,凡有上升流的地方,海底沉积必为软泥"的科学规律;在世界上率先开展陆架海洋通量研究,得到"东海是大气二氧化碳汇区"的重要结论。胡敦欣院士参与了 TOGA、WOCE 和 TOGA-COARE 等项目的策划和设计,以及这些项目的实施。

胡敦欣院士最著名的成就是发现棉兰老潜流。

1986 年,TOGA 项目组织西太平洋考察,中国科学院海洋研究所派出以胡敦欣为首席科学家的"科学 1 号"考察船参加此次活动。通过对太平洋西边界流长期系统深入的考察,胡敦欣和他的助手们发现,棉兰老岛附近的棉兰老海流之下有一支和上层流向相反的潜流,最大流速可达 30 厘米/秒,平均流量近世界强流黑潮的一半,把它命名为棉兰老潜流。这是自 20 世纪 50 年代初发现赤道潜流以来,有关西太平洋海洋环流的两大重要发现之一,也是当时世界上唯一一个由中国人发现、命名,并在国际上获得广泛承认的洋流。它的发现,改变了有关太平洋西边界流动力学结构的传统认识,是西太平洋环流动力学研究的重大进展,也是中国海洋科学研究从近海走进大洋的标志性成果。

胡敦欣还带领他的团队,在新几内亚沿岸海流结构及变异研究中取得进展,为进一步研究太平洋跨赤道物质能量输运过程及其对印尼贯穿流变异的影响奠定了基础;在热带印太上层海洋盐度的年际-年代际低频变化方面,发现了热带太平洋温跃层盐度变化新模态,揭示了印尼贯穿流调整下的热带印度洋盐度低频变化机制。

1.2.3 未来的展望

从 20 世纪 70 年代开始至今,世界上不同的研究团体研发了众多的海洋模式。21 世纪初常用的模式包括 POM(Princeton Ocean Model)、HAMSOM(Hamburg Shelf Ocean Model)、MOM(Modular Ocean Model)等,从 21 世纪初到现在,随着计算能力和数值模式技术的提高,三维海洋环流、湍流模式发展迅速。

大力开展调控暖池变异的关键海洋、大气过程,特别是热带太平洋海洋环流、湍流动力过程,及其对东亚和我国气候变化影响的调查研究,是提高我国气候变异研究水平和预报能力的迫切需要。随着我国国力的日益提升和国家利益的不断拓展,邻近我国近海的热带西太平洋成为我国海洋战略中从近海挺进大洋必须重点关注和掌控的海域。

随着全球海洋环流、湍流预报技术的不断完善,以及海洋观测技术和高性能计算机的快速发展,未来有关技术会在针对关键海区开展强化观测实验,进一步改进海洋模式的动力框架并引进多圈层相互作用,加强高性能计算和大数据技术的应用,提高海洋环流、湍流预报时效,发展精细化预报技术方面呈现良好发展趋势。

1.3 海洋系列载人潜水器——下五洋捉鳖

从 1964 年美国的"阿尔文"号载人潜水器研制以来,全球发达国家开始致力于载人潜水器的研究,其中日本"深海 6500"号载人潜水器、俄罗斯 MIR-1 号和 MIR-2 号载人潜水器以及法国研制的"鹦鹉螺"号载人潜水器最为著名。

我国于20世纪80年代开展了载人潜水器的相关研究工作,并于1986年成功研制了我国首艘载人潜水器——"7103"救生艇。该救生艇的研制成功,填补了我国深潜技术的空白,是一项重大的科研成果。

在国家重大专项支持下,中国船舶重工集团有限公司第七〇二研究所、中国科学院声学研究所和中国科学院沈阳自动化研究所等约100家国内科研机构与企业联合攻关,开始了7 000米级载人潜水器的自行设计、自主集成研制工作,攻克了我国在深海技术领域的一系列技术难关。

我国对载人潜水器的研究虽然起步较晚,但近年来所取得的突破和成就却举世瞩目。在长期遭遇技术封锁的情况下,我国先后开展了"蛟龙"号、"深海勇士"号到如今的"奋斗者"号载人潜水器的研制,使得我国载人深潜技术逐步达到了世界一流水平。

1.3.1 "蛟龙"号载人潜水器

"蛟龙"号载人潜水器是我国首台自主设计、自主集成研制的作业型深海载人潜水器,设计最大下潜深度为7 000米级,也是目前世界上下潜能力最强的作业型载人潜水器,如图1.1所示。"蛟龙"号可在世界海洋面积99.8%的广阔海域中使用,对我国开发利用深海的资源有着重要的意义。

图1.1 "蛟龙"号载人潜水器

在项目立项时,为了在研制完成后仍具备技术先进性,声学系统负责人朱敏选择了当时具有较好技术基础但还不成熟的高速数字水声通信技术方案。在老一辈科学家朱维庆研究员的指导下,朱敏带领团队成员开展了水声通信机自适应均衡技术、Turbo码级联技术、图像压缩技术等关键技术的攻关,并在湖上和海上开展了多次实验,解决了水声通信的核心问题,相关成果获得了国家发明专利并发表了多篇论文。团队所研制完成的水声通信机达到了国际先进水平,和国外同类载人潜水器的水声通信系统相比在功能设计和性能指标上都具有先进性,被"蛟龙"号总设计师评价为"蛟龙"号三大国际领先技术之一。

"蛟龙"号载人潜水器是我国载人深潜发展历程中的一个重要里程碑。它不只是一个深海装备,更代表了一种精神,一种不畏艰险、赶超世界的精神,它是中华民族进军深海的号角。

1.3.2 "深海勇士"号载人潜水器

在"蛟龙"号载人潜水器成功研制与良好应用的基础上,2014年在"十二五"国家重大专项支持下,我国启动了第二台4 500米级载人潜水器——"深海勇士"号载人潜水器(图1.2)的研制。

图1.2 "深海勇士"号载人潜水器

研发团队历经8年持续艰苦攻关,在"蛟龙"号的基础上,进一步提升了我国载人深潜核心技术及关键部件的自主创新能力,降低运维成本,有力推动了深海装备功能化、谱系化建设。"深海勇士"号的浮力材料、深海锂电池、机械手全是我国自己研制的,国产化达到95%以上。这不仅让潜水器的成本大大降低,也让国内很多生产和制造潜水器相关配件的厂商提高了产品的生产水平。

中国科学院声学研究所是"深海勇士"号4 500米载人潜水器的副总设计师单位,负责潜水器声学系统中水声通信机、测深侧扫声呐、多普勒速度仪、避碰声呐的自主研发工作和成像声呐、定位声呐以及惯导设备的系统集成工作。在"深海勇士"号载人潜水器研制中,刘烨瑶担任主任设计师,负责声学系统硬件设计以及母船声学系统改造工作,让"深海勇士"号成为世界上唯一执行常规化夜潜模式的载人深潜器。他还开发了一套新的船载水声通信系统,放在母船"肚子"下面,有效解决了吊放方式干扰母船航行的难题。虽然"深海勇士"号的下潜深度减少了,只有4 500米,但国产化率达到95%,实现了核心关键技术的全部国产化,不仅为我国已投入使用的"蛟龙"号的技术更新、正在研制的万米载人潜水器奠定了中国制造的基础,也标志着我国在海洋大深度技术领域中拥有全面自主研发能力时代的到来。

"深海勇士"号在海试中声学系统表现优秀,可靠实现了潜水器的通信、测绘、定位以及探测功能。其中船载水声通信机工作出色,完成了4500米深度下图像、数据、文字以及语音的高速稳定通信。测深侧扫声呐工作性能得到进一步提升,在不同深度海底均完成精细测绘,生成地形分辨率达到厘米级;国产多普勒速度仪实现了潜水器速度的提升和对底高度测量,性能指标突出,工作稳定可靠。基于国产化多普勒速度仪、惯导以及声学定位设备形成的高精度组合导航系统使得潜水器具备重复定点作业能力。"深海勇士"号是继"蛟龙号"后我国深海装备的又一里程碑,实现了我国深海装备由集成创新向自主创新的历史性跨越。

1.3.3 "奋斗者"号全海深载人潜水器

马里亚纳海沟被称为地球"第四极",有史以来,只有三次人类"探底"的记录。1962年,美国曾有两人乘坐"的里雅斯特"号潜水器下潜此地;2012年,拍摄过《泰坦尼克号》的导演卡梅隆驾单人潜艇"深海挑战者"号,探底深渊;2019年,美国探险家维斯科沃等两人乘"深潜限制因子"号也曾到达海沟深处。不过,他们多是探险型的,一人或两人下潜,短暂停留便需紧急上浮。

在"蛟龙"号和"深海勇士"号两个载人潜水器的研制基础上,我国向全海深载人潜水器发起了挑战。2016年,在"十三五"国家重点研发计划重点专项支持下,我国启动了全海深载人潜水器及其关键技术的研制工作。以"蛟龙"号和"深海勇士"号载人潜水器的研发力量为主的研发团队,历经5年艰苦攻关,在声学系统方面实现多项重大技术突破。2020年11月10日,"奋斗者"号全海深载人潜水器(图1.3)成功下潜10909米,创造了我国载人深潜的新纪录,这标志着我国在大深度载人深潜领域达到了世界领先水平。

图1.3 "奋斗者"号全海深载人潜水器

中国科学院声学研究所完成了"奋斗者"号声学系统中全海深水声通信机、地形地貌探测声呐、多波束前视声呐、多普勒测速仪、避碰声呐的自主研发以及定位声呐和惯性导航设备的系统集成。

相较于前两代的"蛟龙"号与"深海勇士"号载人潜水器,"奋斗者"号的声学系统实现了完全国产化。其中,水声通信是"奋斗者"号与母船"探索一号"之间沟通的唯一桥梁,实现了潜水器从万米海底至海面母船的文字、语音及图像的实时传输。而由声学多普勒测速仪、定位声呐及惯性导航等设备集成的组合导航系统为"奋斗者"号的巡航作业提供了高精度的水下定位导航。2020年10月27日,"奋斗者"号在马里亚纳海沟成功下潜突破1万米,达到了10 058米,创造了中国载人深潜的新纪录。11月10日,"奋斗者"号在马里亚纳海沟成功坐底,坐底深度10 909米,刷新中国载人深潜的新纪录。11月28日,中共中央总书记、国家主席、中央军委主席习近平致信祝贺"奋斗者"号全海深载人潜水器成功完成万米海试并胜利返航。

1.4 胶州湾海洋航空遥感实验——我国海洋遥感研究的开端

"Remote Sensing"即"遥感",最早来自西文。在西方社会,20世纪六七十年代该词已经被科学家广泛接受并大量使用。我国早期的科技论文文献,对"Remote Sensing"一词的翻译可以说是五花八门,有的叫"远视""遥视",也有的叫"远观",等等。将"Remote Sensing"一词统一称为"遥感"大约是在20世纪80年代中后期。伴随着科学技术的发展和进步它走过了童年、青年和壮年,在中国科技发展史上留下了浓墨重彩的一笔。

在中国科技发展史上,特别是在中国海洋遥感科技发展史上,海洋遥感也和其他学科一样走过了漫长的探索岁月,历经了从无到有,发展、壮大的艰难历程;历经了由最初的目视判读到定性和半定量时代,到现在的数值和定量遥感时代。中国海洋遥感已经由最初仅靠国外气象卫星资料进行有限的目视判读、定性描述,跨越发展到现在已经拥有自主产权的"海洋一号"卫星;从只能利用NOAA(National Oceanic and Atmospheric Administration)气象卫星图像进行海洋风场、浪场、温度场、海冰和流场定性研究和人工信息解译,发展到现在计算机自动解译与识别,以及海洋信息的模式定量反演、提取;从仅用于地理信息的识别与地貌信息特征佐证,发展到现在的空间三维制图、自动分类、动态监测、深海地形反演和海洋环境的实时监测,以及工程前地质地貌调查、环境评价、功能区划和海洋赤潮、风暴潮、海冰等灾害的实时监测,为国家经济、社会发展,领导科学决策与科学管理提供了海量、实时的监测数据,取得了巨大的经济效益和社会效益,赢得了国内外同行的赞誉。

1.4.1 我国海洋遥感的发展

1978年,是中国改革开放的初年,事业上百废待兴。在这样的时代背景下,有那么一些人,在有限的科技文献中,洞察到了国际科技发展的未来和前沿;洞察到了遥感技术必将在海洋学和环境科学研究中发挥更大的作用;觉察到在不远的将来,海洋的空间遥感时代即将拉开帷幕。

1978年3月,几经周折和反复的科学论证,由曾荣(时任国家海洋局第一海洋研究所所长)、刘宝银和郑全安同志发起,经国家海洋局第一海洋研究所(2018年更名为自然资源部第一海洋研究所)党委研究批准,成立了中国最早的专业研究海洋遥感的科研组织——海洋遥感组。它的诞生,标志着中国海洋遥感正式走上了科技舞台。

1.4.2 新的里程碑——胶州湾海洋航空遥感实验

随着组织的健全、人员的不断加入、研究工作的不断深入,在分析国外现有技术发展的基础上,结合国家当时对环境监测、海洋管理与研究的重大需求,海洋遥感组科学论证并选择的第一个研究突破点就是"海上溢油航空遥感监测"。在国家海洋局和有关部门的大力支持下,经过长达1年多的技术准备,包括不同油种的光谱实验,油膜水面扩散的模拟实验,机上航空遥感仪器的调试、标定、光谱实验,现场实验区、实验时机的选择等,最后决定,于1979年9月上、中旬择机在胶州湾及其邻近海域进行海上溢油航空遥感模拟实验。实验于1979年9月9~17日在胶州湾和胶南进行。实验分为4个组,即指挥组、机上技术组、海上现场实验组和后勤保障组。除机上技术组组长由专业技术人员担任外,其他3个组组长分别由久经沙场的老领导担任。执行这次飞行任务的飞机是国产直-5直升飞机,由北航某团机务组执行该飞行任务。实验分为两个实验海区:胶州湾和胶南大江口实验区。实验共计飞行11个航次、多个航高,飞行时间累计长达十几个小时。海上任务由国家海洋局北海分局"海调101"和"向阳红08"船承担,国家海洋局第一海洋研究所20余位科研人员执行海上监测、观测和实验用料布放任务。

1.4.3 未来的展望

通过海-空海洋航空遥感实验,中国第一次获得了现场条件下的大面积海上溢油海面扩散、漂移和油膜的海-空现场同步实验数据;第一次展现了从空间观测并记录下的胶州湾海面波浪、海岛形状与分布等高分辨率信息;获得了有关海洋环境污染、工厂或船舶排污、海岸带变迁、围垦改造、开发利用等方面的直观信息、资料。同时,也使人们真正认识到,航空遥感技术可以应用于海洋科学的研究中,特别是在海洋环境、潮间带和浅海地形的监测,海岸带规划、开发管理,以及海洋学动态参数等的实时快速监测、数据提供、决策咨询等方面具有突出重要的意义。在这些领域,航空遥感技术的远距离探测、同步、快速、大范围、地面和光谱分辨力高、机动灵活等特点可以得到充分的发挥,可以解决传统方法无法解决和难以解决的问题。实验的成功,不仅拉开了中国海洋遥感研究的第一道序幕,也标志着中国海洋遥感技术真正从理想走向了现实,从理论走向了实际,标志着中国海洋遥感时代的真正开始。回眸海洋遥感研究曾经取得的每一项成就和进步无疑使人感到振奋。时下,历史的快车已经进入了21世纪,科学技术也进入了日新月异、高速发展的时代,在这个百舸争流的年代,相信海洋遥感和其他科学技术一样,必将伴随着共和国的前进步伐走向更加辉煌的明天。

本章参考文献

[1] 《声学技术》编辑部."深海勇士"号4 500m载人潜水器完成海上试验[J].声学技术,2017,36(5):449.

[2] 《中国科技奖励》编辑部.2018年度国家最高科学技术奖——刘永坦[J].中国科技奖励,2019(1):30.

[3] JOHN C C,ROBERT N M,柯兰德,等. 合成孔径雷达:系统与信号处理[M].北京:电子工业出版社,2014.

[4] 安居白,张永宁.发达国家海上溢油遥感监测现状分析[J].交通环保,2002(3):27-29.

[5] 陈连增,雷波.中国海洋科学技术发展70年[J].海洋学报,2019,41(10):3-22.

[6] 董雷.透视万里海防[J].创新世界周刊,2019(4):78-79.

[7] 韩鹏,李宇航,揭晓蒙.国际全球海洋环流预报系统的现状与展望[J].海洋预报,2020,37(3):98-105.

[8] 何懿. 军用雷达纵横 毛二可院士访谈录[J].兵器知识,2017(6):16-20.

[9] 吉星,衣春翔.矢志不渝强国梦 初心不改爱国情[N].黑龙江日报,2019-01-10(1)[2022-3-20].

[10] 吉星."情怀和理想才是最重要的"——记2018年度国家最高科学技术奖获得者刘永坦院士[J].国防科技工业,2019(1):64-67.

[11] 吉星.刘永坦:一辈子坚守初心——记国家最高科学技术奖获得者、"工信楷模"刘永坦院士[N].人民邮电报,2019-08-06(1)[2021-10-20].

[12] 金婉霞,李晨琰.国家最高科技奖得主刘永坦院士:性格如侠士,最爱听贝多芬[EB/OL].[2019-01-08]. http://www.whb.cn/zhuzhan/index.html.

[13] Institute of Acoustics.科研成果:"奋斗者"号全海深载人潜水器[J].科学与社会,2021,11(1):169.

[14] 李晨阳,任芳言.刘永坦:用雷达筑就海防长城[J].智慧中国,2019(5):54-55.

[15] 刘浩.《海洋环流动力学》的教学研究[J].教育教学论坛,2014(37):214-215.

[16] 《中国科技奖励》编辑部.刘永坦院士[J].中国科技奖励,2020(12):20-23.

[17] 马文.中国海洋-1卫星[J].国际太空,2002(7):2-5.

[18] 任光莉.胡敦欣:躬耕深蓝 探寻大洋奥秘[J].党员干部之友,2021(4):32-33.
[19] 王凡,胡敦欣,穆穆,等.热带太平洋海洋环流与暖池的结构特征、变异机理和气候效应[J].地球科学进展,2012,27(6):595-602.
[20] 吴永森.胶州湾海洋航空遥感实验——中国海洋遥感研究的开端[J].海洋科学,2010,34(3):92-93.
[21] 杨蓓蓓,林霄沛.棉兰老流与棉兰老潜流季节内变化研究[J].中国海洋大学学报(自然科学版),2016,46(6):21-28.
[22] 杨波,刘烨瑶,廖佳伟.载人潜水器——面向深海科考和海洋资源开发利用的"国之重器"[J].中国科学院院刊,2021,36(5):622-631.
[23] 于五一,李进,邵芸,等.海上油气勘探开发中的溢油遥感监测技术——以渤海湾海域为例[J].石油勘探与开发,2007(3):378-383.
[24] 俞沅.机载遥感海上溢油监测系统的设计与研究[J].海洋技术,1998(4):26-31.
[25] 张振忠.NOAA/AMSU温度数据在台风结构和路径研究中的应用[D].青岛:中国海洋大学,2012.
[26] 朱敏,张同伟,杨波,等.蛟龙号载人潜水器声学系统[J].科学通报,2014,59(35):3462-3470.
[27] 朱宇涛.多通道ISAR成像技术研究[D].湖南:国防科学技术大学,2011.
[28]《人民日报》,新华社.中国"蛟龙"诠释"中国深度"——记蛟龙号载人潜水器背后的故事[J].工会博览,2020(27):37-39.

第 2 章　海洋地质

　　海洋地质学是研究地壳被海水淹没部分的物质组成、地质构造和演化规律的学科,研究内容涉及海洋的地形、海洋沉积物、洋底岩石、海底构造、大洋地质历史和海底矿产资源。它是地质学的一部分,又与海洋学有密切联系,是地质学与海洋学的边缘科学。海洋地质学的研究内容十分广泛,涉及许多学科的领域,具有极大的综合性,而且与技术方法的研究,特别是测深技术、地球物理、海洋钻探、海底观测和取样技术的研究有十分密切的联系。

　　中国的海洋地质学起步于中华人民共和国成立初期,此后经历了一段长时间的缓慢积累。20世纪70年代,我国开始实施的一系列大型海洋调查计划,是海洋地质学从初创到发展的基础。到了80年代,我国海洋地质事业进入了一个蓬勃发展时期。从研究区域来看,中国海洋地质工作的重心集中在中国近海,南海是其中的热点海区,临近中国的西太平洋和远离中国的南北两极是潜在热点区域,关于印度洋和大西洋的研究成果较少。从研究内容来看,南海北部天然气水合物、近海盆地中-古生代深层油气、西太平洋板块构造活动机制以及海上丝绸之路沿线海域是当前的前沿研究领域,有望成为新的热点。

　　近些年来,我国海洋地质工作在海岸带、近海与管辖海域、大陆架边缘海和深海大洋开展了地质构造、矿产资源、环境灾害和探查技术及仪器设备等方面的调查研究,取得了一系列重要成果。如历时8年的"我国近海海洋综合调查与评价专项"(908专项),完成了1∶100万管辖海域的16个图幅、1∶25万13个图幅的综合调查和9个区块海砂资源评价;在南海北部琼东南盆地发现了3个大气田;开展了海岸带环境地质调查评价与图集(1∶400万)编制;"南海深海过程演变"专项研究与南黄海陆架区科学钻探均有新发现;海底石油勘探与开发技术(如"海洋石油981"钻井平台)、南海北部海域天然气水合物探测技术及发现(Ⅱ型天然气水合物、可燃冰冷泉)、南海天然气水合物试采,以及海底探测技术与采样设备的研发等取得了实质性进展或突破。这些重要成果极大地提高了我国海洋地质调查的程度、研究水平和综合实力。

2.1　"南海深部计划"——掀起南海的"盖头"来

　　2012年12月,党的十八大提出了"建设海洋强国"战略:提高海洋资源开发能力,发展海洋经济,保护海洋生态环境,坚决维护国家海洋权益,建设海洋强国。在这一战略提出的前一年,我国启动了"南海深部计划"。

　　"中国南海中可能会有地球上最迷人的地质记录。"法国古海洋学家卡罗拉伊曾这样表述。

南海是我国最重要的深海区,在其北部陆坡2006年发现深海天然气、2007年发现天然气水合物,成为我国深海资源开发的亮点;南海周边1991年菲律宾火山爆发,2006年底我国台湾以南地震,突显了南海安全保障的迫切性。"从地质演变上讲,南海是'麻雀虽小,五脏俱全'。"

2.1.1 "南海深部计划"主要内容

始于2011年的"南海深部计划",其目的就是要把南海最深处的秘密探个明白。它的全名叫"南海深海过程演变"重大研究计划,是国家自然科学基金重大研究计划,也是我国海洋领域第一个大型基础研究计划,总共立项60个(重点51项、培育9项),全国参加单位32个,参与人员700多人次。该计划旨在采用一系列新技术探测海盆,揭示南海的深海过程及其演变,再造边缘海的"生命史",从而为边缘海的演变树立系统研究的典范,是一项前沿科学与先进技术相结合的重大举措,也是中国海域第一次多学科的大型研究计划。

中科院院士、"南海深部计划"指导专家组组长汪品先院士说,南海经历过大陆地壳的"裂谷作用",形成了许多盆地;接着又发生海底扩张作用,产生了大洋地壳;后来又出现了马尼拉海沟,至今还在进行俯冲作用。"大洋'板块学说'里的整套过程它都有。"比起大洋,例如大西洋,南海海域规模小、年龄新,研究深部演变过程的条件更加优越;与深海沉积保存不佳的太平洋相比,南海沉积速率和碳酸盐含量高,能够弥补西太平洋的不足。"在一个范围有限的边缘海,将现代深海过程与地质演变相结合,就有可能通过'解剖一个麻雀',在崭新的水平上认识海洋变迁及其对海底资源和宏观环境的影响,而南海是最佳选择。"

以"构建边缘海的生命史"为主题的"南海深部计划",从深海盆演化、深海沉积、生物地球化学3个方面开展研究,如图2.1所示。①在深海盆演化方面,利用现代技术重新测定南海磁异常条带,探测深部结构,争取钻探大洋壳,系统研究火山链;②在深海沉积方面,观测现代深部海流和海底沉积过程,实现深海过程研究的古今衔接,从深海沉积中提取边缘海古海洋学演变的信息;③在生物地球化学方面,采用包括深潜探测在内的各种手段,认识海底溢出流体与井下流体的分布与影响,揭示微型生物在深海碳循环中的作用。海洋地质学家汪品先把这3个方面比喻为南海"生命史"里的"骨""肉"和"血"。

南海东、西两个次海盆哪个老?南海是从哪里打开的?南海深部水怎样流动?南海深部沉积物是从哪里来的,如何搬运?南海深水和沉积物中,有什么样的微生物,起什么作用?"8年前,我们对这些问题都一概不知,只能猜测或者照搬国外教科书。"汪品先院士说。

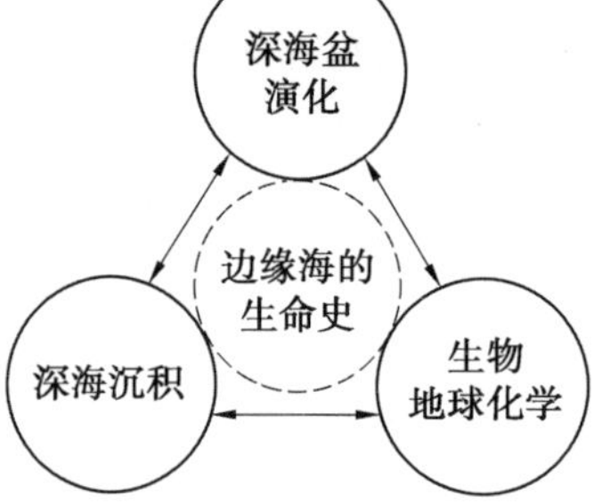

图 2.1 "南海深海过程演变"重大研究计划的 3 个研究方面

2.1.2 "南海深部计划"所取得的成果

历经 8 年长跑,"南海深部计划"研究提出了一系列新假说,特别是在海盆成因和气候演变两方面,冲破传统认识,提出了新的假说。

1. 气候演变"低纬驱动"

在 1999 年的大洋钻探中,科学家们在南海沉积速率最高的一口井中发现它的沉积氧同位素曲线与全球标准产生了偏离,一般来说这属于地层记录不全。但经过多项精确测试分析和其他钻孔的反复比较后,科学家们发现这种偏离是季风区域的共同特点,并不属于地层缺失。这种季风区气候周期的特点反映了太阳辐射量在低纬区的周期变化。于是他们基于南海的研究提出了气候演变的"低纬驱动"观点,指出高纬区冰盖大小的变化和低纬区季风降雨的变化,其驱动力的周期性有所不同。

南海研究还进一步表明:低纬海区更大的变化在于次表层水;轨道周期不但有万年等级的冰期旋回,还有 40 万年季风气候的长周期,当前的地球就处在长周期的低谷期,在全球气候变化的长期预测中应当多加关注这一点。

2. 水与碳的循环

世界上的边缘海很多,但目前仅有南海深水海盆地中的水、碳循环由"南海深部计划"集中进行了首次系统观测研究。南海具有"深水瀑布"和三层环流结构,这是由太平洋深部的水通过 2 600 米深的巴士海峡进入南海所造成的,通过实测和模拟的结合,研究者们对大洋和大陆因素的相互作用取得了较为系统的认识。同时,他们也在碳循环研究方面取得突出成果,从南海提取出的微生物碳泵,已经成为全球大洋碳循环研究的热点之一;关于碳、氮循环相互关系的成果,对国际上该领域的研究产生了不小的影响。

3. 推翻南海是"小大西洋"的理论

20 世纪 80 年代以来一直流传着一种观点:南海就是缩小版的大西洋,它们的海盆成因相似,都是地幔岩石圈在长期拉张之下变弱,然后破裂,涌出岩浆冷凝成玄武岩,化作大洋地壳。这一观点需要一个扎实的实证支持:大洋和大陆地壳的连接处要有长期削蚀的地幔岩。但在"南海深部计划"之前,学术界还无法达到足够的钻井深度去获得最有力的证据。

2017年到2018年间,"南海深部计划"的团队通过国际竞争争取到了367/368/368X 3个航次的南海大洋钻探,检验了大西洋模型的普适性。其结果出人意料,科学家们钻出了玄武岩,而非地幔岩;他们还发现大陆岩石圈张裂之初就有玄武岩涌出,且很快就转到海底扩张并形成了大洋地壳。这些发现完全能够推翻南海是"小大西洋"的理论。

所得最终结论就是大西洋和南海有着两种完全不同的岩石圈:大西洋张裂的是超级大陆内部坚固的岩石圈,南海张裂的却是在太平洋板块俯冲带相对松软的岩石圈。这是两种根本不同的海盆形成机制,前者是"板内裂谷",后者是"板缘裂谷"。

4. 进行南海深潜

通过多次深潜航次,人们有了许多神奇的发现,包括深海海山上成片的锰结核、海底的古热液活动、西沙深处和深海海山上大片的冷水珊瑚林等,其中冷水珊瑚林的发现在东南亚海域尚属首次。

结合近年来海底高分辨率地形制图揭示的泥火山、麻坑、海沟等复杂地形,南海深部的一派活跃景象呈现在人们眼前:在通盘漆黑的深海海底,有着自上而下、自下而上的双向物质流和能量流,而海底的沉积矿物与生命活动还存在着相互作用。

2.1.3 研究意义及未来发展的重点

研究南海深部过程演变的意义,并不限于边缘海本身。边缘海介于陆地和海洋之间,是海陆相互作用的界面。世界上最大的大陆和最大的大洋之间隔着一串边缘海,这就是亚洲和太平洋之间的鄂霍次克海、日本海、东海和南海。边缘海的发育,改变了大陆和大洋间的物流和能流,这很容易从西太平洋和印度洋的比较看出来:东亚和南亚为世界大洋贡献70%的陆源悬移沉积,印度洋没有边缘海,发育了巨型的深海沉积扇,而在西太平洋,形成的是边缘海里的广阔大陆架。南海作为亚洲岸外最大的边缘海,其生命史的研究是认识亚洲和太平洋海陆相互作用的捷径。只要站在圈层相互作用的高度看待南海演变与海陆相互作用的关系,以及边缘海盆地发育对东亚和西太平洋环境的影响,就可以打开一系列科学新课题的大门。

"南海深部计划"取得的许多进展使中国占据了南海研究的领先地位,这也可以看成是我国自然科学转型的一声前哨,我们的科学需要转型,从单一的原料输出转型为具备自主深加工的能力。

西方学术圈的传统观点也提醒着我们,在地球科学这样具有区域性的学科里,我们应当以南海为抓手,力争建立自己的学派。立足南海,放眼全球,我们可以努力使南海成为海洋科学基础研究的国际实验室,成为深海研究的基地,依托它揭示一系列基本过程,形成并验证一系列假说,揭开西太平洋边缘海之谜,让南海成为国际边缘海研究的典范。

2.2 我国海域1∶100万区域地质调查
——我国海洋地质调查史上的里程碑

海洋区域地质调查，是国家基础"国情"调查的一部分，指利用现代地学新技术、新方法和新理论，按照一定比例尺在特定海域范围内开展系统的地质、地球物理、地球化学、遥感、海洋沉积动力环境等方面的调查工作。其目标是掌握海域基础地学数据，查明海底地形、地貌、海底沉积物类型、地层结构及其分布规律，环境地质因素分布特征，矿产资源类型和分布状况等基础地质信息，瞄准和解决制约海洋资源、环境和地球系统的重大科学问题。

2.2.1 发达国家海洋地质调查概况

美国、日本、俄罗斯、加拿大、英国等海洋科技发达的国家已完成了海岸带、大陆架或是专属经济区的小、中比例地质填图，正在进行或完成了大比例尺地质填图，在国际海洋研究计划、海洋油气勘查、国际海底矿产勘查与极地地质研究等方面很超前，越来越注重与人类生活和生存的环境、海洋生态、海洋气候、资源环境可持续性发展等相关的问题。

美国拥有先进的海洋地质调查技术、一流的装备，在深海钻探技术、卫星遥感技术、深潜技术、测深和旁侧声呐技术、海底地貌测量技术以及其他技术上世界领先，已完成近岸大陆架海域小、中、大比例尺地质调查、地质图测绘。在国际海洋合作项目中大都有美国参与或主导，其在海洋地质基础理论研究方面具有广度和深度，而且具有全球视野，对重要地区的研究非常细致。

日本先后对大陆架、专属经济区进行了四轮海洋地质调查，对领海进行了多种手段调查，制成了多种1∶5万基础图件，对周围海域分51个区调查并进行1∶10万～1∶20万的测绘工作。与欧美国家的合作多，在深海、大洋领域的成就仅次于美国。目前，日本的海洋调查船"地球"号是世界上最大、最先进的海洋调查船，用于美、日两国主导的国际海洋开掘计划项目。

俄罗斯的海洋地质调查主要集中在俄联邦大陆架、北冰洋、世界大洋的海底资源勘探、开发及世界大洋海底地质构造研究。俄罗斯在海洋监测卫星方面技术先进，应用广泛，将海洋资源调查卫星、海洋目标监测卫星、海洋电子侦察卫星、海洋通信卫星等用于勘测、绘制海洋地形资料，了解石油、矿藏、生物资源的分布，在"数字地球"项目中发挥了重大的作用。

英国是世界上最早进行海洋地质调查的国家，全世界第一艘海洋调查船是英国"挑战者"号，其为军舰改装的木船，长68米，排水量2 306吨，靠风帆和蒸汽机推进，曾于1872年12月7日—1876年5月26日进行世界上第一次环球海洋考察。英国历经一个多世纪的发展，已经形成了一整套行之有效的研究模式，在各环节上都较好地贯彻了海洋资源综合开发利用和规划、资源环境可持续发展的宗旨。

2.2.2 我国海洋地质调查发展历程

我国海洋地质调查起步相对较晚，最早的调查工作起始于20世纪50年代末的近海海洋综合调查，1958—1960年由科学技术委员会海洋组海洋综合调查办公室统一部署的近海海洋综合调查拉开了我国开展海洋调查的序幕。

迄今为止，我国海洋地质调查工作大致可分为3个阶段：

第一阶段，从20世纪50年代末起到70年代初，我国海洋地质工作者首先在渤海、东海海域，继而在黄海等海域进行了初步地质、地球物理方面的研究和勘查工作，首次采集了海域重力、磁力、热流、地震和测深等方面的数据，并进行了少量的钻探和地质取样工作，取得了首批海域地质、地球物理等方面的资料。

第二阶段，从20世纪70年代中期到90年代末，主要以海域油气资源勘察以及海岸带和海涂资源评价为主要任务，后期陆续在不同海域开展了与构造、沉积以及地球化学相关的专题研究。这一阶段的海域地质调查工作获取了大量的高精度实测数据，绘制了一批中大比例尺图件，然而存在数据之间缺乏统一的精度要求、图件之间缺乏统一的标准控制、数据资料主要集中于部分海域而缺乏对中国管辖海域的全面覆盖等问题。

第三阶段，从21世纪初至今，国家海洋局、中国地质调查局、中国科学院等多家研究单位对我国管辖海域开展了专项研究和资源调查等一系列系统的海洋地质、地球物理调查工作。1999年，我国地质调查局在财政部的支持下，启动实施1∶100万海洋区域地质调查工作，至2015年完成了南通幅、海南岛幅、上海幅、大连幅等16个完整图幅和4个不完整图幅的调查，并于2019年完成综合集成工作。

1∶100万海洋区域地质调查工作是一项以国家需求为导向、自上而下顶层设计确定的国家基础性、公益性海洋地质工作，也是我国首次按照国际标准分幅开展的海洋地质国情调查，实现了对我国管辖海域基础地质调查工作的全面覆盖。

2.2.3 海洋区域地质调查所取得的成果

海洋区域地质调查所取得的成果主要体现在以下8个方面。

(1) 编制了首套1∶100万海洋地质系列图。这是我国管辖海域第一代以实测资料为基础的海洋地质系列图，包括6种基础性图件、19种专业性图件、2种应用性图件，全面展示了20年来我国开展1∶100万海洋区域地质调查所取得的辉煌成就。

(2) 建成了标准统一、结构合理的我国海域1∶100万海洋区域地质调查成果空间数据库。该数据库收录了我国海域16种调查数据、5大类分析数据、10类成果图件，共计758个数据集，为地质调查和科学研究提供了全面高效的数据服务。

(3) 形成了一套志书性的著作,可作为海洋资源勘查、海洋科学研究、重大工程建设、海洋环境保护、海洋权益维护的工具书。

(4) 刻画了我国边缘海地貌形态。依据"形态与成因、内营力与外营力、分类与分级相结合"的原则,采取先宏观后微观、先群体后个体的分析组合方法划分了四级地貌单元;阐明了海域基本地貌格局,宽广大陆架和沟—弧—盆体系是我国东部海域主要地貌特征,多类型陆架、海底峡谷群和深海平原是南部海域主要地貌特征。

(5) 揭示了我国海域重磁场特征。重力异常场直观展示出了我国东部海域"东西分带、南北分块"和南部海域"东西分块、南北分带"的构造格局。磁异常显示出东部海域北东向和北北东向条带状走向,以及南部海域团块状特征。

(6) 编制了我国海域及邻区构造单元划分新方案。提出了"东亚洋陆汇聚边缘多圈层相互作用"理论模式;系统探明了我国海域断裂发育特征;揭示了我国海域深部壳幔结构。

(7) 厘定了我国海域地层系统。制订了我国海域综合地层分区方案,从整体上反映了不同构造单元的地层发育特征,从层序地层的角度揭示了东亚大陆边缘中—新生代的构造格局与沉积演化规律;系统总结了中—新生界地层的发育特征和规律。

(8) 揭示了我国海域晚第四纪沉积演化过程。系统地揭示了沉积物区域分布规律,总结提出我国东部海域"大江大河—大三角洲—宽缓陆架—深水海槽"的条带状沉积分异模式和南海"短源性河流—多类型陆架—高角度陆坡—深海海盆"的环带状沉积分异模式。此外,新构造运动和区域沉降作用对地层的发育和保存具有一定的影响。上述认识为深入研究我国晚第四纪沉积与全球气候变化对比提供了直接依据。

2.2.4 海洋区域地质调查的意义

1∶100万海洋区域地质调查首次全面描述了我国管辖海域的地形地貌、地质构造、地球物理场、地球化学特征和资源环境潜力,形成了一系列原创性认识和技术方法,是我国海洋地质调查史上的一个里程碑,标志着我国全方位海洋地质调查研究又向前跨越了一大步。

今后随着我国对西太平洋边缘海域更进一步深入细致的地质调查研究,海洋地质调查船逐步进入太平洋、印度洋等深海大洋,我国的海洋地质调查事业将会有更大发展。我国海洋地质学研究者不但将为国家各方面的建设提供更为丰富的数据和资料,而且将为国际地球科学、西太平洋构造活动带的研究提供更多、更有价值的科学成果。

2.2.5 海洋地质调查的未来

推动海洋高质量发展及生态文明建设离不开海洋基础地质调查。未来我国海洋地质调查工作,一方面将重点开展1∶25万和1∶5万海洋区域地质调查,获取高精度基础资料,以支撑海洋生态文明、资源评价和重大工程建设,另一方面将加强国际合作。我国海域存在一系列独特的、世界关注的地质科学问题，包括第四纪气候环境和海面变化、边缘海盆形成演化、台湾弧陆碰撞、南海特提斯洋关闭过程、东亚岩石圈中的热状态及物质能量交换机制等关键地学问题，加强国际合作，将整体提升我国海洋地质调查研究的总体水平及在世界地学界的地位。

2.3 "海洋地质十号"——海洋地质调查的利器

能源需求持续增长、环境污染防治、应对气候变化要求加快能源结构调整，迫切需要海洋地质调查工作为油气勘探开发提供新的靶区，为天然气水合物商业化勘查开发提供基础支撑。

"十三五"规划纲要中提出 100 项重大工程，其中第 26 项是"发展深海探测、大洋钻探、海底资源开发利用、海上作业保障等装备和系统。推动深海空间站、大型浮式结构物开发和工程化"；第 60 项是"推动致密油、油砂、深海石油勘探开发和油页岩综合开发利用"。中国地质调查局以天然气水合物的勘探和试采为主攻方向，兼顾全海域的大洋科学钻探，开展大型钻探船的研制，这对地质钻探来说是一个极有前景的全新领域。我国自主设计、建造的"海洋地质十号"填补了我国小吨位大钻深海洋地质钻探船的空白，提升了海洋地质调查能力。

2.3.1 "海洋地质十号"简介

1. 基本状况

"海洋地质十号"是集海洋地质、地球物理、水文环境等多功能调查手段为一体的综合地质调查船（图 2.2）。船身总长 75.8 米、宽 15.4 米、深 7.6 米，结构吃水 5.2 米，排水量约 3 400 吨，续航力 8 000 海里，定员 58 人。调查船采用电力推进全回转舵桨、二级动力定位等世界先进航行及控制系统，配置了我国首套自主研制的举升式海洋钻探系统，可以实现在全球无限航区开展海洋地质调查工作。

2. 多种用途

"海洋地质十号"除了可以进行高精度的海洋地质、地球物理、水文及物理海洋等方面的综合调查外，还具备钻探能力，装备了我国自主设计建造、拥有 1 200 米钻探能力的举升式海洋钻机，可以开展海洋钻探、海洋区域地质调查、海岸带环境地质综合调查等工作。中国地质调查局广州海洋局装备管理处副处长柯胜边指出，"海洋地质十号"最突出的特征就是它的船载钻探设备，可在水深 1 000 米以内的海域开展钻探取样工作，也可兼顾在浅水区域钻入较深地层（最大可达 400 米）。

3. 独特优势

"海洋地质十号"采用全电力推进系统，选用 2 套全回转舵桨和 2 套槽道式舷侧推，具

图 2.2 "海洋地质十号"

有灵活的操作性,在直航时具有良好的航向稳定性;配备 DP-2 动力定位系统和锚泊定位系统,为多种调查作业提供了可靠的定位方式。"海洋地质十号"采用模块化设计,固定装船设备有地质钻探系统、万米单波束测深仪、中深水多波束测深系统、中深水浅地层剖面仪、海洋重力测量系统、深水多普勒海流测流测像系统、超短基线水下定位系统、万米绞车及 A 形架系统、液压折臂吊。"海洋地质十号"还可以进行海洋井下式原位静力触探作业。

2019 年 2 月 26 日,"海洋地质十号"调查船完成中巴印度洋联合海洋地质科学考察,返抵广州海洋地质专用码头,这是"海洋地质十号"调查船入列后的首个远洋调查科考航次。至此,自 2017 年 12 月 26 日入列以来,累计海上作业 262 天,稳定航行 57 000 千米,整体性能和调查设备得到了全面检验。

2.3.2 建造"海洋地质十号"的意义

"工欲善其事,必先利其器。"要开发海洋资源,就要先进行海洋调查,了解海底地质构造、水文状况、气象条件、海水活动规律、海洋生物特点,以及水产、矿产资源的储藏量和分布情况。经略海洋,装备先行。海洋调查船就是开发海洋的尖兵,是专门用来对海洋进行科学调查和考察活动的海洋工程船舶。

建造"海洋地质十号"的意义主要体现在以下 3 个方面。

(1)"海洋地质十号"填补了我国小吨位大钻深海洋地质钻探船的空白,提升了海洋地质调查能力,也标志着我国海洋地质综合调查能力跻身世界前列,并为未来的大洋钻探提供了宝贵的经验。

(2)"海洋地质十号"采用裸眼钻井,即采用无隔水管或套管,环保型钻井液采用无循环开放式直排的工艺进行钻探施工。这种钻井方式是一种高效率的钻井方式。

(3)"海洋地质十号"钻探系统能适应不同类型复杂地层的取心工作,针对不同地层采用不同的取心工具,具体分为取软泥绳索钻具、取砂绳索钻具、液动冲击绳索钻具和钻井液静压绳索钻具。

我国自主设计、建造的"海洋地质十号"将为我国"建设海洋强国"战略和"一带一路"建设发展提供重要的地质科学技术支撑。

2.4　南海天然气水合物开发——"神狐奇迹"

天然气水合物尤其是海洋天然气水合物是有望替代传统化石能源的一种新型清洁非常规能源,全球储量丰富。因此,天然气水合物资源调查及勘查试采工程的开展实施,越来越引起全球尤其是发达国家及能源短缺国家的高度重视与关注。国外发达国家早在20世纪60年代就开展了大规模的天然气水合物调查工作。苏联在西伯利亚索亚哈油气田首次发现了天然产出的天然气水合物,之后美国、加拿大也相继在陆上冻土区发现了水合物。我国对于水合物的理论研究与实地勘探采样工作得益于国家经济的迅速发展以及"强海战略"的有力实施,逐步实现了水合物开发研究从"追赶"到"并跑"再到"领跑"的巨大飞越。

南海作为我国近海中最大最深的海区,资源极其丰富且战略意义重大。南海由于广泛分布有天然气水合物,其成为我国海域水合物勘探研究与试验生产的重要战略场地。21世纪以来,我国为摸清南海水合物具体分布情况,探索水合物开采技术,开展了一系列勘探工作。在调查勘探资料的坚实基础上,选定位于南海北部陆缘的神狐海域作为两次水合物工业化试采区域。

"2004年,我在加拿大一个天然气水合物实验室,第一次见到了水合物实物样品。那时,从来没有想过十几年之后,我国会成为世界首个实现水合物安全试采的国家。"天然气水合物试采现场指挥部办公室主任邱海峻的这段话是我国可燃冰(即天然气水合物)研究事业的真实写照。一代代地质人以报效祖国、服务人民为己任,在可燃冰领域不断调查探索,最终在前期找矿突破的基础上,试采成功,点燃了中国人的新能源梦。

2.4.1　我国天然气水合物研究的标志性事件

我国的天然气水合物研究工作起步晚、起点低。1999年,国土资源部中国地质调查局启动实施南海北部陆坡天然气水合物资源调查,"奋斗五号"调查船打响了天然气水合物地质调查的"第一炮",掀起了我国海域天然气水合物调查的序幕。仅仅18年后,我国后发先至,变成这一领域的领跑者。

一是成功实施我国南海神狐海域天然气水合物试采。2017年5月10日14时52分点火成功,从水深1 266米海底以下203～277米的天然气水合物矿藏开采出天然气。至5月18日10时,连续产气近8天,平均日产超过1.6万立方米,超额完成"日产万方、持续一周"的预定目标。

二是在南海北部神狐海域实施23口钻探,均钻获天然气水合物,圈定10个规模较大的矿体,控制资源量超过1 500亿立方米。

三是在珠江口盆地西部海域,利用自主研发的"海马"号ROV发现了甲烷生物化学礁、碳酸盐结壳和气体渗漏等活动性"冷泉"标志,将其命名为"海马冷泉",并使用重力取样器首次获取块状天然气水合物样品。

2.4.2 神狐海域天然气水合物的第一轮试采

2017年5~7月,中国地质调查局组织实施的第一轮试采针对的是我国目前主要的储集类型且开采难度最大的泥质粉砂型水合物。在为期60天的试采过程中,未出现地层坍塌、环境污染、天然气泄漏等意外情况,稳产时间居全球之最。第一轮试采成功表明我国在天然气水合物理论研究、关键技术、装备研制、管理体系、事故防控等方面取得了以下突破性进展。

(1)实现了天然气水合物勘查开采的理论创新。建立了针对我国海域地质特点的天然气水合物系统成藏理论,为试采目标的确定奠定了地质理论基础;创建了天然气水合物"三相控制"开采理论方法,保障了试采过程中产气连续、环境安全。

(2)形成了多项深水浅软地层水合物勘查试采技术工艺。综合多源地质信息,形成天然气水合物"甜点"识别技术;建立了深水浅软地层垂直井试采的钻完井技术体系,破解了极松软地层钻完井难题和极松软地层固井难题;创新实施了储层改造,有效改善了泥质粉砂储层的渗透性;科学选用防砂筛管,实现了未成岩超细储层的有效防砂;采取多种流动保障手段,有效预防了天然气水合物二次生成,保障了试采过程稳定产气;探索形成了一套稳产有效的压降调控体系,试采过程安全可控、产能稳定。

(3)实现了试采生态环境安全可控。监测结果表明,试采甲烷无泄漏,大气、水体生态环境无污染,海底和井下未发生地质灾害,初步证实天然气水合物绿色开发可行。

2.4.3 神狐海域天然气水合物的第二轮试采

2019年10月正式启动第二轮试采海上作业,于2020年2月17日试采点火成功,持续至3月18日完成预定目标任务。此次试采是世界上首次采用水平井钻采技术进行的水合物试采,累计产气量与日均产气量均居全球第一,不仅使我国向水合物绿色商业化开采迈出了坚实的一步,同时增强了我国海洋能源开发利用的综合能力,其成果主要表现在以下4个方面。

(1)进一步深化了对天然气水合物成藏的认识。首次揭示了天然气水合物系统成藏"气源"核心问题,明确神狐海域试采区深部热成因气对水合物成藏具有重要贡献;在"三相控制"开采理论基础上,建立了开发产能模拟与控制系统。

(2)自主研制了吸力锚,并系统掌握深海置入技术,攻克了深海浅软地层井口稳定性难题。自主研制井口稳定装置吸力锚,有效提高了地层井口承载力,该技术打破了国外垄断,产业前景广阔。

(3)创新形成了深海浅软地层水平井钻采关键核心技术。自主研发6大类32项关键技术,研发了12项核心装备,并在水深大于1 200米、埋深小于300米的松软地层中成功应用,实现了天然气水合物试采增产目标,为生产性试采和商业开采奠定了坚实的技术基础。

(4)创建了环境保护和监测体系。自主创新形成覆盖试采全过程的环境风险防控技术体系,建立了大气、水体、海底、井下"四位一体"环境监测体系。监测结果表明,试采过程中甲烷无泄漏,未发生地质灾害。

2.4.4 天然气水合物勘查试采的意义

20世纪90年代中后期以来,南海北部天然气水合物勘查取得了丰硕的勘探成果和里程碑式的重大突破与进展。迄今为止,通过勘查评价已在南海北部圈定了两大天然气水合物成藏带及三大富集区,先后勘探发现了3个超千亿立方米储量规模的天然气水合物矿藏。

2020年第二轮试采的产气总量及日均产气量均创造了世界纪录,而且攻克了深水海底浅表层未成岩软地层水平井钻采核心技术,实现了由探索性试采向试验性试采的重大跨越和突破。

本章参考文献

[1] 丁健."海洋地质十号"填补海洋地质调查钻探船空白[J].中国设备工程,2017(14):3.

[2] 何家雄,钟灿鸣,姚永坚,等.南海北部天然气水合物勘查试采及研究进展与勘探前景[J].海洋地质前沿,2020,36(12):1-14.

[3] 刘建辉,李占东,赵佳彬.神狐海域天然气水合物研究新进展[J].矿产与地质,2021,35(3):596-602.

[4] 罗茵.具备全新一代钻探能力"海十号"综合调查船[J].海洋与渔业,2018(8):52-54.

[5]《中国科技信息》编辑部.南海深部计划:掀起南海的"盖头"来[J].中国科技信息,2012(17):9.

[6] 秦绪文,石显耀,张勇,等.中国海域1∶100万区域地质调查主要成果与认识[J].中国地质,2020,47(5):1355-1369.

[7] 任纪舜.序——为"中国海域1∶100万区域地质调查工程成果"专辑而作[J].中国地质,2020,47(5):1265-1266.

[8] 汪品先.追踪边缘海的生命史:"南海深部计划"的科学目标[J].科学通报,2012,57(20):1807-1826.

[9] 王世栋,田烈余,王俊珠,等.海洋地质十号船钻探系统及其在海洋地质调查中的应用[J].探矿工程(岩土钻掘工程),2020,47(2):24-29.

[10] 张建松.南海有八大科学之谜[N].中国矿业报,2015-05-21(B04)[2021-10-20].

[11] 中国地质调查局.海域天然气水合物第一轮试采的历史性突破[N].中国自然资源报,2021-06-21(007)[2021-11-25].

[12]《中国矿业报》编辑部.海域天然气水合物第二轮试采实现重大跨越[N].中国矿业报,2021-06-30(003)[2022-01-10].

[13]《中国矿业报》编辑部.中国海域1∶100万区域地质调查硕果累累[N].中国矿业报,2021-08-25(003)[2022-02-08].

[14] 刘迪一.八年沉潜,光耀全球——跟着"南海深部计划"走近南海生命史[J].世界科学,2019(10):4-6.

第 3 章 海洋生物

海洋生物是指海洋里的各种生物,包括海洋动物、海洋植物、微生物及病毒等。海洋生物学是海洋科学的重要发展领域,近百年来,我国海洋科学研究高速发展,涵盖多个海洋专业学科,在海洋生物学领域的不同方向取得了丰硕成果。

相对于海洋生物个体,海洋作为一个巨大的背景提供了物理、基质和化学的环境场,各种主要的环境过程,时时刻刻在控制和影响着海洋生物的个体生理、生态过程,也在生物的种群、群落、区系、生态系统、景观等各个不同层面影响着海洋生物的种类、分布、生态过程及环境资源应用。反过来,海洋生物尽管个体微小,在对这些环境感知、适应、改造的一系列互作过程中,成为海洋中不可或缺的组成,活跃于海洋的各个圈层,以滴水穿石的方式极大地改变着海洋。

机遇与挑战共存,困难与希望同在。目前,我国海洋生物学在生物多样性研究、海洋生物与环境资源开发、海洋生物基础调查等方面仍有较大提升空间。未来,将创建标准技术规程,加强海洋资源评估和保护,并促进与物理海洋、海洋化学等多学科融合发展,关注生态过程,从多个圈层、多个尺度开展综合研究。在"建设海洋强国"的战略背景下,中国海洋生物学研究的发展未来可期。

3.1 我国特色的海洋生物学研究

我国是太平洋沿岸的一个海洋大国。依照《联合国海洋法公约》计算,我国的实际海洋国土面积约为 300×10^4 平方千米。海洋及海洋国土是我国经济发展的战略资源,也是促使海洋科学迅猛发展的基石。随着"建设海洋强国"战略的提出,加快促进海洋类学科的发展成为历史必然。海洋生物是海洋科学不可分割的一部分,海洋环境和海洋生物相互依存、相互作用,海洋生物研究的重要性日益凸显。

3.1.1 我国海洋生物学研究的发展历程

我国海洋生物学的研究起步较晚,中华人民共和国成立前的海洋生物学研究起源于各地的海洋生物学家的兴趣研究,研究以生物分类和地理分布为主,多为近岸或近海的研究工作。我国最早的海洋生物研究团体是 1935 年成立的太平洋科学协会海洋学组中国分会,该分会在海洋学组的组织设置与工作安排下开展了部分海洋生物,特别是鱼类、原生生物、珊瑚和水产方面的基础生物学研究,后来由于战争爆发而中止。

1983 年,中国科学院、国家海洋局、教育部、地质矿产部、石油部、农牧渔业部、交通部和沿海省、市、自治区共建立各种海洋科研调查机构 100 余个,并随之开展了一系列海洋调查。这一时期的海洋科学考察工作取得了 3 个方面的主要成绩:(1)在海洋生物分类学方面,基本理清了我国近海各类动植物的种类、形态、生态、分布及资源情况,初步划分了我国海动植物区系。(2)在海洋生态学研究方面,对我国各海域的浮游生物、底栖生物和游泳生物均开展了系统的研究。(3)在海洋实验生态学研究方面,经过 30 多年的努力,在主要经济海洋动植物的实验生态学研究方面有了显著进展,其中对海带、紫菜、对虾,以及 20 多种海洋鱼类的实验生态学研究较有成效,成功地解决了育苗、育珠技术和人工养殖技术,获得了一定的经济效益。

1990—2010 年是改革开放后我国经济快速发展的时期,这个时期我国海洋生物学研究的主流就是紧跟国际潮流,围绕着海洋生物资源与生态系统过程展开。我国科研人员对海岸带生物资源进行了较为全面的调查,提出了保护和有限度开发滨海湿地国家公园的具体方案及实施计划;对近海的藻类、甲壳类以及鱼类等物种资源进行了形态学分类研究;与此同时,分子生物学等方法也被广泛应用于海洋生物的分类。我国积极参与并与国际海洋相关学科的合作研究项目接轨,成功加入国际生命条形码计划并构建了我国海域内的部分海洋生物 DNA 条形码数据库。

进入 21 世纪以来,随着国家科技体制改革的推进,国家对海洋科考装置和科技攻关加大投入,我国海洋生物学研究开始进入国际并跑甚至领跑的阶段。海洋生物科研梯队建设及研究领域趋于完善,逐渐形成了"海岸带—近海—远海"的三级研究梯队;对海洋生物资源的调查与应用更加合理;海水养殖的种类得到进一步丰富,新型海水养殖方式不断出现并大量推广应用;海洋生物食品安全和海域生态修复也成为引发较多关注的热点问题。

3.1.2 我国海洋生物学研究的主要成就

近几十年来,我国海洋科学研究高速发展,在海洋生物学领域的不同方向取得了丰硕成果。

1. 海洋生物多样性与生物区系研究方面

1950 年至今,以曾呈奎、刘瑞玉、郑守仪等为核心组成的海洋生物分类学专业团队,通过各种考察、调查,采集了数以十万计的海洋生物标本,全面开展了海洋生物分类学和物种多样性研究,发现了大量新物种,对我国海域主要生物类群的种类、分布、区系及多样性状况与特点有了进一步了解,出版了涉及海洋动物志、植物志等方面的多部著作。

2. 海洋动植物的发育生物学、繁殖生物学、培育研究方面

童第周等在脊椎动物、鱼类和两栖动物的卵子发育能力研究方面有过独特的发现,这些研究成果在当时是具有开创性的,为动物育种提出了一个新的、可能的途径。20 世纪 60 年代,曾呈奎率先提出"海洋水产生产农牧化"的科学理念,对中国海水增养殖业起到了重大的推动作用。曾呈奎的藻类（海带和紫菜）养殖技术、赵法箴的对虾养殖技术、张福绥的贝类养殖技术、雷霁霖的鱼类养殖技术先后问世，在我国接连掀起了4次海水养殖浪潮。进入21世纪后，我国又掀起了以海参、鲍鱼为代表的第5次海珍品养殖浪潮，至今海水养殖品种已达50多种。在海水养殖业中引入生态学的理念和方法，发展多营养层次综合水产养殖，作为一种生态系统水平的适应性策略，在我国沿海取得了很好的进展。如今具有生态修复和资源增殖功能的现代海洋牧场正逐具雏形，掀起了第6次海水养殖产业浪潮。与此同时，对养殖对象的抗病免疫、营养学、病害防治等的研究对我国海水养殖业的健康发展起到了巨大促进作用。

3. 海洋天然产物及药物方面

我国在海洋天然产物及药物方面的研究始于20世纪80年代，管华诗等首创中国第一种海洋药物——藻酸双酯钠。20世纪90年代后，我国对海洋药物和活性化合物的研究形成热潮，除藻酸双酯钠外，还成功研发上市了甘糖酯、海力特、降糖宁、甘露醇烟酸酯、岩藻糖硫酸酯、多烯康和角鲨烯共7个海洋药物。迄今为止，中国已发现3 000多个海洋小分子新活性化合物和近300个寡糖类化合物，在国际天然产物化合物库中占有重要位置。

4. 海洋生物基因组方面

进入21世纪，人类基因组草图绘制完成，开启了全基因组学研究的先河，海洋生物研究也随之进入基因组时代。自2012年开始，国际上开始了海洋生物全基因组测序与精细图谱构建，多国科学家完成了11种海洋生物全基因组解析，其中绿海龟、半滑舌鳎、菊黄东方鲀、大黄鱼4种生物的全基因组测序工作由中国科学家完成，其后他们又负责了刺参基因组测序和组装。目前，我国海洋生物测序物种数量居于世界前列且被测序的生物多数为经济种。

3.2　海带的栽培与育种

海带，在分类系统中隶属于海带目海带科海带属。海带美味可口、营养丰富，含有丰富的糖类、甘露醇、蛋白质，以及各种氨基酸和矿物质，还有一般食物中所缺乏的碘，其独特的口味和丰富的营养使它在美食界独占一席，深受人们喜爱。同时海带具有一定的药用价值，食用海带可治疗缺碘引起的甲状腺肿大，还能利尿、降血压，治疗脚气病和消化不良。除此之外，海带也是鲍鱼、海参、海胆等的优质天然饵料，还是虾类、螺类和硅藻、绿藻、褐藻等附着生物的附着基质，而且其在光和作用、净化水质、减轻赤潮危害等方面更是具有不可忽视的生态意义。

3.2.1　历史中的海带

我国自古以来就有食用海带的习惯。早在三国时代，中医就已经发现吃海带这类食物可以治疗大脖子病(即单纯性甲状腺肿)。到南北朝后,南梁"山中宰相"陶弘景的《本草经集注》中详细记载了当时中国人食用的海带的来源:"昆布今惟出高丽。绳把索之如卷麻,作黄黑色,柔韧可食。"

到了唐朝,朝鲜半岛上的两个主要国家——渤海国和新罗国都是唐朝的封臣,向唐朝进奉的贡品中就有昆布。《册府元龟》里曾记载,开元二十八年(740年),渤海靺鞨遣使献貂鼠皮、昆布。渤海境内的南海府、龙原府以及安边府都是盛产海带的地方。宋朝编修《新唐书》时,还在渤海国传记中专门列出了"南海之昆布"这一独特物产。渤海国向中原输送海带一直持续到了925年,这时已经是五代的后唐时期。现在著名的韩国城市釜山,在唐朝时曾是新罗的东莱郡,也是海带的主产区。新疆吐鲁番地区曾经出土了一大批保存完好的唐代文书,其中撰写于唐玄宗天宝二年(743年)的《交河郡市估案》,记载了当时在交河城市场上销售的种种商品,这个丝绸之路上的重镇荟萃了东西方商业精品,其中就有昆布。

3.2.2 海带的人工栽培

人们熟知海带和紫菜是物美价廉的大众化海产品。我国原本不产海带,主要依赖从日本等国进口。这是因为海带是一种喜低温的孢子植物,我国海区由于夏天水温高,又加上北方海区是少氮的瘦水区,海带自然无法生存。如今我们能在餐桌上常见到海带的身影,这要感谢科学家们做出的贡献。

1. 关于海带夏苗的研究

20世纪50年代以后,我国独自进行了海带养殖生物学的研究。海带是冷温带海藻,传统的栽培方法是在秋季采孢子,在海上育苗进行生产,应用此法,海带幼苗生长缓慢,竞争不过秋季繁殖较快的水云等杂藻,致使其出苗率较低,严重影响我国栽培海带的产量和质量,这是当时我国海带栽培中的关键问题。

曾呈奎、朱树屏等一些海洋生物学家把注意力集中到了海带能否在我国进行人工栽培的自主科学研究上。对我国藻类分布、形态生活史研究深入的曾呈奎细心地观察海带在初夏的变化情况,发现海带初夏也放孢子,便开始思考:能不能用夏苗代替秋苗?这个新思路将人工养殖海带引向了成功之路。

曾呈奎等在1951年便开始了海带生活史和幼孢子体生长发育所需环境条件的研究,弄清了培育海带幼苗所需的温度范围、光照时间和强度、营养盐的含量等。1953年正式开展了"海带幼苗低温度夏的养殖实验",取得了理想的成果。1955年,这项成果在《植物学报》上公开发表,文中详细论述了把传统的秋季采孢子改为夏季采孢子,在室内用适当的低温、营养、水流和光照等培育海带幼苗的科学方法——海带夏苗培育法,并明确提出了海带南移栽培的可行性。

1954年年末,曾呈奎等培育的海带夏苗在移栽海面后,被山东水产养殖场(现山东海水养殖研究所)房场长和技术负责人李宏基、张金诚、刘德厚得知,他们希望进行生产试验,曾呈奎欣然允诺,并主动介绍培育方法,带他们观看实验设备。此后,双方研究人员经常交流经验,切磋技术。1957年5月,山东水产养殖场建立了海带夏苗育苗库,并于7月正式进行了育苗生产。开始他们用日光灯作为光源,1958年,把育苗库改为数千平方米的玻璃房,改用日光(自然光)为光源,进行了工厂化夏苗生产。

2. 关于海带施肥的研究

20世纪50年代初,科学家们在青岛发现靠近市区海域的海带能正常生长,而远离市区海域的海带则不能正常生长。曾呈奎等进行了认真的研究,认为是缺肥所致。化学分析结果证明,并不缺磷,缺的是氮。于是,他们便决定进行给海带施氮肥的实验,并提出,在流动海水中不要施有机肥。由于海水受各种海洋动力要素的作用,肥料极易流失,因此在海域中施肥比在陆地上施肥困难得多。如何施肥最经济、最有效,是施肥的关键问题。经过研究,曾呈奎首先提出应在海域中进行局部施肥,并于1953年底设计了用陶罐进行局部施肥的方案:在陶罐中盛无机氮肥,利用氮溶液能从陶罐壁的微孔中渗出的特性,选用具有合适微孔壁的陶罐盛氮肥,控制氮素按需要的速率不断渗出,形成一个局部海水中含氮量经常较充足的环境,供海带随时吸收,减少肥料无谓的流失。他于1954年2月在室内进行了海水中陶罐扩散氮肥的实验,用陶罐进行海面施肥实验;6月实验成功,证明了这种方法切实可行,效果很好,并定名为"陶罐施肥法"。陶罐施肥法的成功证实了我国近海水域中只需施氮肥,不需要磷、铁、锰等元素。

当时山东水产养殖场采用陶罐施肥法进行了2个多月的大生产应用,大大促进了海带栽培事业的发展。之后,这个方法在生产中不断改进,有的用打了洞的塑料袋代替陶罐,也有的在大面积养殖区海面喷氮肥溶液。

3. 关于海带南移栽培的研究

在解决了海带夏苗培育法和施肥两个问题之后,海带南移栽培的研究正式开始了。曾呈奎等于1955年开展的温度对海带孢子体生长和发育的影响的研究中,了解了海带生长的适温生长范围,并明确提出,东海这一广大地区水质肥沃,海带生长适温期有5个月,培育夏苗具备开展商品海带的养殖条件。

1956年夏,刘恬敬和青岛海洋生物研究室的孙国玉、夏恩湛三人赴江、浙沿海进行海况、水温调查及现场采水样。三人北自江苏的连云港,南到浙江的象山等沿海一些港湾搜集有关资料,采集水样标本,并现场进行简单处理。初步选定乘泗岛后面的小湾为海带南移栽培的试验海区。后经吴超元调查,认为所选定的海区不恰当,所以另选定了浙江省舟山地区枸杞岛为海带南移栽培的试验海区。

3.2.3 海带的遗传育种

20世纪50年代中期,我国的海水养殖业刚刚起步,海带夏苗培育等技术的突破发展与应用,在全世界率先实现了海洋生物的全人工养殖,兴起并形成了我国海水养殖业的浪潮。但海带养殖种苗全部是野生的海带群体,没有经过系统的选育和遗传改良,产量普遍较低。同农业生产一样,海水养殖对象的性状是决定最终产量与效益的关键因素。方宗熙教授将遗传学理论较为系统地应用于海水养殖领域,通过深入研究海带野生群体的性状特征,首次验证了数量性状遗传规律,计算出叶长、叶宽等主要数量性状的遗传力,并由此建立了海带选择育种技术,培育出了"海青一号"优良养殖品种和"海青二号""海青三号"等几个自交系,完成了世界上首例海洋生物优良品种的研究报道,为后期海洋生物遗传改良研究奠定了重要的理论与方法学基础。

20世纪70年代,体细胞遗传学的发展开辟了植物育种学研究的新时期。我国的大型海藻遗传学研究得到了长足的发展,与国际植物遗传与育种学研究保持着同步发展。海带、裙带菜配子体无性繁殖系(克隆)的培育,解决了大型褐藻不能实现长期保存的世界难题,为大型海洋藻类生物多样性的保护提供了有效的技术手段,而且为开辟海藻细胞工程育种的新时期奠定了重要的基础。方宗熙教授总结归纳出海带配子体克隆具有性别分化、细胞全能性和遗传基础简单等重要特征,并明确指出了其在生理学、遗传学和育种学方面的重要应用价值。科研人员利用海带、裙带菜雌性配子体克隆经孤雌生殖培育的雌性孢子体,建立了一个非自然界常态存在的全人工生活史,得到了国际同行的高度评价。由此建立的海带单倍体育种技术和"单海一号"海带单倍体新品种的培育,不仅成为开创我国海洋生物细胞工程育种时期的里程碑,而且是我国褐藻遗传育种领先于世界同类研究的标志性成果。

1992年和1996年,崔竞等成功培育出了"荣海一号"杂交品种和"远杂十号"远缘杂交品种两个海带新品种,在满足提取褐藻胶工业原料成分含量的基础上,进一步提高了养殖产量,为20世纪90年代我国海藻养殖业高效发展提供了优良的品种。

2004年刘涛主持培育的耐高温、高产新品种海带——"荣福"海带获得国家水产新品种证书,并开始大面积推广栽培。该品种是由分布于南方福建海域的海带品种和北方山东海域广泛种植的"远杂十号"海带品种杂交选育而成的"混血"海带,具有经济性状稳定、增产效果明显、耐高温性状突出的特点,一经推出就成为南北方养殖户青睐的品种,并成为大众餐桌上的美食,创造了巨大的经济价值。2011年刘涛团队潜心培育的"爱伦湾"海带获得国家水产新品种证书,该品种具有加工率高、产量大、增产效果明显等优点,在山东、辽宁地区近海进行了大规模养殖推广,平均亩增产可达25%以上,目前累计创造经济效益达10亿元以上。"荣福"和"爱伦湾"两个海带新品种的成功培育与推广,拉开了我国以"优质、高产、抗逆"为标志的大规模海带品种更替工作的序幕。2013年,由刘涛主持培育的"三海"海带良种成功获得国家水产新品种证书。该品种应用了分子辅助选择育种技术,极大地提高了育种效率。"三海"海带具有耐高温、高产和广适性等优点,现在我国渤海、黄海、东海和南海沿海进行了大规模养殖推广,主产区平均亩增产达30%以上。"三海"海带标志着海带遗传改良技术已从群体选育、细胞工程育种正式迈入了分子育种新时期。

3.3 南海鲸落的首次发现——一鲸落,万物生

这是一份来自深海的浪漫。2020年4月2日下午,我国"探索一号"科考船搭载"深海勇士"号载人潜水器完成2020年度第一个科考航次(TS16航次),返回三亚。60名科考队员带回了本航次的一个重要成果——在南海1 600米深处发现了鲸落,这是我国科学家第一次发现该类型的生态系统。迄今为止,人类发现的现代自然鲸落不足50个。

这一消息随即引起广泛关注。"鲸落"作为海洋生态学的专业科学词汇,成功被大众所熟知。

那么,鲸落到底是什么?发现和研究它的意义何在?

3.3.1 鲸落:一鲸落,万物生

《禅定荒野》有云:"鲸落海底,哺暗界众生十五年。"鲸落(whale fall)是指鲸死亡后落入深海形成的生态系统。落入海底后的鲸尸,被不计其数的生物体分食,以此滋生出一个小型生态循环系统,甚至可能会培养出独属于这个新生态循环系统的新物种,构成海底独特的生态圈。因此,鲸落和冷泉、热液一起被称为深海当中的三大生命绿洲。

1. 鲸落的过程

一头鲸的尸体分解大致要经历4个阶段。

第一个阶段是移动清道夫阶段(mobile-scavenger stage)。在鲸尸下沉至海底过程中,盲鳗、鲨鱼、甲壳类生物等以鲸尸中的柔软组织为食。这一过程可以持续4至24个月,具体时间取决于鲸的个体大小,其间90%的鲸尸将被分解。南海发现的"鲸落",就属于这一阶段。

第二个阶段是机会主义者阶段(enrichment opportunist stage)。机会种能够在短期内适应相应环境而快速繁殖。这里所说的环境,就是鲸尸、鲸骨。在这个阶段,一些无脊椎动物,特别是多毛类和甲壳类动物,能够以残余鲸尸作为栖居环境,一边生活在此,一边啃食残余鲸尸,不断改变它们自己所在的环境。科学家们在这一阶段甚至发现了从未在其他环境中发现过的新物种。

第三个阶段被称为化能自养阶段(sulphophilic stage)。大量厌氧细菌进入鲸骨和其他组织,分解其中的脂类,使用溶解在海水中的硫酸盐作为氧化剂,产生硫化氢。化能自养细菌,例如硫化菌,则将这些硫化氢作为能量的来源,利用水中溶解的氧将其氧化,获得能量。这些化能自养细菌能给海底的贻贝、蛤蜊、帽贝和海螺等生物提供充足的养分,让他们在骨架周围攀附生长。这一阶段持续的时间往往长达百年之久。

第四个阶段是礁岩阶段(reef stage)。当残余鲸尸当中的有机物质被消耗殆尽后,鲸骨的矿物遗骸就会作为礁岩成为生物们的聚居地。

从鱼群到软体动物、细菌、贝类,直至最后的海底礁岩,不计其数的生物繁衍生存,生生不息,这些都起源于一头鲸的陨落。一鲸落,万物生,壮丽而凄美,神秘而优雅,这一切无不令人们着迷。

2. 鲸落的意义

相较于近海,深海的营养物质十分贫瘠。深海海底的生物除一类特殊的、可依靠化能合成的冷泉或热泉生物外,主要依赖于上层海水输送来的物质。从海面缓慢飘下来的生物碎屑(又称"海雪")是深海海底生物的"天降甘霖",而偶然落下的庞大动物身躯,则是它们在"大洋荒漠"之中的"绿洲"。每年,全球大部分深海沉积物获得经由上层海洋颗粒输送的有机碳通量为2~10克,而一头沉落洋底的30吨重的巨鲸,在深海海底覆盖面积约为100平方米,其有机碳通量相当于同一水柱超过1 000年的"海洋雪花"的总和。鲸骨体型巨大,富含脂类,分解又十分缓慢,一头大型鲸落可以维持这样一个"绿洲"和里面上百种无脊椎动物生活长达几十年甚至上百年。在体型庞大的鲸诞生之前,那些巨大的海洋鱼类和爬行动物也许就部分担当了深海"绿洲"的重任,而数千万年前鲸的到来,让深海海底焕发的新生更加灿烂。

3. 鲸落罕见的原因

其实,并不是所有的鲸都能形成鲸落,这其中涉及多个原因。

第一,受到人类捕鲸的影响,大部分鲸都无法自然死亡,好在现在人类已经开始禁止捕鲸,所以这种影响已经越来越小。第二,由于海洋面积大,鲸分布范围广,我们无法掌握海底的实时情况,以至于就算有鲸形成鲸落,我们也无法得知,甚至等到鲸落消失,我们可能也不知情。第三,有部分鲸因为身体密度等多种因素,死后会漂浮在海面上,最后搁浅在沙滩上。

因此,鲸落被人类发现的概率大大降低,鲸落才如此罕见。

3.3.2 鲸落研究:海洋生态学中的国际前沿科学

鲸落对深海生命和生态过程以及海洋有机碳循环产生的长远影响,是海洋科学家们关心的国际前沿科学问题。

早在1854年,人们在漂浮的鲸脂上发现了一种新的贻贝,自此开始意识到鲸落上有特异性的动物群落。20世纪60年代,人们在深海拖网时,又无意中发现了在鲸骨上附着的帽贝等新物种。随着深海机器人技术的发展及探测技术的提高,深海鲸落的真正发现始于20世纪70年代末。1977年,美国海军在东太平洋的深海进行潜艇试航时,发现了一具已完全没有组织的完整的鲸尸骨骼,基于骨骼的大小、牙齿的有无以及它所在的位置,认定这是一头死亡的灰鲸,这是鲸落首次被报道。1987年,夏威夷大学的学者布鲁斯·班尼特在潜艇上绘制加利福尼亚州海岸附近的盆地地图时,发现海底有一个奇特的物体,其与周围环境格格不入。起初,布鲁斯·班尼特以为那是沉船或者恐龙化石,靠近一看才发现是 18 米长的巨鲸的骨骼。这是科学家们首次在海底关注"鲸落"的存在。

尽管对鲸落的研究是海洋生态学的重要课题,但茫茫大海中,发现鲸落是相当"随缘"的行为。至今为止,人类在海底仅仅发现了不到 50 个自然鲸落。为了更好地观察鲸落,科学家们想了很多办法。1998 年,美国人在加利福尼亚州圣克鲁斯盆地沉入一头重 40 吨的巨鲸,一年半后其才变成一堆白骨。因此,美国人估计 160 吨重的蓝鲸大概 11 年才会被蚕食掉。2003—2005 年,日本人做了一批有关鲸落的实验。把死去的抹香鲸丢到日本南部 200 多米深的海底,进行了为期两年的 3 次观察。2011 年,美国海洋生物学家格雷格·劳斯和他的团队把一头搁浅死亡的鲸绑到船上,将其沉入海底。和自然死亡的鲸不同,搁浅后鲸的体内会迅速产生气体,因此,搁浅死亡的鲸难以沉入大海,所以格雷格·劳斯和他的团队不得不在鲸身上绑了几吨的金属配重。由于鲸尸过于珍贵和难得,2019 年,美国路易斯安那大学海洋联盟(LUMCON)甚至把一条鳄鱼安乐死后,装进笼子里带到了墨西哥湾底部约 1 英里深处的海底,完整地观察并记录其腐化过程。

人类对鲸落的研究取得了许多积极的成果,不但初步了解了海底生态系统的演变,也通过鲸落现象发现了 16 种全新的物种。1998 年,夏威夷大学的研究人员发现,在北太平洋的深海中,至少有 43 个种类、12 490 个生物体是依靠鲸落现象而生存的。海底庞大的鲸落群为海洋生物多样性提供了"土壤",它们在鲸落上安家,成为海底"荒漠"中的另类"绿洲"。

2020 年 4 月 2 日下午,我国"探索一号"科考船完成 2020 年度首个科考航次(TS16 航次),返回三亚救助局码头。本航次自 3 月 10 号启航,历时 22 天,"探索一号"科考船搭载的"深海勇士"号载人潜水器连续执行了 22 个潜次,完成了各项科考任务。本航次任务之一为南方海洋科学与工程广东省实验室(珠海)"深海生命与生态过程"创新团队承担的"西太平洋典型海山生态系统的关键过程及驱动机制"项目。作为航次重要成果之一,科研人员在南海发现了一个约 3 米长的鲸落,这是我国科学家第一次发现该类型生态系统。在南海 1 600 米深处,科研人员发现该具鲸类动物尸体的大部分肉质已经被其他生物吞噬,只留下了尾部少量的肌肉。TS16 航次首席科学家、中山大学海洋科学学院副教授谢伟介绍,他们这次发现的鲸的尸体附近有数十只白色铠甲虾、红虾,以及数只鼬鳚鱼,在鲸尾部还观察到有鼬鳚鱼在撕扯肌肉。他们推断,这很可能是一头死亡不久的鲸,鲸的尸体分解尚处在移动清道夫阶段,也就是鲸的尸体分解的第一个阶段,鲨鱼和螃蟹等食腐动物在清除鲸的软组织,具有长期观测的价值。此次科研人员发现的鲸落位于南海中部海山上,根据鲸落的整体形态特征,研究人员初步估计其是一具小型海豚的尸体,从骨骼的形态初步判定为热带斑海豚。

3.3.3 发现鲸落的背后:我国跻身世界海洋科学研究的核心圈

我国海洋科研事业虽然起步较晚,但发展很快。此次我国科学家们在南海发现鲸落,正是近些年来,尤其是党的十八大以来中国海洋科研事业蓬勃发展的一个缩影。

2018年5月,中国科学院院士汪品先乘坐"深海勇士"号下潜到1400余米的深海,发现了冷泉生物群和冷水珊瑚群,为全面理解南海深部提供了崭新的材料。这次科考发现让汪品先兴奋不已,乘坐的"深海勇士"号也让他感慨万千。汪品先亲历过5次南海的科考,最早是在20世纪70年代末,在莺歌海打南海第一口探井时,他在岸边为石油井做鉴定;第二次是1994年,南海的第一个古海洋学专题航次,用的是德国船;第三次是1999年,他担任首次南海大洋钻探的首席科学家,用的是美国船;第四次是2005年,同济大学与法国合作举行的"马可波罗"航海科考,他坐的是法国船;这回是第五次,让他感到特别骄傲和激动的是乘坐的是中国科考船,而且用国产率高达95%的载人深潜器下潜到了南海海底。

目前全世界投入使用的各类载人潜水器约90艘,其中下潜深度超过1000米的仅有12艘,而拥有6000米以上深度载人潜水器的国家仅有中国、美国、日本、法国和俄罗斯。

其中,我国的载人深潜器研发起步不算早,但是发展速度很快。国家海洋局党组书记、局长王宏接受媒体采访时表示,中国"三龙"——"蛟龙""海龙""潜龙"深海装备应用跻身世界前列。此次发现鲸落的"深海勇士"号国产化达到95%以上,是中国深海探测器谱系化的重要成员,其设计下潜深度为4500米,基本覆盖了中国主要海域和国际海域资源可开发的深度,能满足整个南海的探测、下潜开发等方面的需求。

在国家科技力量和经济力量的强有力支持下,冷泉生物群、冷水珊瑚群、古热液区、鲸落……一个个海底的重大发现不时见诸报端,神秘莫测的海底世界正逐步揭开它的面纱,展示在国人的面前。汪品先在接受新华社采访时表示,目前,我国海洋科学研究已经从跟跑逐渐进入世界海洋科学研究的核心层面。

3.3.4 海洋生态研究:打造海洋强国的必由之路

在我国科学家发现鲸落的背后,是我国海洋科研蓬勃发展的缩影,是世界各国近几十年来持续加大对海洋科研的"中国故事"。人类为何如此迷恋研究海洋呢?

有专家表示,鲸落生态系统属于海洋生态学的研究范畴。近几十年来,海洋生态学有了较快发展,一方面是因为海洋探测技术的提高;另一方面是随着人口急剧增长和对资源需求的不断增多,陆地上的资源和环境已经不能满足人类未来发展的需要。因此开发海洋、经略海洋成为世界各国的当务之急。目前,开发利用海洋的热潮正在全世界兴起,但是合理开发则需要以相应科学理论为指导,从而促进了海洋生态学的快速发展。

我国是一个海洋大国,拥有18000多千米的大陆海岸线、6500多个岛屿、约300万平方千米的管辖海域。中国国际问题研究院特聘研究员贾秀东认为,500多年前开启的大航海时代,推动了真正意义上的全球化。自此,海洋在全球性大国竞争中一直扮演着重要角色,历史和现实都昭示着:"海兴则国强民富,海衰则国弱民穷。"

党的十八大提出"建设海洋强国"的战略目标;党的十九大报告进一步提出"坚持陆海统筹,加快建设海洋强国"的战略部署。加快"建设海洋强国"已成为新时代中国特色社会主义事业的重要组成部分。

在国家战略的引领下,我国认识海洋、经略海洋的步伐不断加快:2020年3月,我国海域天然气水合物第二轮试采取得成功并超额完成目标任务,在产业化进程中,取得重大标志性成果;南北极科考、深海科考、环球大洋科考不断实现新突破,渔业、造船、海运、滨海旅游、海底资源勘探开发蓬勃发展,海洋经济持续稳步增长;中国海水淡化技术、波浪能和潮流能发电等位居世界前列;中国沿海地区北部、东部和南部三大海洋经济圈格局基本形成,重点海洋产业集群初见端倪……

据统计,2018年,我国海洋经济总量达83 415亿元,同比增速为6.7%,海洋生产总值占国内生产总值的9.3%;2019年前三季度全国海洋生产总值近6.4万亿元,同比增长6.3%。我国对海洋的认识和经略取得了初步的成果。

国家海洋局党组书记、局长王宏表示,到2035年,力争实现我国海洋经济总量占国内生产总值的比重达到15%左右,推动一批涉海企业全球布局,牢牢占据全球海洋产业价值链的高端。

500多年前,我国错过了大航海时代,但今天,我国绝不会错过海洋大开发时代。在未来的海洋经济中,我国必须也必然会占有一席之地。到那时候,人们不会忘记,曾经有一批批中国科学家,坐在狭小密闭的探测器中,忍受心理和生理的不适,在数千米深的幽暗而荒芜的海底,为族群的未来,苦苦探索和追寻科学的真谛。

本章参考文献

[1] MORISE H, SHIMOMURA O, JOHNSON F H, et al. Intermolecular energy transfer in the bioluminescent system of Aequorea[J]. Biochemistry, 1974, 13(12):402.

[2] 曾呈奎.21世纪中国海藻栽培事业展望[J].世界科技研究与发展,1998(4):15-17.

[3] 崔志芳,邹玉红,季爱云.绿色荧光蛋白研究的三个里程碑——2008年诺贝尔化学奖简介[J].自然杂志,2008,30(6):324-328.

[4] 戴路.曾呈奎:留取丹心慰沧海[N].中国海洋报,2009-09-25(008)[2021-12-21].

[5] 翟媛媛,李姗蓉."探索一号"完成2020年首个科考航次返回三亚[J].河南科技,2020(10):2.

[6] 高权新,王进波,尹飞,等.荧光蛋白的研究进展与应用[J].动物营养学报,2013,25(2):268-274.

[7] 贺飞鸿.水母荧光的接力赛——记2008年度诺贝尔化学奖[J].大科技(科学之谜),2008(12):31-32.

[8] 井辉.中国现代海洋农业的创新历程及其经验启示——曾呈奎院士案例研究[C]//湖北省科学技术史学会.2017年湖北省科学技术史学会年会论文集.武汉:湖北省科学技术史学会,2017:5.

[9] 李大鹏,芦永红,吴超元.海带遗传育种及育苗生物技术历史及现状[J].生物学通报,2002(8):1-3.

[10] 李小泉.点亮希望之光——绿色荧光蛋白的发现和发展[J].生命的化学,2013,33(4):473-477.

[11] 廖洋,冯文波.生命的进化:讲述海洋生物遗传育种的故事[N].中国科学报,2013-06-11(006)[2021-11-20].

[12] 刘益东,王彦雨,高璐.重大科技突破中的"及时跟进"现象研究——以诺贝尔科学奖为例[J].广西民族大学学报(自然科学版),2016,22(1):11-17.

[13] 刘贞妮.他把诺奖机会"让"给别人,自己开车为生[N].新华每日电讯,2008-10-20(005)[2021-11-10].

[14] 蕊红.巨鲸落 万物生[J].资源与人居环境,2020(5):54-55.

[15] 孙国玉.50年代我国海带栽培研究的几件事[J].海洋科学,1993(2):69-70.

[16] 孙艺佩.绿色荧光蛋白——结构及应用[J].当代化工研究,2017(8):124-125.

[17] 王晶,季海峰,王四新,等.绿色荧光蛋白技术在益生菌研究中的应用前景[J].中国畜牧兽医,2011,38(1):68-71.

[18] 王玉洁.一鲸落 万物生.我国首次在南海发现鲸落[J].科学大观园,2020(9):8-10.

[19]《华东科技》编辑部.为什么说"一鲸落,万物生"?[J].华东科技,2020(5):80.

[20] 吴沛桥,巴晓革,胡海,等.绿色荧光蛋白GFP的研究进展及应用[J].生物医学工程研究,2009,28(1):83-86.

[21] 夏千惠.我国科学家首次在南海发现鲸落[J].中学生天地(C版),2020(6):5.

[22] 徐奎栋.深海鲸落:"大洋荒漠"中的生命绿洲与驿站[J].风流一代,2020(23):54-55.

[23] 杨建邺.钱永健:一生钟情于美丽颜色[J].自然与科技,2012(5):56-59.

[24] 余海若.生物光的真谛:绿色荧光蛋白——2008年诺贝尔化学奖[J].今日科苑,2008(21):18-20.

[25] 张国增,李瑞玲,王强.下村修科研历程的启示[J].医学与哲学(人文社会医学版),2010,31(4):78+80.

[26] 钟兆山.中国南海福尔摩沙冷泉区平端深海偏顶蛤 Gigantidas platifrons 繁殖生物学的初步研究[D].北京:中国科学院大学(中国科学院海洋研究所),2020.

[27] 周程.诺贝尔奖级科学成就究竟是怎样取得的?——绿色荧光蛋白的发现、表达与开发[J].安徽大学学报(哲学社会科学版),2016,40(4):8-21.

[28] 朱杰,吴平.绿色荧光蛋白的发现与发展——2008年诺贝尔化学奖简介[J].化学教学,2009(1):49-52.

第 4 章 海洋化学

　　海洋化学是研究海洋及其与之相关的邻近环境中化学物质的组成、分布、迁移、转化的规律及其化学资源利用技术的一门边缘交叉学科。海水是一个由多种元素组成的体系，目前相关数据显示，海水中含有 82 种元素且其性质区别很大。

　　20 世纪 50 年代，海洋化学全面调查工作展开，中国科学院海洋研究所联合黄海水产研究所等相关单位对海水营养盐进行研究分析。1958—1960 年，我国科学技术委员会海洋组分别对黄海、南海、东海和渤海等海洋领域进行了海水盐度、氯度、磷酸盐和硅酸盐等重要元素的含量、分布特点和海水酸碱性的普查工作，对我国管辖海洋的状况有了较为详细的了解。20 世纪 80 年代，开展了对海洋所含元素的形态、迁移活动和物质平衡的深入研究，我国实现了从定性研究向定量研究的转变，海洋化学研究逐渐成熟。

　　海洋化学作为海洋科学的二级学科，经过 70 多年的发展，为促进经济社会发展提供了助力，支撑了我国化学海洋学学科的基础体系的完善，促进了海洋科学乃至地球科学理论上的重大突破。海洋化学资源的合理开发利用（包括海水资源、海洋油气资源、海洋矿物资源以及海洋生物资源的化学利用），在提高人民生活水平上起到了重要作用。今后随着陆地资源的逐渐消耗，海洋将成为支撑人类社会持续发展的资源宝库。海洋化学学科的发展，及其理论与实践的进步，必将随着人民生活水平提高的强烈需求，成为我国国家发展的战略需求。

　　我国的海洋化学科学工作者在条件极其艰苦的情况下，做出了大量有开拓性的研究成果，创立了我国的海洋化学学科，建立了有中国特色的海洋化学理论体系，并在海洋化学资源利用上获得了令世人注目的成绩。面对"建设海洋强国"战略和海洋经济发展的强力需求，海洋化学面临难得的发展机遇，应站在国际学科发展前沿，围绕国家需求，解决重大科学问题，创新重大海洋化学技术，发展海洋化学科学，充分发挥海洋化学在开发海洋资源、治理海洋污染等方面的巨大作用，为国际和我国海洋化学的发展做出应有的贡献。

4.1　海洋防腐——海洋钢铁卫士

　　中国工程院院士、中国科学院海洋研究所研究员侯保荣指出："腐蚀问题首先是一个经济问题。腐蚀是一种悄悄在进行的破坏，但其破坏力比地震、火灾、水灾、台风等自然灾害所造成的损失更为严重。"它可使材料变为废物，使生产和生活设施过早报废，不仅消耗资源，还污染环境。打个形象的比喻，腐蚀就像人身体的"慢性病"，在生产和设备处于"亚健康"时，人们容易忽视防腐蚀问题，但是当腐蚀影响到安全生产、设备寿命时，必然付出更大的代价。如 2013 年山东青岛发生的"11·22"中石化东黄输油管道泄漏爆炸,即由腐蚀所致。海洋腐蚀所造成的经济损失巨大,令人不能忽视。目前,海洋腐蚀问题已成为制约重大海洋工程和装备发展的瓶颈之一。

世界各国对腐蚀工作都非常重视,发展蓝色经济更需要关注海洋腐蚀控制。

4.1.1 面对资源浪费,必须重视海洋防腐

我国有 18 000 千米的大陆海岸线,有相当于我国陆地国土 1/3 面积的海洋区域。海洋经济在国民经济中占的比重越来越大。腐蚀性直接威胁着这些钢铁设施的安全,并将造成严重的经济损失,这是一个必须十分重视的研究课题。

发展蓝色经济,要建设桥梁、港口、石油平台、海上风电,其中,95%的设备都是钢筋混凝土和钢结构,可以说,海洋腐蚀时刻都在发生。海洋科学面临的共性问题,一个是物理海洋问题,另一个就是海洋腐蚀问题。前者是无法避免的,但后者是可以用防腐蚀措施来防止和控制的。海洋环境的腐蚀区带可以分成大气区、浪花飞溅区、海水潮差区、海水全浸区、海底泥土区,其中,腐蚀最严重的就是浪花飞溅区。此外,混凝土包裹下的钢筋,由于年久外露也会被腐蚀。除了海洋浪花飞溅区和混凝土防腐蚀外,还需要关注海洋腐蚀电化学方面的研究,海洋生物腐蚀和污损的研究,钢结构的敏感性、断裂的研究,大气腐蚀与防护研究,海洋结构腐蚀检测技术研究,杂散建筑的腐蚀研究,这些研究可以为发展蓝色经济更好地服务。腐蚀问题目前已经成为影响国民经济和社会可持续发展的重要因素之一,努力减少腐蚀所造成的损失,为国民经济建设服务,是防腐蚀研究的最终价值所在。

海洋环境腐蚀与防护研究主要是研究钢铁材料在海洋环境中发生的一系列化学和电化学反应而劣化的自然现象,其目的就是有效地防止腐蚀,降低腐蚀损失,提高钢铁设施的使用效能。

钢铁生锈,水和氧气是两个必要条件,也是决定性的影响因素。在海洋环境中,除了这两者外,还有海水的温度、盐度、流速、pH 值,乃至海洋生物附着的影响等。

4.1.2 自强不息探索防腐事业,积极进取研发防腐工艺

回顾我国的海洋防腐事业,20 世纪 70 年代,我国海上石油开发刚刚起步,当时国内尚无对海上平台进行防腐蚀保护的先例。

侯保荣参加了渤海 641 石油钻井平台的防腐蚀试验研究,在我国首次成功地实现了对海上平台采用阴极保护进行腐蚀控制;同时,成功地对我国第一座海上大型钢结构码头进行了外加电流阴极保护,有效地解决了电缆和阴极体接头水密技术,目前已在国内普及、推广。

1979 年,侯保荣在国内率先提出了"电连接模拟海洋环境腐蚀实验装置与方法",促进了我国海洋用钢的研究,提高了该领域的研究水平。还先后受鞍钢等十几家大型钢铁

公司的委托，对100多种钢铁进行了耐海洋腐蚀性能的研究，使这一独创方法更加完善。该方法既能反映海上整体结构物腐蚀行为的特点，又有节省人力物力、操作简便、易于计量等优点，1981年荣获中国科学院重大科技成果二等奖。1995年，其团队研制的小型"模拟海洋腐蚀试验机"获国家发明专利，目前已得到广泛应用。2002年，他主持承担的"钢铁设施在海洋环境中的腐蚀及其防腐蚀技术"项目获年度国家科学技术进步奖二等奖，其团队提出了一种新型的海洋防腐技术，其综合有机涂层和阴极保护两种防腐措施，大大延长了海洋钢铁结构物的服役寿命。摸清海洋环境中的腐蚀规律后，解决我国腐蚀防护短板问题，又成了一个新的科学攻关课题。海洋腐蚀与防护是与工程紧密联系的学科，侯保荣院士当即意识到浪花飞溅区防腐蚀工作的重要性。他联合其他5位院士向国家提出《我国海洋工程设施浪花飞溅区防腐蚀工作亟待加强》的建议，得到了国家领导人的高度重视和批示，并获"十一五""十二五"国家科技支撑计划支持。

他先后走访了20多个沿海城市的港口及上百家企业，以迎难而上的姿态带领团队攻坚克难。他们研发出了复层矿脂包覆防腐蚀技术（PTC），申请了专利并得到应用。目前，已经在龙源风电、大连港务局码头、舟山中化兴中码头、珠海LNG码头、洋山港码头等我国重大工程中成功应用了该项技术，为我国海洋经济蓬勃发展提供了重要保障。侯保荣与团队再接再厉，相继获得了适用于大气区各类异型结构的氧化聚合包覆防腐蚀技术（OTC）、能够延长海洋钢筋混凝土结构使用寿命的海洋柔韧型钢筋混凝土表面防护技术（FCC）、应用于海洋石油平台的阴极保护监测技术等多项专利成果。作为我国海洋腐蚀环境研究，以及海洋腐蚀与防护的学科带头人之一，侯保荣一生都致力于海洋腐蚀与防护这件事，他以毕生所学的知识，发展了一系列新型腐蚀防护技术，填补了国内相关技术领域的空白，为我国的腐蚀防护理论和技术发展贡献力量，为我国"一带一路"基础设施建设提供了重要保障，促进我国早日成为世界上腐蚀防护的先进强国。

1. 谋求发展新趋势，积极推动产业化

腐蚀是安全问题，是经济问题，也是生态文明问题，腐蚀防护是实施"一带一路"倡议的重要内容，腐蚀防控力度是国家文明和繁荣程度的反映。腐蚀控制技术并不同于人们简单理解的"除锈"，作为一门专业学科，腐蚀控制已有着现代化的作业机械和严格的作业规范，被广泛地应用于建筑工程、航天航空、储罐管道、水利电力、医药卫生等多个领域。

海洋防腐领域的研究可以说是硕果累累，这是一个应用性很强的领域，不能只进行单纯的研究，产业化是其下一步目标。侯保荣所在的中国科学院海洋研究所先后成立了海洋腐蚀与防护中心、海洋环境腐蚀与生物污损重点实验室、山东省腐蚀科学重点实验室，与东京工业大学联合成立了中日海洋腐蚀环境共同研究中心，还与日本DNT涂料有限公司成立了中日海洋防腐涂料研究发展中心。

这些实验室、研究中心取得了一大批成果，其中有海洋防腐涂料，也有海底防腐管道，但很多并没有得到转化。科研水平虽然达到了世界一流，但在产业化道路上，与世界先进水平还有差距。科技成果产业化，要同时具备科研人才和经营人才。

现在，防腐蚀行业在国民经济中的地位比过去任何时候都重要，我国腐蚀防护成果应用也在逐渐升温，这得益于人们日益认识到腐蚀的危害和腐蚀控制的作用。虽然目前还无法根除腐蚀，但如果采取有效的防护措施，腐蚀损失将能减少25%～40%。这意味着在我国每年有5 200亿元～8 400亿元的防腐蚀市场有待人们去占领，市场开发前景巨大。

在国家扩大内需、促进经济增长的大环境下，我国的防腐蚀产业应遵循主动防腐、绿色防腐、科学防腐和长效防腐的原则，减少腐蚀造成的国民经济损失，促进资源节约，提高资源利用率。与此同时，还要进一步加强腐蚀防护技术的研究与开发，建立健全高效的技术创新体系，为技术创新工作提供体制保障；增强自主创新能力，掌握具有自主知识产权的核心技术，并在此基础上开发更多具有国际竞争力的新产品，带动我国海洋腐蚀防护产业走上做大做强之路。

2. 利用新平台，谱写新篇章

提升腐蚀防护文化科普与增强腐蚀防护意识具有极大的意义。目前，国内防腐蚀行业建立了海洋材料产业技术创新战略联盟、海洋防腐蚀产业技术创新战略联盟、耐蚀钢产业技术创新战略联盟、海洋装备用金属材料及其应用国家重点实验室、海洋新材料与应用技术重点实验室等行业协作平台。

充分利用平台资源，根据实际发展情况，协同制定科学合理的技术与行业规范标准，进而强化相关专业领域技术人员的培训教育，提升专业人员对海洋腐蚀防护的重视程度以及科学系统的设计能力，提升涉海工作人员的腐蚀防护意识等，将极大地推动海洋防腐技术发展，推进高科技海洋防腐建设的实施。

随着科技进步和社会生产力的极大提高，人类创造了前所未有的物质财富，加速推进了社会文明的发展进程。与此同时，人口剧增、资源过度消耗、环境污染及生态破坏等问题日益突出，成为全球性的重大问题，严重地阻碍着人类社会的可持续发展。因此，取之不尽的海洋资源受到人们的高度重视。众所周知，海水是化学矿物资源的宝库。开发海洋资源作为解决当前人类面临的人口、资源、环境危机的有效途径，得到了世界各国的广泛重视。我国政府在《中国21世纪议程》中已将开发利用海洋资源列为保证国民经济可持续发展的战略途径之一。海水资源开发利用顺应国家战略需求，作为保障国家水资源安全和社会经济可持续发展的重要措施，具有突出的公益性特征，是充满生机、颇具魅力的朝阳产业，当前正面临着空前的发展机遇，处于大发展的关键期。

4.2 开发海水资源,建设海洋强国

海水化学资源是指海水中以各种化合物的形态存在的可供利用的物质,包括海水中溶解的各种元素,也包括地下卤水中溶解的可以提取的各种有用元素。海水化学资源是未来人类社会发展的重要物质基础,在多学科的技术工程领域中具有很高的利用价值。

海水中含有多种元素,全球海水中含 NaCl 达 4×10^{16} 吨。中国沿海许多地区都有含盐量高的海水资源。南海的西沙、南沙群岛的沿岸水域年平均盐度为 33~34,渤海海峡北部、山东半岛东部和南部年平均盐度为 31,闽浙沿岸年平均盐度为 28~32。

海水中含有 80 多种元素和多种溶解的矿物质,可从海水中提取陆上资源中较少的 Mg、K、Br 等。海水中还含有 2×10^6 吨重水,其是核聚变原料,可作为未来的能源。全球海水中盐类含量高达 5 亿亿吨,每立方千米含有 3 750 万吨可以利用的固体物质。为此,海水化学资源的开发是人类寄予希望的重要产业。

4.2.1 海水资源开发对我国发展的必要性

开发海水资源是解决我国陆地矿物资源短缺的战略途径。水资源危机日益加剧,已成为制约国民经济和社会可持续发展的瓶颈问题。我国人口众多且分布不均,淡水资源时空分布不均,水资源污染,造成北方干旱缺水,尤其是沿海城市地区的淡水资源严重短缺。东部沿海地区经济发达,以 13% 的土地养活了全国 40% 的人口,提供了 60% 左右的国民经济贡献率,在我国国民经济中占有举足轻重的地位。但是,我国的沿海工业城市年人均水资源量大部分低于 500 立方米(大连、天津、青岛、连云港、上海的年人均水资源量均低于 200 立方米),处于极度缺水状况,全国每年因缺水造成的经济损失已经超过洪涝灾害所造成的损失。淡水资源紧缺已成为制约我国沿海城市和地区国民经济和社会可持续发展的亟待解决的问题。

我国政府在大力提倡节约用水的基础上,采取了如兴建蓄水工程、跨流域调水、废水回用、雨水利用等一系列有效措施。但上述传统措施只能实现水资源的时空位移,而不能增加水资源总量。因此,开源节流——向大海要淡水,将成为我国解决 21 世纪淡水资源危机问题的重要战略选择。

4.2.2 国际海水资源开发利用实践

国际海水资源开发利用的成功实践表明,政府的倡导和支持对于海水资源开发利用的发展至关重要。本着合理开发资源、保护生态环境的指导方针,结合工业布局的调整,有条件的发达国家均在大力推进海水资源的开发利用,其特点及发展趋势可概括为:技术日趋成熟、规模向大型化发展、成本日趋降低、产业链逐步形成、政府规划促进市场发育、

市场容量迅速增大。

据统计,目前世界上淡化水日产量达 2 700 万立方米,海水作为冷却水年取用量已经超过 7 000 亿立方米。发达国家十分重视海水化学资源的开发,仅以色列从死海中提取多种化学元素进行钾肥、溴系列、磷化工等产品的深加工,年产值即达 10 多亿美元。

4.2.3 国内海水资源开发利用现状

我国海水利用事业,起步于 20 世纪 80 年代。历经"六五""七五""八五"的探索、研究,特别是在"九五"期间,国家对"海水资源综合开发利用关键技术研究"进行了前瞻性、大力度的支持,取得了重大的突破,形成了海水淡化、海水直接利用和海水化学资源综合利用三大主流技术,初步具备了产业化发展的技术条件。

1. 发现海水淡化问题,努力攻坚寻求技术进展

海水作为化学矿物资源,既具有取之不尽的强大优势,又存在组成复杂、分离难度大、难过经济关等显著难题。海水是一种电解质、非电解质以及多种生命体共存的稀薄、复杂的溶液体系,属于非常规矿物资源。海水化学资源开发利用的难点如下:其一,海水中的矿物品位低,除钠、氯等少数物质外,绝大多数元素的含量均在千分之一以内,采用常规化工技术分离将导致极高的能耗,很难通过经济关;其二,海水是由 80 余种元素组成的混合溶液,且多为碱土金属和卤族元素,这些元素构成盐类的溶解度性质十分相似,给高效分离带来极大的难度。

我国海水淡化研究始于 1958 年海军和中国科学院化学研究所合作进行的电渗析技术研究。1967—1969 年开展的全国海水淡化大会战,为反渗透膜法、电渗析法、蒸馏法等海水淡化技术打下了基础。

从 20 世纪 90 年代开始,随着我国水资源短缺形势日益严峻,海水淡化进入了大发展期,并从 2000 年开始走向规模化应用。我国海水研究、利用经过 60 余年发展,海水淡化技术主体工艺已经相对成熟,并且已经单元化、模块化,所以降低海水淡化成本的主要途径是将海水淡化和能源供应有效结合,实现能源的有效利用。发展风能、太阳能、核能等新能源与海水淡化结合工艺与技术是近年海水淡化发展的主流方向。

2002 年 8 月,秦皇岛新源水工业有限公司开发研制的 1 吨/日太阳能低温多效(以下简称 MED)试验装置取得成功,这是国内第一台 MED 装置,标志着我国已经掌握了该项技术。

2005 年,我国具备自主知识产权的第一台 3 000 吨/日 MED 海水淡化设备在青岛黄岛发电厂投入运行;目前,南京市利用风能已建成 100 吨/日淡水的风电海水淡化装置,从而实现了风能与海水淡化的有机结合。在海水淡化技术方面,我国已全面掌握国际上已经商业化的蒸馏法和反渗透膜法海水淡化主流技术,"十五"期间已经进入工程示范阶段。目前在天津、山东、浙江、河北等省市建成规模在 500~35 000 立方米/日海水(苦咸水)淡化示范工程已达 16 项,装机总量达 11.1 万立方米/日;在建海水淡化设施达 15 项,总装机规模超过 45 万立方米/日。我国的海水淡化技术已达国际先进水平。

当前,自然资源部天津海水淡化与综合利用研究所(简称淡化所)正瞄准海水淡化新产品、新装备、新工艺和新技术加紧研发。其中,国产海水淡化装备研发制造水平将上新台阶,海水淡化技术研发在热法淡化方面实现了完全自主设计,国产反渗透膜、压力容器等产品已走向世界。海水淡化产业即将迎来完全自主知识产权时代。

近 10 多年来,我国政府高度重视海水淡化技术,海水淡化产业取得了较快的发展,大连、唐山、日照、舟山等沿海严重缺水城市和海岛地区着力推进海水淡化在石化、核电、钢铁等行业的应用。我国海水淡化产业已经为缓解我国资源性缺水和水源性缺水做出了卓有成效的贡献。

2020 年山东省印发了《关于加快发展海水淡化与综合利用产业的意见》,当时计划到 2022 年,全省海水淡化产能规模超过 100 万吨/日。据了解,已建成投产的青岛董家口海水淡化项目,售水价格为 4.25 元/立方米,已经与自来水生产成本相近。

青岛水务海淡科技公司百发海水淡化有限公司运营主管吴成志表示,海水淡化成本中电力成本占比较多,但近年来随着技术进步、设备国产化程度提高、规模化应用以及产业链延伸,海水淡化制水成本不断下降,有些项目高负荷供水时单位能耗已低于 3.5 度/吨。

针对我国非常规水资源利用率不高、相关技术标准缺失等问题,淡化所研究制定了工业用海水淡化水质要求、海水淡化水饮用化处理设计要求、蒸馏法海水淡化系统的设计要求、海水冷却水排放要求以及反渗透海水淡化药剂动态阻垢性能的测定方法等,形成了相关技术标准 5 项。

2. 不断进行技术更新,综合利用海水资源

目前,我国海水化学元素提取技术主要有以下几种:

(1)提溴技术。

目前我国溴产量的 90% 以上采用的是空气吹出法,10% 是用水蒸气蒸馏法,所用原料是地上卤水和盐田浓海水或卤水。我国研究者积极探求提溴新技术,以提高现有地上卤水资源的溴利用率,提高溴质量,减少能耗,降低成本,积极发展高效溴化剂和新型阻燃剂等。

(2)提钾技术。

我国陆用钾矿十分贫乏,每年的钾盐产量只有 30 万吨,主要是从盐湖和苦卤中提取氯化钾和硫酸钾。海水提钾过经济关、实现工业化是一项世界性的技术难题。我国政府高度重视海水钾资源的开发,在国家科技部和地方科技部门的长期培育下,经过近 30 年的不懈攻关,具有我国原创性自主知识产权的沸石离子筛法海水提钾技术已取得了技术、经济的重大突破。特别是"十五"期间,在国家重点科技攻关项目和省市重大科技项目的支持下,河北工业大学等单位通过产学研联合攻关,研制成功"改性沸石钾离子筛"核心技术,突破了海水中钾的高选择性、高倍率富集和钾肥的高效、节能分离等一系列关键技术难题,开发出沸石离子筛法海水提取钾肥高效节能技术,并成功地完成了百吨级中试和万吨级工业试验,获得了产业化技术。研究结果表明,改性沸石对海水中钾的交换容量为25毫克/克,钾的富集率达200倍,钾肥产品质量达到进口优质钾肥标准,生产成本则较进口钾肥降低了30%,从而在国际上率先实现了海水提钾过技术、经济关。"无机离子交换法海水、卤水提钾技术"的成功,可以改造老盐化工企业,并能弥补我国陆地上钾资源的不足。

(3) 提镁技术。

目前,从卤水中提取的产品主要是氯化镁、硫酸镁、氧化镁和氢氧化镁等。由国家海洋局天津海水淡化与综合利用研究所(简称淡化所)海化室主持的"十一五"科技支撑计划课题——硼酸镁晶须百吨级中试技术研究日前顺利完成试车,它的试车成功标志着我国在硼酸镁晶须技术方面获得新的突破。该百吨级硼酸镁晶须扩试线建于淡化所塘沽实验基地。自2008年以来,承担该研究任务的淡化所相关项目组先后完成了主要设备的选型和加工、土建改造、设备安装、管路安装等工作,2010年6月具备试车条件,7～10月完成了试车。试车期间,百吨级硼酸镁晶须生长炉连续运行1 440小时,累计获得工艺运行数据2 160组,烧制晶须样品664组。同时,设备运行平稳,产品质量稳定,制备的硼酸镁晶须无杂晶、长径均匀,实现了连续烧制硼酸镁晶须关键技术的突破。

4.2.4 未来的展望

展望未来,增强海水是宝贵资源的意识,制定海水资源开发利用的政策、法规和发展规划,建设国家级海水资源开发利用综合示范区和产业化基地,强化海水资源开发利用装备研发和生产基础,培育我国具有自主知识产权的海水淡化、海水直接利用和海水资源综合利用技术、装备和产品体系,是推动我国海水资源开发利用的朝阳产业形成、发展、成为我国沿海地区的第二水源并走向世界的重要保障。

"海水淡化在我国的大规模应用,还有很长的路要走。"淡化所原所长李琳梅指出,"海水淡化作为科技密集型产业,自主研发和创新是重要支撑。"未来的海水利用必将走向集成技术和过程优化。

4.3 蓝色海洋,新的药库

生命起源于海洋,海洋占据着地球70%以上的面积,其生态环境孕育了大量的水生生物,丰富的生物资源使得海洋成为拓展天然药用资源的新领域。海洋天然产物具有独特的化学结构和各种各样的生理活性。海洋中贫乏的营养物质和迥异的阳光温度致使某些海洋生物需要通过不同的代谢途径以充分利用有限的营养,达到生存繁衍的目的,这造就了海洋生物次生代谢产物的多样性。海洋生物的种类多样性和次生代谢产物的多样性使得海洋成为迄今为止生物资源最丰富、保存最完整、最具备新药开发潜力的区域。

4.3.1　古今中外,从未止步

对海洋天然产物的研究我国早在古代就积累了丰富的经验。世界上最早的医药文献之一《神农本草经》中就有"文蛤主恶疮,蚀五痔""牡蛎……强骨节,杀邪气"的记载。明代李时珍的巨著《本草纲目》记载了近百种海洋生物的性、味、功能和医药价值,许多论述与现代资料完全一致,有些仍是今天值得深入研究的课题。目前,海洋天然产物化学仍是活跃的研究领域之一,对海洋天然有机活性物质提取、半合成、全合成以及结构改造,以期从海洋天然产物中寻找新的药物,以有效地防治一些疑难病症。

对海洋天然产物的研究可追溯到 20 世纪初,当时只有少数科学家在挖掘海洋天然产物的潜在价值。由于 20 世纪四五十年代正是抗生素与合成药物的黄金时代,海洋天然产物的巨大潜力并未引起广泛关注。

20 世纪 60 年代初期,科技水平的提高和合成药物暴露出来的严重后果(如"反应停事件")越来越凸显回归自然寻求药物的重要性。1964 年,日本研究人员对河豚毒素的研究以及最终对其结构的确定,标志着人类正式开启了海洋天然产物的研究。同时,科学家 Weinheimer 和 Spraggins 于 1969 年从加勒比海柳珊瑚(Plexaura homomalla)中分离得到质量比高达 1.4% 左右的前列腺素 15R-PGA$_2$(图 4.1),极大激发了科学家们对海洋天然产物的研究兴趣,出现了研究海洋天然产物的小高潮。

图 4.1　加勒比海珊瑚及在其中提取的前列腺素 15R-PGA$_2$

美国国家癌症研究所于 1968 年开始对海洋天然产物进行抗癌活性物质筛选,对海洋药物的研究正式形成了一个独立的范畴。此外,在美国举行的"向海洋寻求药物"专题研讨会,极大推动了向海洋寻求药物的发展。随后各国学者相继开展了海洋药物抗肿瘤、抗病毒、抗真菌、抗心脑血管疾病、抗艾滋病等活性成分的研究。在过去的几十年间,6 000 多种海洋天然产物被发现,其中有重要功能并已申请专利的化合物有 200 多种。1988 年日本正式成立了海洋生物技术研究所,投资建立了两个药物研究室,对海洋微生物以及海洋动植物进行研究，筛选生物活性物质，其中对海绵和海藻的研究最多。1989年，欧盟制订了海洋科学和技术计划，重点资助"从海洋生物资源中寻找新药"的研究。从最初的探索到如今的海洋药物发现模式的形成，人们在一步步揭开海洋的神秘面纱，挖掘其巨大潜力。

对海洋天然产物的研究，20世纪七八十年代的重点是对生物活性物质的筛选，海洋生物活性物质主要包括各类活性物质、海生毒素、生物信息物质和生物功能材料等；20世纪90年代有多个海洋天然活性单体及其衍生物进入临床研究。

4.3.2 海洋天然产物研究的近期发展

进入21世纪后，海洋药物的开发和上市速度明显加快，海洋天然产物的研究已进入产业化发展阶段，对海洋资源的开发已然成为世界技术革命的重要领域。海洋天然产物对生物体和人体具有重要的生理调控功能，如抗癌、镇痛、抗炎症等，巨大的应用价值和市场潜力使得海洋天然产物一直为人们所关注。十几年间，先后有8种海洋药物被美国FDA（美国食品药品监督管理局）或欧盟EMEA（欧洲药品评价局）批准上市。到2016年，海洋药物的全球市场达到86亿美元，已成为世界海洋经济发展中的重要力量。在已上市的海洋药物中，阿糖胞苷等4种药物都属于糖类药物。在众多海洋天然产物中，糖类化合物以结构复杂著称，且其分离纯化相对困难，体内代谢评价技术体系缺乏，这给海洋糖类药物的研发带来了极大的挑战。

4.3.3 我国研究海洋天然产物所面临的机遇与挑战

追随世界各国对海洋生物资源进行探索开发的步伐，我国于20世纪70年代开展了海洋生物制药的研究。21世纪被称为探索海洋的世纪，海洋研究的三大发展趋势是水产养殖、海洋药物以及新能源的开发。面对世界人口日益增长和陆地资源不断匮乏的现状，人们将目光投向了海洋这一块尚未被充分开发的领域，将高科技竞争从陆地一步步转移到了海洋。针对这一趋势，我国在不断加大对海洋开发的资金和技术投入。

1. 我国研究海洋药物的现状

我国从最初开展海洋生物研究至今，历经50余年，取得了跨越性进展。我国于20世纪末开始建设国家海洋药物工程技术研究中心，进一步推动了我国海洋生物制药的发展。伴随国家对海洋生物制药产业逐年增长的资金投入，海洋产业稳步发展。在国家宏观调控下，以海洋药物为研究专题的908专项、科技兴海规划等呈现蓬勃发展之势，国家新药基金、国家自然科学基金等为海洋药物的研究开发给予了大力的资金支持。各高校和研究机构对海洋生物的研究，以及对相关人员的培养同样使得以海洋药物为中心的化学制药业成为热点。

在海洋药物开发研究方面，在我国研究人员坚持不懈的努力下，取得了一定成就。头孢菌素最初从意大利海岸中的顶头孢霉真菌(Cephalosperium acremonium)中分离得到,以此为基础还研制出一系列半合成抗生素,我国在成功研制这类内酰胺环抗生素的基础上经过不断的结构改造,开发出抗菌性能不同的抗生素药物。我国研究人员在厦门鼓浪屿附近海底分离得到一种链霉菌亚种(Streptomyces rutgersensis subsp),经发酵提取得到对绿脓杆菌和一些革兰氏阴性菌有较强活性的物质——氨基糖苷 8510-I 抗生素。喹啉酮是从南海软珊瑚(Sinularia polydactyla)中分离得到的,有舒张血管平滑肌、缓解心肌缺血和抗心律失常的作用,有望开发成抗心律失常药物。我国第一个抗艾滋病一类新药是从海洋微生物中提取分离后经分子修饰而得到的海洋药物。此外,从海藻、海蛇等海洋生物中分离出的活性化合物,具有进一步开发的潜力。我国现已开发上百种含海洋活性成分的保健品,有十余种海洋药物获国家批准上市,加快海洋资源开发已引起政府的高度重视。

2. 我国海洋药物投入使用现状

有关资料显示,我国目前已有6种海洋药物获国家批准上市:藻酸双酯钠、甘糖酯、河豚毒素、角鲨烯、多烯康、烟酸甘露醇;另有10种获健字号的海洋保健品。我国正在开发的抗肿瘤海洋药物有 6-硫酸软骨素、海洋宝胶囊、脱溴海兔毒素、海鞘素 A(B、C)、扭曲肉芝酯、刺参多糖钾注射液和膜海鞘素等药物,但其长期疗效还有待于进一步观察评价。此外,尚有多个拟申报一类新药的产品进入临床研究,如新型抗艾滋病海洋药物"911"、抗心脑血管疾病药物"D-聚甘酯"和"916"等,还有国家二类新药治疗肾衰的药物"肾海康"等。

3. 迎接挑战,积极探索

我国对海洋药物的基础研究发展不平衡,使得开发力量分散、缺乏深度;我国仍处于仿制药向新药研发的发展过渡阶段,海洋有机物的全合成仍处于主要位置,寻求海洋先导化合物的经验不足。我国中药宝库里有大量的组方,若再配以海洋生物活性物质组成独特的配方,将具有独到的治疗效果,由此制备成的新产品将具有非常鲜明的中国特色,有望为中国企业在世界制药领域争得一席之地。相信在未来海洋药物的研究与开发,将成为中国天然药物研究的新热点。

4.4 迈向碳达峰、碳中和,海洋大有可为

海洋也是最大的二氧化碳储存库,在气候变化中可以起到缓冲作用,其中 CO_2 的储量相当于大气中碳储量的50多倍。每年有太多 CO_2 被海洋吸收加入全球的碳循环之中,人类活动所排放的碳超过三分之一会融入海洋,经过一系列复杂的生化过程最终变成海水中的溶解有机碳(DOC)、颗粒有机碳(POC)或以碳酸盐的形式封存于海洋中。2009年,联合国环境规划署(UNEP)、联合国粮农组织(FAO)和联合国教科文组织政府间海

洋学委员会(IOC)联合发布《蓝碳:健康海洋固碳作用的评估报告》,确认了海洋在全球气候变化和碳循环过程中至关重要的作用。

4.4.1 海洋固碳,改善环境

碳酸盐的性质稳定,不易分解,可以在海洋中长期留存,因而海洋对CO_2的容纳固定能力不容小觑,了解海洋的固碳机制、增强海洋的碳汇承载力对减轻温室效应有非常重要的作用。

人类活动对海洋的影响主要集中在近海,随着我国社会经济的高速发展,人民生活水平不断提高,对海产品质量和数量的需求也在增长。然而近年来过度捕捞、环境污染日益严重以及不断进行的工程建设等,导致我国近海渔场生物多样性及资源量急剧下降,海产品品质也在不断下滑,海洋生物资源及生态环境受到严重破坏。不仅如此,日益严重的重金属污染、化学清洁剂的超标排放,以及河流中富集的营养物质不断输入,也使近海生态系统所承受的压力倍增。近海生态系统的生物丰富度、群落结构,以及进行的生物化学反应要远远比深远海更为复杂,这种复杂性也造就了它相当大的初级生产力,全球海洋系统中的总初级生产力的15%~30%都是由其所提供的,因而可以把近海区域当成碳的重要汇区。

4.4.2 化学固碳,海洋助力

溶解有机碳和颗粒有机碳是海水中有机碳的主要存在形式。海水上层浮游植物在进行光合作用的同时,利用了水体中的溶解有机碳,又通过复杂的食物网在不同的能级中进行碳传递。生物在生长代谢过程中会形成颗粒有机碳,部分颗粒有机碳会不断地沉积到海洋底部,从而完成碳的固定。

溶解有机碳占海洋中总有机碳的95%以上,通过溶解度泵,CO_2在大气分压的催动下从大气中不断融入海洋,在这一过程中会受到温度、水体碳传输、初级生产力、碎屑沉积物等多种因素的影响。大气中溶解进水体的有机碳和水体中的颗粒有机碳始终处在一个动态的变化当中,也相当于CO_2从大气中被移到了海底。有研究表明,水体中的溶解有机碳大部分为惰性溶解有机碳,不能被生物直接分解利用,其在沿海的储集一直被认为是全球碳预算的一个关键特征,这也让测定溶解有机碳含量对探索海洋溶解有机碳的长期封存具有参考意义。

浮游生物活动可以捕获水体中大量的颗粒有机碳,是使海水中颗粒碳沉积的主要原因,浮游生物捕获利用的海水中的CO_2,大部分沉积并储存在了海底。一部分未被利用的颗粒有机碳(包括微型生物或藻类残体、碎屑、鱼虾贝类死亡后的尸体等)可沉降到海底,构成养殖环境沉积碳库。

近海沉积物中的有机碳埋藏是海洋巨大碳库的重要组成部分,海洋牧场的建设对这一过程具有重要贡献。在大洋环境中,大部分颗粒有机碳在沉降过程中会被降解转化成

CO_2,极少部分进入沉积物,致使生物固定的有机碳向深海的输出十分有限。然而,陆架海区水体较浅,碳的沉积现象在海洋牧场所在的陆架海区非常显著,生物引起的碳沉降对沉积物中有机碳埋藏具有重要贡献。

发展"蓝碳"符合中国生态文明建设理念,对促进经济社会可持续发展,积极应对气候变化具有重要意义。为守住国家自然生态安全边界,同时增加生态系统的固碳能力,"蓝碳"必将作为一个重要着力点被加以重视和利用。改善海洋与海岸的综合管理,包括保护和恢复海洋的蓝色碳汇,这是当今已知的最具双赢性的缓解举措之一。

4.4.3 为碳中和贡献中国力量

碳中和战略不仅是全球气候治理和构建人类命运共同体的重大决策,也是生态文明建设的内在需求。增汇,即增加自然生态系统的碳汇功能,是实现碳中和的两条根本路径之一。2020年,习近平总书记向全世界郑重宣布:中国将在2030年之前实现碳中和目标。要实现碳中和,企业、团体或个人需要在一定时间内将产生的温室气体排放总量,通过植树造林、节能减排等形式抵消,实现二氧化碳的"零排放"。而海洋作为碳中和的重要组成部分,得到了国内外广泛的关注。

中国科学院院士、厦门大学教授焦念志就海洋的碳中和方案进行了分享。焦念志提到,目前已经形成了关于碳中和的几点共识,要想增加海洋碳储,可从以下五个方面进行:第一,陆海统筹,减排增汇;第二,近海缺氧环境增汇;第三,海水养殖区增汇;第四,海洋湿地生态增汇;第五,贫营养区施肥增汇。

针对陆海统筹,减排增汇,我国在过去50年里化肥使用量增加了30倍,这对于碳增汇具有负面影响。一般认为营养源进入河流后可以增加固碳量,但事实恰恰相反,在营养源过量的情况下,即便固定的碳很多,但这些营养源也同时相当于一个培养机,将滋生出大量微型生物,进入海洋后又将转化成二氧化碳。焦念志说:"就像是剩菜剩饭一样。"换言之,高生产率反而成为二氧化碳的源头。基于此,通过适当降低陆地施肥量,减少向海洋的输入,就能够有效地增加碳汇。从理论上来讲,就是通过增加微型生物碳泵,达到增加碳汇的效果。

从无机和有机的方面来看,目前,大量开发清洁能源有利于提高有机碳汇的增量;另外,缓释硅,不仅对生产力非常有帮助,还可以避免硫化氢有害气体的溢出。在有机与无机两个层面的共同作用下,也能够实现碳增汇的目的。

基于中国的现状,焦念志进一步提出三个建议:第一,实施微生物驱动的无机—有机—生命—非生命综合储碳机理研究和生态示范工程;第二,实施陆海统筹,减排增汇,量化生态补偿机制,建立国内大循环典型案例;第三,实施海洋负排放国际大科学计划,推出基于我国实践的海洋碳汇标准体系之中国方案。焦念志在说到碳中和的中国方案时强调,2019年气候变化专门委员会的报告中纳入了微型生物碳汇理论和增汇,联合国海洋委员会也将碳中和的海洋方案纳入了参考。

我国是应对气候变化的重要贡献者和积极践行者,实现碳达峰、碳中和的气候治理目标已经被纳入生态文明建设整体布局。实现碳达峰、碳中和是一场广泛而深刻的系统性变革,需要经济社会各个领域积极行动,处理好发展和减排、整体和局部、短期和中长期的关系,坚定不移走生态优先、绿色低碳的高质量发展道路。期待我国方案为联合国和世界做出应有的贡献。

本章参考文献

[1] FUSETANI N, MATSUNAGA S. Bioactive sponge peptides[J]. Chem Rev, 1993, 93(5): 1793-1806.

[2] MOSHER H S, FUHRMAN F A, BUCHWALD, H D, et al. Tarichatoxin-tetrodotoxin: A potent neurotoxin[J]. Science, 1964, 144(3622): 1100-1110.

[3] TSUDA M, UEMOTE H, KOBAYASHI J. Slagenins A similar to C, novel bromopyrrole alkaloids from marine sponge Agelas nakamurai[J]. Tetrahedron Letters, 1999, 40(31): 5709-5712.

[4] WEINHEIMER, A J, SPRAGGINS, R L. The occurrence of two new prostaglandin derivatives (15-epi-PGA2 and its acetate, methyl ester) in the gorgonian Plexaura homomalla chemistry of coelenterates. XV[J]. Tetrahedron Letters, 1969(59): 5185-5188.

[5] ZHANG YAO, ZHAO MEIXUN, CUI QIU, et al. Processes of coastal ecosystem carbon sequestration and approaches for increasing carbon sink[J]. 中国科学:地球科学(英文版), 2017, 60(5): 809-820.

[6] 蔡超,于广利.海洋糖类创新药物研究进展[J].生物产业技术,2018(6):55-61.

[7] 陈翠娥.具有抗衰老活性的海洋天然产物的发现研究[D].杭州:浙江工业大学,2016.

[8] 陈鹭真,潘良浩,邱广龙.中国滨海蓝碳及其人为活动影响[J].广西科学院学报,2021,37(3):1-9.

[9] 崔晨.祥云湾海洋牧场人工鱼礁区碳汇功能初步研究[D].保定:河北农业大学,2020.

[10] 崔青.海洋平台腐蚀特点及防腐分析[J].山东工业技术,2019(5):103.

[11] 高从堦,侯纯扬.海水资源开发利用现状与展望[N].中国海洋报,2003-03-25(A04)[2021-11-03].

[12] 高从街.重视海水资源开发[N].光明日报,2002-03-29[2022-01-10].

[13] 高学鲁,宋金明,李学刚,等.中国近海碳循环研究的主要进展及关键影响因素分析[J].海洋科学,2008,32(3):83-90.

[14] 葛朝霞,乐立源.21世纪中国海洋药物的发展前景[C]//第7届中国海洋湖沼药物

学术研讨会. 第7届中国海洋湖沼药物学术研讨会论文集. 北京:中国药学会,2001:50-53.

[15] 顾正斌,张红梅,邓春芳. 我国海水资源利用及其发展前景[J]. 海河水利,2012(5):10-13.

[16] 郭跃伟. 海洋天然产物和海洋药物研究的历史、现状和未来[J]. 自然杂志,2009,32(1):27-31.

[17] 《能源与节能》编辑部. 海水化学资源[J]. 能源与节能,2020(3):75.

[18] 《盐业与化工》编辑部. 海水提镁关键技术获新突破[J]. 盐业与化工,2011,40(1):44.

[19] 韩光亮,贾峰,沈俊霖,等. 海洋防腐产业前景广阔[N]. 青岛日报,2011-10-29(004)[2022-01-10].

[20] 侯保荣. 献身腐蚀防护事业 降服"吃金属的老虎"——专访中国工程院院士侯保荣[J]. 表面工程与再制造,2016,16(3):2-8+1.

[21] 惠绍棠. 统筹规划、政策引导、规模示范、持续创新 推进海水资源开发利用事业大发展[J]. 海洋技术,2002(4):1-4.

[22] 廖洋,贺春禄. 长风破浪降"虎"路,矢志不渝赤子心——记中国海洋腐蚀与防护拓荒者侯保荣院士从研五十年[J]. 高科技与产业化,2021,27(2):14-20.

[23] 林文翰. 中国海洋药物研究的进展和展望(上)[J]. 世界科学技术——中医药现代化,2001,3(6):20-24.

[24] 刘慧,唐启升. 国际海洋生物碳汇研究进展[J]. 中国水产科学,2011,18(3):695-702.

[25] 王静,李侠. 扎根海洋防腐五十年 结出累累硕果满天下——记防腐蚀"教父"、中国工程院院士侯保荣[J]. 全面腐蚀控制,2013,27(8):2-5+29.

[26] 王明刚. 中国海洋药物发展的几点思考[J]. 药物资讯,2013,2(2):9-11.

[27] 邢桂方,沈春蕾. 侯保荣院士:对海洋腐蚀说不[J]. 表面工程资讯,2014,14(6):6-7.

[28] 杨洋,夏雪. 焦念志院士:碳中和的海洋方案[J]. 高科技与产业化,2021,27(8):24-25.

[29] 袁俊生,纪志永,陈建新. 海水化学资源利用技术的进展[J]. 化学工业与工程,2010,27(2):110-116.

[30] 张天财. 海洋腐蚀防护的发展现状及思考[J]. 船舶工程,2018,40(10):8-11.

[31] 赵晨英. 乳山湾近海与黄渤海溶解氧、有机碳、氮和磷的循环与收支的关键过程研究[D]. 青岛:国家海洋局第一海洋研究所,2017.

[32] 赵笛. 下一站,产业化[N]. 青岛日报,2010-02-23(005)[2021-10-23].

第5章 海洋矿产资源

海洋是一个巨大的宝藏,海水中的矿产资源丰富,种类繁多,可以被人类所利用的矿物数之不尽。陆上资源储量告急,对于海洋矿产资源的开发已成必然趋势。因此对我国海洋矿产资源进行分析意义重大。

海洋矿产资源中较为重要的有石油及天然气,我国近海中含油气的沉积盆地有7个:渤海、南黄海、东海、台湾、珠江口、莺歌海及北部湾盆地,总面积约70万平方千米,并相继在渤海、北部湾、莺歌海和珠江口等获得工业油流。在辽东半岛、山东半岛、广东和台湾沿岸有丰富的海滨砂矿,主要有金、钛铁矿、磁铁矿、锆石、独居石和金红石等。

伴随着我国工业的迅速发展,对于资源的需求也在日益攀升,陆地资源的开发量已经无法满足人类的需求,人们只能将目标转移到海洋,进行海洋矿产资源的开发。所以,新能源的开发十分重要,因为它能在一定程度上替代旧能源,缓解能源危机。

油气及矿产资源开发已经成为海洋矿产资源开发的重点,但主要集中在浅水区。最近几年,我国在这方面的发展确实有了明显的进步,但令人遗憾的是我国目前的勘探仍处于早中期阶段。我国在四大海区都有进行油气勘探工作,但我国油气分布不均,所以油气勘探开发的力量主要集中在北部的渤海地区。我国周边的许多国家在南海每年开采出大量油气,所以,我们也要加大对南海油气的开发力度。

5.1 "鲲龙500"——潜入深海采"宝藏"

我国有多处滨海砂矿床,开发起步较早,但规模有限。同时,常采集砂矿非常富集的地方,却往往遗忘了砂矿含量少的地方,这造成了开采不均匀的现象。同时,我国现有的开采技术在开采时只能开采一种或几种矿物,造成了矿物的大量浪费;还有一些矿商把许多价值高的矿物当作建筑材料卖掉,这样造成的损失也是巨大的。

海底区域蕴藏着多金属结核、富钴结壳、海底热液硫化物等丰富的矿物资源,这些深海矿产资源是陆地金属资源的重要接续,对于拓展国家发展空间、增加战略资源储备意义重大。

然而要想获取水深几千米以下的矿产,难度比陆地上要大得多,不仅要面对深海底的巨大水压力、海水中电磁波传播的严重衰减等因素影响,还要面对海底资源赋存状态、环境保护等特殊要求。

面对我国经济快速发展过程中的矿产资源需求以及"建设海洋强国"的战略需求,勘探和开发深海矿产资源迫在眉睫。表5.1为近年来我国海底矿产资源勘探及采集设备的研发现状。

表 5.1 近年来我国海底矿产资源勘探及采集设备的研发现状

时间/年	研究单位	水深/米	实验内容
2001	中国大洋矿产资源研究开发协会	135	采矿车单体湖试
2016	长沙矿冶研究院有限责任公司	304	输送系统单体海试
2018	长沙矿冶研究院有限责任公司	514	采矿车单体海试
2018	长沙矿冶研究院有限责任公司	2 019	富钴结壳规模取样车
2019	中国科学院深海科学与工程研究所	2 498	采矿车单体海试

5.1.1 "鲲龙500"潜入深海

深海多金属结核资源广泛分布于水深4 000～6 000米的深海盆地,主要包括东太平洋海盆、西太平洋海盆和印度洋海盆等;富钴结壳资源主要分布于水深800～3 000米的深海海山表面,以中、西太平洋海山区为主。多金属结核和富钴结壳富含钴、镍、铜、锰和稀土等多种金属资源。

此次成功完成我国首次500米海底多金属结核采集系统试验的"鲲龙500"海底集矿车,突破了海底稀软底质行驶、海底矿物水力式采集、海底综合导航定位等多项关键技术,完成了海底规划路径行驶和海底地形自适应矿石采集等任务。

"鲲龙500"是在自然资源部下属的中国大洋矿产资源研究开发协会的支持下,由中国五矿集团有限公司所属长沙矿冶研究院有限责任公司牵头组织研制的,它在我国南海成功完成海底采矿试验,并通过专家验收。

"鲲龙500"作为"蛟龙探海"工程的重要组成部分,首次亮相就在500米的海底大展身手,成功采集到了模拟锰结核,实现了我国深海采矿领域里程碑式的重大突破。

"鲲龙500"长5.4米,宽3.5米,高1.9米。它的外形可谓高大威猛,非常像陆地上施工用的大铲车。与铲车前端的铲斗不同的是,它的前面是一个采集头,行走中可以将海底的锰结核收入囊中,然后再输送至位于车体中部的料仓里。"鲲龙500"下海图如图5.1所示。

图 5.1 "鲲龙 500"下海图

"鲲龙 500"还有一个特点,就是它非常重,在陆地上可达 9.5 吨。研发人员说,十几年前我国曾设计出一台海底采矿车,质量更是高达 38 吨,很笨拙,在海底行驶不够灵活。

如今,我们见到的"鲲龙 500"已经是"瘦身"后的海底采矿车了。它的车身上部配备了用玻璃微珠和树脂材料制作而成的长方形浮力材料,当它进入水后,通过浮力减重,可以相对轻便地在水中采集作业。

"鲲龙 500"最大的本领就是在海底自行走动,并采集锰结核。也就是说,它不需要人来手动操控就可以按照预先设定的路径在海底行走。等到采集完锰结核,它又会自动走到母船附近,等待科研人员将它回收至船上。

5.1.2 "鲲龙 500"走出"五角星"

采矿车在海底行走并不是走直线,而是走"S"形路线。试想一下,在一片布满锰结核的海底,如果走直线,会错过很多就在采矿车旁的矿产。只有不停地走直线、拐弯、再走直线、拐弯,才能够将这些宝藏"颗粒归仓",大大提高采集效率。

在此次海试中,"鲲龙 500"共下水 11 次,最大作业水深 514 米,单次行驶最长距离 2 881 米,水下定位精度达 0.72 米,一小时可采金属结核 10 吨,彰显了自主行驶模式下按预定路径进行海底采集作业的能力。尤其是它按照研发人员的预定设计,竟然在 514 米的我国南海海底,走出了一个"五角星"(如图 5.2),充分验证了"鲲龙 500"的高强本领。

图 5.2 "鲲龙 500"在海底走出"五角星"

5.1.3 "鲲龙 500"的技术创新与攻克的技术难题

"鲲龙 500"在技术创新方面,通过优化结构设计解决了履带机构轻量化设计问题,为实现履带机构提质减重奠定了基础。试验表明,将履带架结构设计成多窗异形格焊接件,最大限度地减少了实体材料和质量,提高了材料利用率和样机的使用性能;将履齿高度分别设计为 80、100、120 毫米 3 种可互换的规格,可满足履带机构负重在不同稀软底质上的行驶要求;采用铝镁合金材料,显著提高了履带机构样机海底作业的适应性。

"鲲龙 500"在试验研究方面,基于试验的目的,通过因地制宜构造不同的试验环境,获取了台架试验、砂地试验、水槽试验的试验数据,为完善履带机构设计提供了可靠的理论和实践依据。各项试验均取得了高效率、低成本、多产出的效果,其单体试验和联动试验的方法可供相关试验借鉴。在海试中,履带机构作为集矿作业车的载体,经测试,其主要行驶性能指标优于设计指标。如 70 米级海试中,履带机构海底最大行驶速度达到 1.25 米/秒,规定行驶距离内其最大行驶偏差为－1.28 米。

"鲲龙 500"在海洋工程作业方面,通过参加 70 米级、500 米级海试,加深了对海面作业的认识,增强了海上作业安全实操的能力,如掌握了参试设备的布放与回收、作业车的工作状态控制、海洋气候等海上环境变化应对等工程实操技术,进一步夯实了走向深海的技术基础。

虽然难题接踵而至,但是随着项目不断推进,众多技术难题逐一被解决。完善总体设计方案、建立原理实验测试平台、研制原理模型样机……项目组研究人员经过数轮次论证、多年潜心研发、上百次实验室试验,在规定时间内完成了技术创新和设备改造。2018年4月,随着船舶改造、设备完善、海试物资准备等工作就绪,"鲲龙500"进入海上试验阶段,成功完成了我国首次500米海底多金属结核采集系统试验。

5.1.4 "鲲龙500"之后我国企业加快探海步伐

"鲲龙500"是我国首次成功开展的海底采矿试验,至此深海矿产资源开发中最为关键的海底采集和水下长距离输送两大关键技术均获得突破,初步掌握了多金属结核集矿系统的核心技术,标志着我国深海采矿系统研发由陆上试验全面转入海上试验,也标志着我国深海采矿技术步入国际先进行列。

虽然"鲲龙500"海试取得成功,但我国深海采矿技术装备研发仍任重道远。近年来,在中国大洋矿产资源研究开发协会(简称中国大洋协会)的支持下,以中国五矿集团为代表的中国企业和科研院所抓紧科研攻关,我国深海采矿技术装备研发的步伐逐步加快。

2017年5月,中国五矿集团与国际海底管理局签订了《多金属结核勘探合同》,在东太平洋国际海底拥有7.32万平方千米的多金属结核矿区,是国内首家获得国际海底矿区专属勘探权和优先开采权的企业。

作为我国唯一获得国际海底矿区专属勘探权和优先开采权的企业,中国五矿集团目前正积极开展国际合作和参与国际规则制定,推动海洋科技成果实现产业化。

据悉,下一步,中国五矿集团将按照由浅入深的原则,逐步实施不同水深的采矿系统与装备的海上试验,完成1 000米级深海采矿整体联动试验和6 000米级水深的我国国际海底矿区多金属结核采矿关键装备试验等项目。随着我国海底采矿装备的深度不断拓展,研发实力不断提高,相信未来入海采"宝藏"的传奇还将不断续写。

幽静深远的大洋海底蕴藏着无尽的宝藏,等待着人类去探索、发现和利用。以"鲲龙500"为代表的海底采矿车,就是未来潜入深海采矿的利器。依靠它,人们可以将这些深海矿产源源不断地采集上来,经过精细加工,转化为经济社会发展的能源动力。

从"鲲龙500"这个名称上就能看出来,它是专为500米海底采矿而设计制造出来的。可海底不止有500米深度,未来人们还将向更深的海底进发,"鲲龙1000""鲲龙3000""鲲龙5000"……会随着研究人员的不断攻关而升级。让我们共同期待"鲲龙"家族不断潜入深海采掘海底"宝藏"的日子。

5.2 "泰鑫1号"——首艘滨海采矿船

海洋矿藏作为人类获取战略性资源的重要区域,已越发受到各国的高度重视。对勘测、采选、运输等船舶装备关键技术的研发,成为获取海洋采矿权的重要手段。20世纪80

年代中期以来,西方发达国家在取得多金属结核采矿技术领先地位后,及时把研究领域扩展到富钴结壳、热液硫化物、天然气水合物等多种资源领域。美国、日本、印度及欧洲有关国家和地区先后制订了天然气水合物的长远发展规划和实施计划。一些国家更是把开发国际海底资源视为重大的地缘政治项目,以期维护国家利益。

5.2.1 我国滨海采矿存在的不足

在此之前,我国滨海砂矿资源的开发虽然有一定的积累,但不论是在工艺方法、开采水深、开采规模、装备能力、资源品位上,还是在开采难易程度上,均存在一些不足,主要表现在:

(1)矿石的品位不高。

我国虽然滨海重矿物砂矿资源丰富,但品位较低,开采和分选难度较大。

(2)矿山开采的规模小,水深浅。

目前国内滨海砂矿资源的开采仅限于滨岸,且开采规模不大,许多矿山开采规模在几千到万吨以内,而国外的类似矿山,精矿年产量能达几十万甚至数百万吨,而且砂矿资源开发的范围从滨岸一直延伸至海底。

(3)采矿的效率低,技术落后。

手工生产或土法生产是我国目前采用的较多的开采方法,即使使用了机械化的采矿设备,仍存在产能不高、效率低、自动化程度不高等不足。

(4)选矿的工艺设备落后。

国内多数滨海(岸)砂矿矿山一般采用的是粗加精选的选矿工艺,矿山采出的原矿在采场完成粗选后,产出的粗精矿运到选矿厂进行精选,选矿工艺机械化、自动化程度较低。相较之下,国外由于设备的集成和自动化程度高,可采用选矿效率高的工艺流程,甚至能做到在采场或采船上就完成矿物的选矿和分离过程,直接产出精矿产品。另外,国外各种高效的选矿方法如电磁分离、静电分离以及计算机在线控制的选矿系统等得到充分应用,大大提高了选矿的效率。

5.2.2 "泰鑫1号"的诞生

锆钛矿属于一种浅海砂矿,是在浅海水动力环境中分选富集而成的矿藏,含有铁、钛、锆、钨、锡、金等多种金属矿物,泛存在于东亚、东南亚、东南非、南美的浅海中,具有规模大、品位高、埋藏浅、沉积疏松的特点。据统计,砂矿产出了世界上96%的锆石、30%的钛铁矿、96%以上的金红石、80%的独居石和75%的锡石,在滨海和浅海区域的矿产资源中,其价值仅次于石油和天然气。与陆地上的传统金属矿相比,浅海砂矿的赋存形态具有显而易见的优势,一方面,它便于将矿物以矿浆的形式输送至采选平台上;另一方面,省去了耗能大、污染重、成本高的磨矿作业。

上海崇和实业有限公司通过长达6年的技术积累,2012年便开始与业主方的施工合作洽谈,历时两年设计建造和下水调试完毕国内首制滨海采选矿一体船"泰鑫1号"(图5.3),并在半年时间内迅速组建了工程项目管理部,组建了包括经验丰富的船长、轮机长、选矿班组长在内的近40人的生产施工专业团队。

图5.3 "泰鑫1号"

"泰鑫1号"的诞生意味着我国海底采选矿装备关键性技术取得突破,该项技术装备可以覆盖国内、国际超过90%的滨海矿产资源的开采需求。

5.2.3 "泰鑫1号"的设计与突破

作为国内第一艘专业级滨海采选矿一体船,"泰鑫1号"在设计建造中运用了纯熟的海底采掘技术,开创性地将毛精矿选矿生产线布置在船舶平台上,实现了岸上工厂向海上的转移,最大限度地节省了岸上资源,同时兼顾了环保生产、绿色节能的理念。

该船通过艏部桥架前端安装的采矿装置,切削或冲刷海底的矿砂,再由水下泵吸入,输送到选矿系统,依次进入粗选、精选、扫选流程,最终产生毛精矿,储存在毛精矿池中,再输送至驳船上运输到岸;配备了两台舵桨,可实现采矿区域短距离移位,机动灵活。

在设计方多次论证后,制造方经慎重考虑,选择了采选一体船。采选一体船的船舶数量少,可减少重复配置的船员人数;施工沟通、协调方便,管理效率高;避台撤离所需拖轮少;省去了采矿船、选矿船之间的输送浮管,增强了系统的可靠性;缩短了矿浆输送距离,降低了能耗;减少了后勤保障的工作量;可避免在多条船舶上重复配置功能相同的设备,降低了建造成本。

该船根据万宁保定海矿层性质配备了绞刀型和高压冲水型两种采矿装置,具备绞刀机械破土和高压冲水破土两种功能,可根据需要选用,以确保采矿效率和回收率。采矿装置与桥架采用法兰式端面连接,便于拆卸互换。绞刀型采矿装置由绞刀、安全联轴节、行星减速箱、绞刀轴系、鼓形齿联轴器等组成,由一台变频潜水电机驱动。高压冲水型采矿装置设有矿浆流管道连接至水下泥泵的吸口,装置前端设有用于破土的高压冲水喷头和过滤、保护用的罩网,由舱内的高压冲水泵提供高压水。

海底采矿和疏浚/采砂有很多相似之处,都是将海床/河床的泥沙输送到指定的目的地。不同的是,对海底采矿来说,采掘的泥沙是对选矿系统的输入,必须满足选矿系统对处理的介质的要求,如粒径、矿浆浓度、流量以及这三者的稳定性等,可以说海底采矿作业比常规的疏浚吹填作业要求更加精细化一些。

"泰鑫1号"在装备技术上具有多项关键性的技术突破,完美融合了疏浚工程领域和矿业开发工程领域的先进技术,肩负着开发海洋矿业资源的重任。该船结构紧凑,功能齐备,自动化程度高,数据采集能力强,可靠性高,机动性好,能针对不同的海底地质条件选用不同的采矿系统进行锆钛矿采选;针对不同的尾矿特性,采取不同的尾矿排放形式,避免了环境污染;配备平稳的整船平台,以精细化的控制、管理系统实施检测、控制采选船舶作业。

5.2.4 "泰鑫1号"远景展望

"泰鑫1号"为助推我国海洋装备强国梦,实现海底矿藏资源的探采做出了积极贡献。有专家表示,在以技术为主要手段争夺海底资源的背景下,我国海洋采选矿船舶装备再获关键技术突破,为海底矿产开采技术与装备智能化水平提升注入了新的驱动力。同时,也为我国拓展深海战略资源储备量的权益、发展高新技术、开展国际合作,以及展示自身实力做出了重要贡献。

本章参考文献

[1] 采矿手册编辑委员会.采矿手册:第3卷[M].北京:冶金工业出版社,2010.

[2] 蔡敬伟,屠佳樱.我国发展海洋资源开发装备的机遇和挑战[J].中国船检,2018(9):68-71.

[3] 曾轩.保定海锆钛砂矿资源开采系统方案研究[D].长沙:中南大学机电工程学院,2014.

[4] 陈秉正."鲲龙500"采矿车履带行驶机构的研制与试验研究[J].采矿技术,2019,19(5):125-128.

[5] 陈建文,张异彪,陈华,等.南黄海盆地海相中-古生界地震探测技术攻关历程及效果[J].海洋地质前沿,2021,37(4):1-17.

[6] 冯东,张志平,刘彦青.轻型钢结构设计指南[M].北京:中国建筑工业出版社,2000.

[7] 耿乐.海南采钛业混乱无序[N].中国有色金属报,2005-12-30(003)[2021-11-10].

[8] 贾承造,张永峰,赵霞.中国天然气工业发展前景与挑战[J].天然气工业,2014,34(2):1-11.

[9] 贾承造.关于中国当前油气勘探的几个重要问题[J].石油学报,2012,33(增刊1):6-13.

[10] 李小艳,程阳锐,郑皓,等.新一代海底履带式集矿车"鲲龙500"行走性能分析[J].矿冶工程,2020,40(5):1-4.

[11] 刘国全,刘子藏,吴雪松,等.歧口凹陷斜坡区岩性油气藏勘探实践与认识[J].中国石油勘探,2012,17(3):12-18.

[12] 卢函.中国海洋资源开发与海洋经济增长关系研究[D].大连:辽宁师范大学,2018.

[13] 盛巧安."泰鑫1"采选矿船的选矿系统支撑装置设计[J].船舶工程,2017,39(S1):15-18.

[14] 孙猛.标准法规对船舶大气污染物排放不断提出新要求[J].船舶标准化与质量,2015(2):21-22+32.

[15] 谭化川,张艳飞,陈其慎.2015—2025年中国锆英砂资源供需形势分析[J].资源科学,2015(5):998-1007.

[16] 汤柏松,宋瑞,张彬奇,等.海上探井一次就位多目标评价模式[J].石油钻采工艺,2018,40(增刊1):87-90.

[17] 王泽宇,卢函.中国海洋资源开发与海洋经济增长关系及空间特征分析[C]//中国地理学会经济地理专业委员会.2017年中国地理学会经济地理专业委员会学术年会论文摘要集.成都:中国地理学会,2017:1.

[18] 谢玉洪.南海北部自营深水天然气勘探重大突破及其启示[J].天然气工业,2014,34(10):1-8.

[19] 谢玉洪.中国海洋石油总公司油气勘探新进展及展望[J].中国石油勘探,2018,23(1):26-35.

[20] 杨建民,刘磊,吕海宁,等.我国深海矿产资源开发装备研发现状与展望[J].中国工程科学,2020,22(6):1-9.

[21] 张翼飞,杨金鹏,吕美东.中国海底矿物资源现状及前景[J].南方农机,2018,49(13):63+71.

[22] 赵文智,胡素云,李建忠,等.我国陆上油气勘探领域变化与启示——过去十余年的亲历与感悟[J].中国石油勘探,2013,18(4):1-10.

[23] 周心怀,张如才,李慧勇,等.渤海湾盆地渤中凹陷深埋古潜山天然气成藏主控因素探讨[J].中国石油大学学报(自然科学版),2017,41(1):42-50.

[24] 朱伟林,米立军,高乐,等.认识和技术创新推动中国近海油气勘探再上新台阶:2013年中国近海勘探工作回顾[J].中国海上油气,2014,26(1):1-8.

[25] 朱伟林,张功成,钟锴.中国海洋石油总公司"十二五"油气勘探进展及"十三五"展望[J].中国石油勘探,2016,21(4):1-12.

第 6 章　海洋空间

随着世界人口的不断增长，陆地可开发利用空间越来越狭小。随着海洋经济的发展以及"建设海洋强国"战略的深入推进，沿海地区对海域资源的开发力度不断增强，利用类型的多元化程度越来越高，海湾、滩涂和岸线等稀缺资源与低效开发之间的矛盾日益突出。海洋是重要的基础资源，不仅拥有骄人的辽阔海面，更拥有无比深厚的海底和潜力巨大的海中，在为人类生产生活提供物质资料的同时，对区域生态系统发挥着不可替代的支撑作用，海洋开发与资源环境承载能力之间的关系直接影响区域经济和生态环境的可持续发展。

海洋空间资源是指与海洋开发利用有关的海岸、海上、海中和海底的地理区域的总称，是将海面、海中和海底空间用作交通、生产、储藏、军事、居住和娱乐场所的资源，包括海运、海岸工程、海洋工程、临海工业场地、海上机场、物流仓库、重要基地、海上运动、旅游、休闲娱乐等。

海洋空间是沿海地区经济社会发展的基础和载体，在沿海地区经济高质量发展中扮演着重要角色。近年来，海洋开发利用规模和强度持续增大，粗放利用、闲置浪费、生态环境损害等问题日渐凸显，给海洋资源可持续利用和区域经济可持续发展带来巨大压力。随着生态文明体制改革的逐步深化，我国资源管理理念也发生了变化，以 2017 年全面从严管控围填海为标志，海洋空间资源管理由过去重视保障资源供给为主逐步转变为保护资源环境为主。

6.1　玫瑰园计划——香港国际机场

1998 年以前，香港唯一的民航机场是位于九龙的香港启德国际机场，其位于市区中心，接近民居，多年以来给九龙城区的居民造成很大不便。机场于 20 世纪 90 年代已经远超饱和量，但由于新机场的造价高昂，虽然就新机场的选址及规划已完成研究，但计划一直没有落实。1989 年，时任香港总督卫奕信于 10 月 11 日在立法局宣读的施政报告中，宣布兴建新机场及相关配套设施，即后来的香港机场核心计划，由于此计划描绘了一个美好的将来，像玫瑰园般美好，故又称"玫瑰园计划"。

6.1.1　国际机场的建设背景

在香港国际机场投入使用之前，香港的客运机场是启德国际机场，至今许多香港人还会称其为"老机场"。

老机场的地理位置限制了机场的发展。20 世纪 70 年代以后,香港经济起飞,航空交通的需求量也急剧增加。早期的启德国际机场和居民住宅区相距还有一定距离,但随着机场不断扩大,住宅区也在不断扩建,机场和住宅区的位置日趋相近。到了 20 世纪 80 年代,启德国际机场四周已经再无发展空间。

老机场容量饱和且无法就地扩建,新机场建设的计划就日益提上了日程。

6.1.2　香港国际机场简介

新机场位于大屿山以北的人工岛上,包括赤鱲角岛、榄洲以及填海所得的土地,面积为 12.5 平方千米,于 1992 年正式动工,于 1998 年建成。1998 年 7 月 2 日,时任国家主席江泽民主持香港国际机场开幕典礼。

新机场于 1998 年 7 月 6 日正式启用时,启德国际机场同时关闭。不少设备、器材等在当晚午夜后才从启德国际机场通宵搬迁往新机场,停泊在启德国际机场的飞机也要飞到新机场。早上 6 时 30 分,新机场正式开始运作。首班抵达香港国际机场的航班,是由美国纽约肯尼迪国际机场起飞,不停站直达香港的国泰航班,其于 1998 年 7 月 6 日清晨顺利降落在机场南跑道。

6.1.3　香港国际机场的建设

香港国际机场自 1998 年 7 月启用,是香港当前唯一运营的民航机场。第一条跑道启用后,机场 24 小时运作,每年可运送旅客 5 000 万人次及货物 400 万吨。作为全球最繁忙的机场之一,国际客运量位列世界第五,国际货运量更称冠全球。近年来落成的设施包括二号客运大楼、机场行政大楼、机场世贸中心等。从香港国际机场出发,可于 5 小时内飞抵全球半数人口居住地。为提高香港的长远竞争力,香港国际机场仍在进一步改扩建过程中,以提供更多停机位和客运大楼设施等。

香港国际机场是集多种服务功能于一体的大型综合性交通枢纽,既有服务国际和国内远距离的航空,又有服务珠三角中距离的长途大巴和驳船,以及联系香港各城市的轨道交通、公共交通等综合交通设施,可以满足旅客的各种不同出行需求。

6.1.4　机场十项核心工程

1. 赤鱲角新机场建设

赤鱲角新机场为整个计划的骨干部分。在新机场的选址及规划研究中,当时新机场的三个选址包括大埔区吐露港、南丫岛南部以及大屿山赤鱲角。最后由于大屿山的可发展潜力最大,决定选址于大屿山,亦引申出香港国际机场核心计划的其余 9 项工程。

2. 西九龙填海计划

西九龙填海计划是于九龙半岛的西面填海造地,以兴建连接新机场的道路(西九龙公路)与铁路(机场快线和东涌线),以及作为其他发展之用。其地域由昂船洲伸延至旧佐敦道码头附近,大部分的土地由填海而来,面积达 3.34 平方千米,地区行政上横跨油尖旺区及深水埗区。

西九龙填海区分为昂船洲、深水埗西(南昌站)、大角咀西(奥运站)及佐敦西(九龙站)四区。昂船洲原为维多利亚港西部的一个岛屿,填海后与九龙半岛连接。深水埗西本来是几间小船厂的所在地,大角咀西原址则是油麻地避风塘,现两地均成为新兴的住宅区。九龙站有一个称为 Union Square 的发展计划,包括住宅及商业项目。

3. 西区海底隧道

西区海底隧道是香港第 3 条海底隧道,也是香港首条双程 3 线行车的沉管式过海隧道,全长 2 千米,连接香港岛的西营盘和九龙佐敦附近的西九龙填海区,于 1997 年 4 月 30 日启用。

4. 中区填海计划第一期

中区填海计划第一期是整个中环及湾仔填海计划最早展开的工程,于香港岛上环与卜公码头之间填造约 0.2 平方千米土地,将中区海岸线向前伸展最长达 350 米,耗资 27 亿 1 千万港元。土地的主要用途是兴建港铁香港站及扩展中环商业区,工程于 1993 年 9 月展开,1996 年 3 月完成。

5. 机场铁路

机场铁路是香港国际机场及后勤区(即北大屿山新市镇)兴建的连接九龙及香港岛的快速铁路。工程包括建造两条路线,即机场快线及地铁(今港铁)东涌线。部分路段由两条线共享两条路轨,其他路段则共有 4 条路轨。

机场铁路由政府邀请地铁公司(现称港铁公司)负责兴建,于 1994 年 11 月正式动工。东涌线于 1998 年 6 月 21 日由香港特别行政区第一任行政长官董建华主持开幕仪式,并于翌日正式运作,而机场快线则于同年 7 月 6 日连同香港国际机场一并启用。

6. 北大屿山快速公路

北大屿山快速公路,现称北大屿山公路,是大屿山北岸的主要干道,将香港国际机场和东涌新市镇,与通往市区的青屿干线连接起来。北大屿山公路长 12.5 千米,为三线双程分隔高速公路,沿大屿山北岸的填海土地兴建,于 1997 年 5 月 22 日与青屿干线同步通车。

7. 机场跑道

香港国际机场有南、北两条跑道,均长 3 800 米,宽 60 米,可以容纳新一代大型飞机升降,可供飞行员在能见度只有 200 米的情况下着陆。两条跑道的最终容量为每小时超过 60 架次起降,而现时繁忙时段的跑道流量则高达每小时 53 架次。香港国际机场的北跑道,一般用于客机降落;南跑道则一般用于客机起飞和货机起降。机场南跑道于 1998 年 7 月 6 日与机场同日启用,首班抵达航班为纽约肯尼迪国际机场起飞的国泰航空航班;

北跑道则于1999年5月26日正式启用,首班抵达航班为由上海起飞的港龙航空航班。

8. 机场航站楼

香港国际机场的航站楼曾是世界上最大的机场航厦建筑,总面积为71万平方米。香港国际机场的一号航站楼由英国著名建筑师诺曼·福斯特(Norman Foster)设计,该长度1.3千米、覆盖面积550 000平方米、呈Y形平面布置的航站楼是世界上最大的单体机场建筑之一。自从1998年竣工以来,该航站楼使香港国际机场每年可以吞吐4 000万人次的客流量。该航站楼分为3层:出发港、到达港以及下层的行李处理系统和位于客运楼下层隧道里的乘客转运设施。乘客转运设施加上每层都设置的人行通道,使乘客在航站楼内部来往极为方便,且出发港与到达港每层均直接接驳机场高速铁路,而后者又可将乘客直接接送到香港中环地铁站。

9. 二号航站楼

二号航站楼于2007年2月初开始投入服务。二号航站楼占地约14万平方米,为海、陆、空的交通枢纽,海路可接驳海天客运码头;陆路设有往内地、本地酒店及团队的客车服务。

10. 机场购物廊

香港国际机场购物廊(SkyMart)是一号客运大楼内的购物设施,东大堂于2003年完成扩建工程后,连同西大堂及中央廊等,共占地3万9千平方米。购物廊内有提供各项设施及服务的商店,合计逾150间零售店铺;另设有各类食肆。

6.1.5　香港国际机场的科学选址

在香港启德国际机场无法承担繁重的运输需求和周边居民无法承担机场带来的噪声污染、环境恶化的情况下,1992年香港政府通过填海方式在大屿山以北的人工岛上兴建了赤鱲角国际机场。香港国际机场远离市区,占用土地少,净空环境好,把可能造成的噪声及空气污染降到了最低限度。

6.1.6　集约用地,容量最佳,升降便捷

香港国际机场合理地根据地形和风向,确定了跑道、滑行道以及航站楼的相互位置关系,进出交通流线均简捷流畅。香港国际机场合理选择航站楼形式,在同样的空间体量情况下,大大增加了候机泊位数量,实现了满足功能与集约土地的双赢。同时,在航站楼内设置的轻轨捷运系统也大大缩小了航站楼的时间、距离尺度。

香港国际机场以有限的土地资源实现了合理的功能布局,提供了最大的交通容量,满足了繁忙的空运需求。

6.1.7　立体整合,换乘交通流线简捷

香港国际机场航站楼的不同功能区是立体布局、合理设置夹层的。通过空间的复合

利用和垂直分层使用,避免了不同功能区在平面上的摊铺,无形中"瘦化"了航站楼的规模,缩小了航站楼的占地规模,提高了航站楼的客流集散能力。

香港国际机场集疏运系统的不同功能区在空间上也是立体布局的,不同交通方式分层、分区合理布置,完全实现了到发分离、人车分流。

6.1.8　愿景目标:从"城市机场"到"机场城市"的改变

随着全球经济的一体化,机场不单是管理客流及货流的地方,这里还交织着各种活动及业务。围绕着机场以及机场向外延伸拓展的网络,具有多项与城市相近的功能,这就是香港目前正在营造的一个更庞大的实体——"机场城市"。香港国际机场并不只是交通设施,更是香港社会发展的重要动力。因此,"机场城市"发展计划其中的一个重点就是,机场如何有组织地在社会整体层面上与相关的经济活动及规划相结合。

早在多年以前,香港特区政府就着力于国际机场的规划,着重于基础建设。香港国际机场在未来数年的大型基建发展仍然以建设三跑道系统为重心,预计项目将于2024年完成及启用。与此同时,香港机场管理局在过去数年已计划并推展多个扩建项目,包括扩建及翻新一号客运大楼,以及在机场南货运区兴建高端物流中心等。

在香港机场管理局公布的发展蓝图上,未来将投资超过400亿以提升机场效能,致力于将机场塑造成香港新地标,其中"SKYCITY航天城"就是"机场城市"的重点项目之一。"SKYCITY航天城"占地约250 000平方米,将打造成全港最大型综合商业发展项目之一,与亚洲国际博览馆(简称"亚博馆")相通连接,荟萃购物、餐饮、酒店、娱乐等设施,让亚博馆的宾客及活动主办单位均可尽享各种优势。"SKYCITY航天城"与亚博馆相通连接,穿梭于旅游休闲、繁忙商务之间切换心情,多元的业态可以让来到这里的人享受到不一样的生活与商业氛围。

香港国际机场在平面上、空间上充分利用了每寸资源,少有冗余空间,其充分使用边角空间和大空间净空设置夹层商业设施,为旅客提供了方便、舒适的商业服务,以有限的土地资源实现了合理的功能布局,提供了最大的交通容量,满足了繁忙的空运需求。

我国人均土地资源少,环境容量小,因此在机场建设时应贯彻集约和节约用好每寸土地、每寸空间的原则,在满足功能的前提下,合理选择航站楼的平面布局形式,尽可能多地增加航站楼的外立面长度,缩小航站楼的空间尺度,提高航站楼和整个机场土地的使用效率。

6.2　新世界七大奇迹之一:港珠澳大桥

6.2.1　港珠澳大桥从何而来

当原始人第一次推倒大树过河时,他们绝对不会想到,这种被后世称为"桥"的东西,居然能成为新世界七大奇迹之一。

20世纪改革开放后,我国东部的沿海地区以占全国9.6%的土地创造了全国经济总量的半壁江山,海岸线旁拓出了一片改革发展的热土。被人们称为"珠三角"的珠江三角洲,位于广东省中南部的珠江入海口。现在,这里是具有全球影响力的先进制造业基地和现代服务业基地,是我国参与经济全球化的主体区域,是全国科技创新与技术研发基地,是全国经济发展的重要引擎。

700多年前,宋代大臣文天祥曾在这里吟诵过名句:"惶恐滩头说惶恐,零丁洋里叹零丁。人生自古谁无死,留取丹心照汗青。"诗句中被称为"零丁洋"的"伶仃洋",将珠江入海口分隔成了东、西两岸,香港在东,珠海及澳门在西。珠三角在快速发展的同时,珠江两岸发展的差距也在逐步拉大,珠江西岸的经济发展明显滞后于东岸,与香港交通联系不便成为影响珠江西岸经济发展的重要因素之一。一度整个珠江口仅有一座跨海的虎门大桥来承担两岸交通,现代版的"过伶仃洋",就必须通过这座大桥。由于伶仃洋的阻隔,珠海、澳门与香港之间的路上交通需要3个多小时。

港珠澳大桥的建成将对珠江三角洲地区的很多方面产生影响,例如在交通方面,从香港到珠海的公路交通时长将从三四小时缩短到几十分钟。

从世界第一石拱桥赵州桥到堪称艺术品的卢沟桥,古往今来,我国的桥梁艺术和技术,都在世界上遥遥领先。但要将建桥"战场"从河流延伸到大海,似乎并没有那么容易。

发展是硬道理,需求也是硬道理。

经历了亚洲金融危机的香港特区政府为振兴香港经济,寻找新的经济增长点,认为有必要尽快建设连接香港、澳门和珠海的跨海陆路通道,以充分发挥香港、澳门的优势,于是于2002年向中央政府提出了修建港珠澳大桥的建议。这一计划得到了中央政府的支持。

2009年12月,东接香港特别行政区,西接广东省珠海市、澳门特别行政区的港珠澳大桥正式开工。这座我国建设史上里程最长、投资最多、施工难度最大的跨海桥梁,被英国《卫报》誉为"新世界七大奇迹"之一"!

6.2.2 港珠澳大桥的建设过程

港珠澳大桥的施工用了7年,它的设计同样花了7年,岛隧部分总共涉及100多道工序,由于是第一次做,每一项技术的攻关都经历了无数次的试验、创新和验证,整个工程边勘察边设计,边设计边施工。

作为我国在外海隧道方面的第一次尝试,建设港珠澳大桥前后,总工程师林鸣走访了许多国家、考察了许多工程,以便积累工程上的经验和寻找技术上的方向。国外的考察在两个方面给林鸣留下了深刻印象。

一个是做事要整合全球资源。"韩国釜山到巨济的巨加大桥,安装的部分是荷兰人负责的,设计部分丹麦、荷兰、日本人都参与了。这个工程整合了全球资源,因为它是当时最大的一条沉管工程,所以我觉得整合全球资源是正确的方式。"

一个是核心技术只能靠自己。"其实一切合作,特别是在竞争年代,能不能合作,能不能获得这些核心技术,我国面临很多问题,包括能源、粮食安全。没有核心技术,一定会被人家制约,对方会提出很高的要求和条件。"

6.2.3 港珠澳大桥建设大事记

2011年9月11日,港珠澳大桥岛隧工程西人工岛最后一个钢圆筒振沉成功,西人工岛顺利成岛。

2013年6月3日,港珠澳大桥首个承台墩身整体顺利安装到位。

2013年7月29日,港珠澳大桥岛隧工程首节大型沉管浮运安装施工。

2014年1月19日,港珠澳大桥首跨钢箱梁完成在深海区的架设。

2015年2月2日,港珠澳大桥主体工程第一座桥塔——九洲航道桥206号墩上塔柱完成整体提升竖转。

2015年2月23日,青州航道桥56号墩索塔"中国结"结形撑首个节段(J3节段)吊装成功。

2015年8月23日,江海直达船航道桥首个"海豚"塔成功吊装。

2015年9月6日,桥梁工程完成最后一件上节墩身安装,主体工程220座墩台全线完工。

2016年4月11日,港珠澳大桥青州航道桥合龙。

2016年6月29日,港珠澳大桥主体桥梁合龙。

2016年9月27日,港珠澳大桥主体桥梁全线贯通。

2017年3月7日,海底隧道最后一节沉管——E30管节安装取得圆满成功。

2017年3月26日,港珠澳大桥沉管隧道最终接头钢壳混凝土浇筑完成。

2017年4月29日,港珠澳大桥江海航段桥面铺设沥青和红色的保护涂层。

2017年5月2日,港珠澳大桥岛隧工程海底隧道实现最终接头——重约6 000吨的钢结构混凝土预制件在伶仃洋主航道吊装下沉对接完成。

2017年6月6日,建设青州航道桥和中国结桥塔。

2017年7月4日,建设西人工岛。

2017年7月4日,建设东人工岛。

2017年7月5日,建设海底隧道。

2017年12月31日,88辆大巴和工程车开过港珠澳大桥,港珠澳大桥基本具备通车条件。

6.2.4 港珠澳大桥建设面临的困难

港珠澳大桥的岛隧工程难,难就难在要开通一条完全没有先例可循的深埋沉管隧道。

沉管法——这是在水底建筑隧道的一种施工方法，就是将若干个预制段分别浮运到海面，并一个接一个地沉放安装在已经疏浚好的基槽内，以此方法修建水下隧道。

在港珠澳大桥之前，我国的沉管隧道工程加起来不到4千米。而港珠澳大桥初步设计的方案中，全长5 664米的海底隧道不论是沉管的预制，还是管节的沉放，都有着极高的技术含量。

沉管隧道在欧洲有一百多年的施工历史，荷兰更是其中的佼佼者。在港珠澳大桥之前，全世界虽已经建成了100多条沉管隧道，但全都是贴着海床的浅埋沉管。伶仃洋上，万吨海船天天驶过，留给港珠澳大桥的选择只有一个：深埋。深埋意味着沉管在海底要承受超过浅埋沉管5倍的荷载，且无论是按照传统的刚性还是柔性沉管结构设计，沉管的218个接头有1个承受不了这么大的力就是一场巨大的灾难。

国际资深沉管隧道专家、荷兰隧道工程咨询公司的汉斯·德威特认为："在全球范围来说，设计隧道时都要确保水密性。但是，建造几千米长而且保证100%水密性的隧道又是另外一回事。"

欧洲一位著名隧道专家依据经验提出：全世界的节段式沉管漏水率平均值在10%左右。也就是说，10个接头中就可能会有一个漏水。他说，目前尚没有沉管隧道100%不漏水的记录。港珠澳大桥隧道共要制造安装33节沉管，几百道工序不仅环环相扣，还要重复千百遍，只要有一个环节出问题，漏水将不可避免。

2005年开始港珠澳大桥前期的筹备工作时，建设团队认为：世界性难题要依靠世界的力量解决。此时，林鸣与他的团队掌握的全部建设经验资料只有一张3年前在国外公开发表的沉管隧道产品的宣传单页，而他们承建的港珠澳大桥的海底隧道是全世界唯一一个深埋沉管隧道，在40多米深的海底，它由33节沉管对接而成，每节沉管重达8万吨，相当于一艘航空母舰。海底深处的对接误差，只能以厘米计算。

"我们所建设的，不是单纯意义上的商业项目，而是描绘大国的经济宏图。作为央企，必须要承担起共和国长子应有的责任。"林鸣和他的团队决定扛起这份举世瞩目的重担。他带领团队前往韩国釜山，希望学习类似工程的建设经验。当时世界上有两条在建的超过3千米的沉管隧道，一个是欧洲的厄勒海峡隧道，还有一个是韩国釜山的巨济跨海大桥。

林鸣到了巨济跨海大桥的施工海域，但只能在距现场数百米之外遥望而已；他又找到了一家世界知名公司，对方开价1.5亿欧元，相当于15亿元人民币，且只提供咨询，不提供设备，不负责安装。难以承受国外高额的技术咨询费用，世界上其他国家的沉管隧道技术也无法照搬套用，困境之中，中国智慧的自信喷薄而出。接手港珠澳大桥岛隧项目后，林鸣把家从北京搬到了珠海，因为工程的建设难度远远超出了预期。

建设的过程前展而不可逆。技术创新成为港珠澳大桥工程成功的关键。复杂的海上交通、地质和气候环境，给工程带来了不可预知的巨大风险：珠江出海口常年受泥沙冲击，软土层厚几十米;每年平均 61 天伴有六级以上大风,至少两次台风袭击……

天马行空的头脑风暴与脚踏实地的研究论证汇集成一次又一次充满艰难与曲折的技术创新争论,也验证了我国建桥人一如既往的神话。

港珠澳大桥两个 10 万平方米的人工岛,如果按照传统的抛石填海工法施工,工期短则 2 年、长则 3 年。在通航繁忙的伶仃洋航道附近水域进行大量船舶作业,安全风险极高。同时,需要开挖 800 万立方米的海底淤泥,其方量可以堆砌 3 座 146 米高的胡夫金字塔,这对海洋将是巨大污染。林鸣和他的团队大胆地提出了利用大型钢圆筒进行深海快速筑岛的构思:将一组巨型钢圆筒深插到海床中,然后在中间回填形成人工岛。一个奇巧的串珍珠式创新施工方法解决了人工岛难题,共 120 个圆柱钢筒,每一个钢筒圆面都相当于一个篮球场大小,高度则相当于 28 层楼,单体重约 550 吨。

2011 年 12 月,西、东人工岛相继成岛,仅用 221 天就在软土地基上完成了 120 个钢圆筒振沉,节约建设工期 30 个月,创造了"当年动工、当年成岛"的传奇(图 6.1)。其中的辛苦与心理所承受的压力,他人难以理解,林鸣也从未谈及,他只是说,项目工期在一刻不停地倒计时,而项目建设的每一步都是未知、每一步都要攻坚、每一步都需创新。面对创新所必然暗藏的失败隐患,林鸣当仁不让地成为负责人,他说:"只有让大家扫除对失败的顾虑,大家才能更放松地开放思维。创新其实不仅仅是开创,更是勇气和担当。"

图 6.1 东人工岛最后一个钢圆筒振沉

自 1928 年人类工程史上修建第一条钢筋混凝土沉管隧道以来,沉管制作的工具箱里只有刚性和柔性两种方法,但这两种方法都仅适用于沉管浅埋。国际权威隧道专家给出"深埋浅做"的两个解决方案:其一,在沉管顶部回填轻质填料,这需要增加 10 多亿元人民币投资,工期也将延长;其二,在 120 年运营期内进行维护性疏浚,控制回淤厚度,维护费用达数十亿元人民币。这样做代价太大,林鸣心有不甘,决定从结构设计上找一条出路。林鸣和他的技术团队开始了又一轮的创新攻坚,提出了"刚柔并济"的设计方案,保留并强化串接节段之间的预应力钢绞线,但这却遭到了业内人士的反对。

林鸣说:"几乎所有人都反对我们的设计方案,国外设计团队甚至认为和他们相比,我们只是小学生水平。"但他们并没有轻易放弃自己的设想。"做了多次实验,还找了其他设计单位来验证,证明我们的方案是对的!"在之后将近1年半的时间里,林鸣和他的团队不断研究,最终证明这样的连接结构优于国外设计团队的方案,其"半刚性"的全新技术理论花费了极小的代价就把沉管深埋的构想变成了现实。

从此,世界百年沉管制作的工具箱里除了已有的"刚性""柔性"之外,又增加了"半刚性"的新成员。

6.2.5 港珠澳大桥顺利通车

2017年5月2日,在港珠澳大桥海底隧道33节沉管中的第一节沉管下水整整4周年之际,新华通讯社向全球发出消息:当日22时30分许,重达6 000吨的港珠澳大桥沉管隧道最终接头在经过16个多小时的吊装沉放后,最终安装成功。至此,经过我国交通建设者6年多的持续奋战,世界最大的沉管隧道——港珠澳大桥沉管隧道顺利合龙。2 000多年以前,一条以我国徐闻港、合浦港等港口为起点的"海上丝绸之路",就曾经搭建过世界性的贸易网络,货物经伶仃洋出海与我国沿海及世界诸港相连,伶仃洋就已经成为"海上丝绸之路"的东方发祥地。时间跨越了2 000多年,2013年,习近平主席又提出了建设"21世纪海上丝绸之路",港珠澳大桥连接起来的"粤港澳大湾区",成了新的"海上丝绸之路"的起点之一。林鸣和他带领的团队也让世界再一次感受到了中国智慧的力量,在港珠澳大桥合龙的刹那,完成了与世界强者的完美对接!

这是在"一国两制"的框架下,粤港澳三地首次合作共建的超大型跨海交通工程。港珠澳大桥,不仅对接了珠三角的东岸和西岸,也使我国的工匠精神和智慧自信对接上了被世界认同的价值观和文化观,这是比混凝土和钢筋更为珍贵的一座桥梁。

荷兰专家汉斯说:"港珠澳大桥的沉管隧道,超越了任何之前的沉管隧道项目的技术极限,因为港珠澳大桥海底隧道的实现,中国成为国际隧道行业沉管隧道技术的领军国家之一。"

通车后,旅客从香港大屿山口岸人工岛出发,沿海岸一路前行12千米,就会抵达大桥东人工岛,再穿越6.7千米海底隧道,即可上升到距离海面达50米、有着"中国结"美誉的青州桥上。之后,在海面上御风而行22千米,经过美丽的"海豚塔"江海桥和"风帆塔"九洲桥,即抵达珠澳海滨。全桥跨海段总长42千米,港珠澳大桥建成通车如图6.2所示。

港珠澳大桥是我国交通建设史上技术最复杂、施工难度最大、工程规模最庞大的桥梁,设计使用年限首次采用120年标准。为实现这一目标,我国科研人员攻克了大量技术难题,提出了"港珠澳耐久性模型"等一整套具有中国特色、世界水平的海洋工程防腐技术措施。在研究和建设过程中,一系列新材料、新技术应运而生,在多个领域填补了我国行业标准和国家标准的空白,诸多施工工艺及标准达到国际领先水平。

2010年,"港珠澳大桥跨海集群工程建设关键技术与示范"正式列入"十一五"国家科

图 6.2　港珠澳大桥建成通车

技支撑计划,21 家企事业单位、8 所高等院校组成了超过 500 人的科研队伍,共完成项目创新工法 31 项、创新软件 13 项、创新装备 31 项、创新产品 3 项,申请专利 454 项。

港珠澳大桥穿越广东珠江口中华白海豚国家级自然保护区,建设者始终高度重视海洋资源与海洋生态环境保护工作,从方案设计到施工建设,从工程管理到技术研究,都在生态管控与能力建设方面积累了丰富经验,取得了良好效果,实现了海洋环境"零污染"和中华白海豚"零伤亡"目标。

6.2.6　港珠澳大桥建成后的影响

港珠澳大桥的开通有利于港珠澳建立更紧密的经济合作关系,这一过程中会对周边区域经济发展产生较复杂的影响。

港珠澳大桥的开通将港、澳、珠江西岸连成了一片新的经济带,加强了港珠澳的经济联系,为港澳对外投资、服务输出提供了更广阔的经济腹地,为珠江西岸产业发展、经济增长带来了更多的外部资源。珠江东、西岸区域经济差距有望逐步缩小,实现区域均衡发展。

近年来,香港制造业面临服务产能过剩、经济发展被边缘化的严峻局面,迫切需要扩大市场进行对外投资和服务输出。港珠澳大桥的建设为香港提供了突破当前发展瓶颈的极好机遇,为节约运输成本,珠江西岸企业更多地会选择港珠澳大桥经香港港口出口货物。在港珠澳"1 小时生活圈"内,大量内地消费者将非常方便地到达香港进行消费,会产生大量的旅游、零售服务需求,带来了本地消费的增量。珠江西岸利用交通便利的区位特色,将吸引更多的香港资本进入珠江西岸,为香港带来了更广泛的经济腹地。

澳门将是港珠澳大桥建成后最直接的受益者。大桥建成后港澳之间交通更加便捷,香港进入澳门的游客将大幅度增加,可为澳门旅游业、博彩业带来相当可观的收入。有助于澳门与香港形成更好的产业合作与分工,澳门可借助香港的国际金融中心的优势,通过各种离岸金融业务使自身成为一个开放的离岸金融中心。澳门是太平洋地区唯一使用葡萄牙语的地方,可以与香港结成实力雄厚的商贸中心,构建国际经贸新平台,通过葡萄牙进入人口超过 3 亿的欧盟市场,通过巴西进入人口约 2 亿的南美市场。

港珠澳大桥的通车使珠海成为大珠三角网络型交通结构的重要组成部分——珠江西岸城市到达香港的一个枢纽通道,珠海在珠江西岸的核心城市地位得以强化。交通制约瓶颈的破解使珠海区位优势提升,有望成为要素流入的新聚集地,引领经济实现跨越式发展。物流方面,港珠澳将建成海、陆、空互联互通的现代立体交通枢纽,有望联合打造成珠三角另一重要的物流中心,港珠澳物流联盟将迎来新的发展机遇。三地旅游业的合作领域逐步拓宽,合作内容也逐渐加深,客流互流日益频繁,推动着珠三角休闲旅游业的发展。中山大学旅游学院院长、世界旅游组织学术委员会委员保继刚认为,港珠澳大桥将促进三地实现优势互补,形成珠三角旅游的"金三角"。三地旅游业合力打造区域旅游品牌、开拓国际客源,有望超越"新马泰"成为世界级休闲旅游地。珠海优越的人文和生态环境能吸引更多产业的港澳资本进入。港珠澳大桥的建成将加速港珠澳合作从单一的产业分工协作走向多边融合,有助于珠海产业结构转型、升级。

时光荏苒,如今港珠澳大桥上已经车如马龙。不变的是万千和林鸣及其团队一样的造桥工程师们技术攻关越天堑的勇气;而变化的是大跨步向前迈进着的中国。世界级的超级工程,如今要看"中国造"! 习近平总书记说:"中国的伟大发展成就是中国人民用自己的双手创造的,是一代又一代中国人接力奋斗创造的!""新时代是奋斗者的时代!"生逢一个波澜壮阔的时代,奋斗在一个日新月异的国家,劳动者们正带着更饱满的信心和更向上的希冀自信前行。

6.3　海上浮式生产储油船
——落户巴西的世界级"海上油气工厂"

巴西国家石油公司海上浮式生产卸油装置(Floating Production Storage and Offloading system,FPSO)P70 是 35 万吨世界级海上大项目,由中国海油旗下海洋石油工程公司(简称海油工程)总承包和自主集成,是中国海油与"一带一路"沿线国家加强能源合作的重点项目之一。该世界级"海上油气工厂"服役于巴西桑托斯盆地盐下油田,排水量及生产能力均位居世界最大 FPSO 之列,其作业水深 2 200 米,最大年产量达 1 500 万吨。

海油工程董事长于毅介绍,P70 创造了国际超大型 FPSO 交付速度新纪录,并被评为我国"2019 年十大创新工程"。2020 年 1 月 23 日,远渡重洋的 P70 顺利抵达巴西里约湾,随后相继完成了浮卸和交接工作。2 月 20 日,P70 成功到达其服役的桑托斯盆地盐下油田,正式开启海上连接调试作业。

2020年3月以来,受巴西当地新冠肺炎疫情的影响,项目海上调试作业一度中止。在严格做好疫情防控的同时,驻巴西项目人员积极通过远程视频等方式,与巴西国家石油公司保持密切沟通,先后完成77个子系统签署、2 000多条尾项消除等工作,并制订了科学周密的海上复工方案。在中巴双方人员的共同努力下,项目克服了人力、物资及设备短缺等困难,于5月5日实现海上复工。

"感谢中国合作伙伴的支持!"巴西国家石油公司P70FPSO项目负责人佩德罗萨(Pedrosa)说道,"海油工程预判到材料运输会有困难,尽最大努力提前把材料运到巴西,这为项目顺利复工和实现首油投产起到了至关重要的作用。"

自2015年5月承揽巴西石油FPSO P67、P70项目两艘"姊妹船"以来,在长达5年的匠心打磨过程中,海油工程组织了近千人的项目管理团队,克服了集成化程度高、工程工作量大、项目周期紧张、工程界面复杂等困难,先后完成了190多项技术革新和工艺创新,掌握了超大型FPSO的自主建造和集成能力,在竞争激烈的南美浮体市场上打出了"中国制造"的响亮品牌。

中国海油董事长汪东进表示,P67、P70两艘35万吨世界级"海上油气工厂"的交付和投产,标志着我国在超大型FPSO领域的自主建造和集成能力达到了国际先进水平,不仅为中巴两国拓展能源领域战略合作搭建了一道友谊桥梁,也为公司发力高端海洋工程建设、开拓国际海工市场搭建了良好的国际舞台。

6.3.1 大国重器FPSO落户巴西

1. FPSO装置简介

浮式生产储卸油装置是海洋石油工业集油气生产、储存、外输、生活、动力于一体的海上油气处理大型设施,目前已成为海上油气田开发的主流生产方式。我国现有13艘FPSO在服役,它支持着海洋石油80%的产能,被称为我国新兴的FPSO舰队。

FPSO在海上油气田开发生产中与平台的井口连接,又与油气外输相连接。浮式生产储卸油装置本身就是一艘大型的船舶,可以有舵,能自航,也可以无舵,靠拖航就位。该装置通过固定式单点或悬链式单点系泊系统固定在海上,可随风浪和水流的作用360度全方位自由旋转。利用它的储油舱可以储存原油,在它的主甲板上面可加设生产甲板,安装生产处理设施和公用设施,并向操作人员提供居住和休息场所,担负起海上油田原油的处理、储存和外输的全部职能。它可和固定式井口平台配套使用,也可采用水下井口单独进行油田的开发,充分显示了它的灵活性。

在浮式生产储卸油装置主甲板上,可根据生产工艺的要求设置生产甲板。生产甲板就相当于一座陆地处理厂,在生产甲板上设置油气生产和污水处理所不可缺少的设备,如加热器、分离器、冷却器、污水脱油装置、压缩机、输送泵、安全放空装置,以及生产需要的其他配套设施。处理合格的原油进舱储存;处理达标的生产污水直接排海或作为油田注水的水源;分离出来的天然气作为发电机和加热锅炉的燃料,或输送到陆地供客户使用。

2. FPSO 的主要功能

开发一个油田需要大型的机械设备,而要维持这些设备和生产流程的正常运转,离了电和热是不行的。FPSO 利用生产过程中分离出来的废气作为燃料,进行发电和加热锅炉,锅炉产生的热量供生产流程加热,而所发的电除供给 FPSO 本身生产和照明利用外,还可通过海底电缆输送到各井口平台,向井口平台提供电力。这样,可以减少井口平台上的设备和重量,简化井口平台的布置,节约工程费用和操作费用。

在 FPSO 上除了布置生产设施以外,还布置有供生产操作人员生活和休息的住房。由于 FPSO 主尺度较大,为布置住房提供了有利条件,住房定员从几十人到上百人。住房内除设置卧室和餐厅外,还配备了专门的会议室、娱乐室、办公室、报房和中央控制室,不但为 FPSO 上的操作人员提供了宽敞、舒适的生活和休息环境,还可以监控整个生产流程的运转情况,为附近平台提供支援和服务,成为海上油田名副其实的生产指挥中心。

FPSO 主甲板下面的舱室,除压载水舱、燃油舱、淡水舱、机泵舱和部分工艺舱室之外,绝大部分舱室都是用来储存处理合格的原油的,其储油量从几万吨到几十万吨,相当于一座海上大油库,和其他只能储存一万吨的全海式开发方案相比,具有独特而明显的优势。FPSO 的设计吨位和原油储存能力视油田海域的水深和油田的产能而定,一般应能储存油田 10 天以上的产量,否则,需要穿梭油轮频繁地停靠外输,受气候影响较大。

FPSO 还可兼做海上输油码头,供穿梭油轮停靠,通过输油泵、计量系统和输油软管将合格的原油输送到穿梭油轮上外运销售。穿梭油轮可以侧靠,也可以串联 FPSO。

6.3.2 FPSO 的发展情况及应用

毫无疑问,能源,尤其是石油,是一个国家国民经济发展的动力。随着陆地有限能源的不断减少,世界各国越来越多地关注海上油气的开发与生产,我国也不例外。最近几年,世界各国纷纷把海上油气开发生产的重点放在深水领域。海上深水油气的开发与生产已不再只停留在科研理论研究范围内,而是实实在在的实践,尤其是在墨西哥湾、巴西、西非及北海等海域,深水油气的开采是主要的内容。随着国际深海油气田的不断发现和开发,传统的导管架平台和重力式平台由于其自重和工程造价随水深大幅度增加,已经不适应深海油气开发。国际海洋工程界为此不断进行开发研究和技术创新,取得了巨大的成就。各种不同类型的浮式结构应运而生,如张力腿平台(TLP)、立筒式平台(SPAR)、半潜式平台(SEMI)等,以适应不同海域及油田开发的需要。其中有一种浮式结构无论在深海还是在浅海中都得到了广泛的应用,这就是浮式生产储卸油装置。

FPSO 的应用遍布世界各大海域,尤其是在巴西、北海及西非海域。

FPSO 之所以得到广泛的应用经济性是主要因素,其大部分都是由现有大型油轮改装而成,用于相对良好的海域环境,如东南亚、西非及巴西海域,可以作为与海底湿式采油树,或干式采油树,或远程油井控制装置相连的独立的生产系统,在最后一种情况下,FPSO 通过海底或悬浮管线与其他浮式井口平台相连。FPSO 通常具备储油能力强及高稳定性的优越性,但在波能谱周期区段及较慢变化的周期区段都不可避免地运动很大,这主要是由其大水线面所决定的。因此,FPSO 的运动特性对其系泊系统及立管系统的设计提出了更高的挑战,也正因为如此才会有不同的系泊系统及立管系统诞生。目前运行的 FPSO 涵盖了大范围的环境条件、船体尺寸、生产速度、工作水深和立管数量。

研究表明,在很广的水深范围内,FPSO 比其他浮式生产系统具有成本优势。

6.3.3 全球 FPSO 的发展现状

1940 年,人类从海底第一次开采得到了石油。当时的石油钻采平台多为近海坐底平台,开采得到的石油可就近输送到岸上储存处理。1970 年起,海洋石油勘探和开采初步走向深海,开始转向浮式生产装置。相较于昂贵的长距离输油管路,FPSO 尤其适用于远海石油开采。此外,FPSO 具有良好的机动性和适应性,可根据服役油田的产量和油品进行改造,以满足不同油田的服役需求。因此,FPSO 在日后的油气开采中将得到不断的应用和发展。1977 年,第一条 FPSO"CASTELLON"号由油轮改造完成,交付给壳牌石油公司,并在西班牙地中海地区服役。2011—2021 年的全球 FPSO 数量情况如图 6.3 所示,目前全球约有 200 艘现役 FPSO。

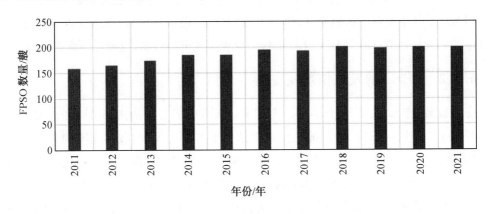

图 6.3 2011—2021 年的全球 FPSO 数量情况

全球 FPSO 大致经历了 4 个阶段,即发展初期(1976—1985 年),单点系泊系统的应用使 FPSO 成为一种海上油气生产装置;成长期(1986—1994 年),FPSO 技术得到迅速推广,数量以平均每年 2 艘以上的速度增加;扩展期(1995—1998 年),FPSO 数量以平均每年 8 艘以上的速度递增;成熟突破期(1999—至今),油田开采模式的 FPSO 技术已非常成熟,数量迅速增加。人们开始在作业水深和作业模式上进行突破,FPSO 的作业水深由原来的几百米发展到现在的几千米。特别是 2002 年以后,海上油气开发向液化石油气浮式生产储存装置(Liquified Petroleum Gas Floating Production Storage and Offloading,

LPG－FPSO)、液化天然气浮式生产储存装置(Liquified Natural Gas Floating Production Storage and Offloading,LNG－FPSO)、液化天然气浮式储存及再气化装置(Liquified Natural Gas Floating Storage and Regasification Unit,LNG－FSRU)和浮式钻井生产储存装置(Floating Drilling Production Storage and Offloading,FDPSO)等形式发展。

6.3.4 国内 FPSO 的发展

1986 年,"南海希望"号作为国内首条引入运营的 FPSO 在北部湾油气开发中投入运营。该 FPSO 由一艘 170 000 吨的油轮改造而成,设计方为道达尔公司,建造方为新加坡胜宝旺船厂。自"南海希望"号之后,国内至今总计建造运营 20 条 FPSO,其中 9 条服役于渤海,其余 11 条全部服役于南海;另有"陆丰 12－3"号和"流花 11－1"号 2 条 FPSO 在建。中国 FPSO 发展情况表见表 6.1。其中,"流花 11－1"号将成为国内首条圆筒形 FPSO,由中国船舶及海洋工程设计研究院完成基本设计、海洋石油工程股份有限公司建造。

表 6.1　中国 FPSO 发展情况表

序号	名称	载重/t	投产时间/年	作业海域	系泊形式	外输方式	新建/改造	状态
1	"南海希望"号	170 000	1986	南海	内转塔式单点系泊	旁靠	改造	退役
2	"渤海友谊"号	52 000	1989	渤海	塔架软钢臂单点系泊	串靠	新建	服役
3	"渤海长青"号	54 000	1990	渤海	塔架软钢臂单点系泊	串靠	新建	退役
4	"南海发现"号	250 000	1990	南海	内转塔式单点系泊	串靠	改造	服役
5	"南海盛开"号	120 000	1993	南海	内转塔式单点系泊	串靠	改造	服役
6	"渤海明珠"号	58 000	1993	渤海	塔架软钢臂单点系泊	串靠	新建	退役
7	"南海开拓"号	150 000	1994	南海	内转塔式单点系泊	串靠	改造	退役
8	"南海胜利"号	140 000	1996	南海	内转塔式单点系泊	串靠	改造	服役
9	"南海睦宁"号	100 000	1997	南海	内转塔式单点系泊	串靠	改造	服役
10	"渤海世纪"号	160 000	2001	渤海	塔架软钢臂单点系泊	串靠	新建	服役
11	"南海奋进"号	150 000	2002	南海	内转塔式单点系泊	串靠	新建	服役
12	"海洋石油 111"	150 000	2003	南海	内转塔式单点系泊	串靠	新建	服役
13	"海洋石油 112"	160 000	2004	渤海	塔架软钢臂单点系泊	串靠	新建	服役
14	"海洋石油 113"	160 000	2004	渤海	塔架水上软钢臂单点系泊	串靠	新建	服役
15	"海洋石油 115"	120 000	2008	渤海	内转塔式单点系泊	串靠	新建	服役
16	"海洋石油 116"	120 000	2008	渤海	内转塔式单点系泊	串靠	新建	服役

续表 6.1

序号	名称	载重/t	投产时间/年	作业海域	系泊形式	外输方式	新建/改造	状态
17	"海洋石油117"	300 000	2009	渤海	内转塔式单点系泊	串靠	新建	服役
18	"海洋石油118"	150 000	2014	南海	内转塔式单点系泊	串靠	新建	服役
19	"海洋石油119"	150 000	2019	南海	内转塔式单点系泊	串靠	新建	服役
20	"海洋石油121"	150 000	2020	南海	内转塔式单点系泊	串靠	改造	服役
21	"陆丰12—3"号	100 000	—	南海	内转塔式单点系泊	串靠	新建	在建
22	"流花11—1"号	100 001	—	南海	圆筒形	—	新建	在建

国内 FPSO 的船体部分设计由中国船舶及海洋工程设计研究院负责,建造主要由各大船厂来执行,主要有上海外高桥造船厂、中国船舶集团大连造船厂、中远船务造船厂、上海沪东中华造船(集团)有限公司、上海江南造船厂、大连新船重工有限责任公司、青岛北海船舶重工有限责任公司和招商局(海门)重工有限公司等。

国内 FPSO 上部模块部分设计单位包括海洋石油工程股份有限公司、博迈科海洋工程股份有限公司和中集来福士海洋工程有限公司等。建造则可根据各项目情况,在专门的上部模块建造方或船体建造厂完成。

对于 FPSO 的另一大核心——单点系泊系统,国内尚无设计和建造能力。此外,对于尾输系统、惰气发生装置、液压货油泵系统和 FPSO 中控系统等关键装备,国内仍尚属空白或是刚刚起步。随着国际形势日趋复杂,提高 FPSO 国产化率,尤其是关键部件和技术的自主可控,已迫在眉睫。

6.3.5 我国 FPSO 在巴西落户的影响及意义

1. 我国海上油气开采技术居全球前列

据新华网报道,巴西石油公司海上浮式生产储卸油装置(FPSO)P70 船日前在巴西成功产油,这个大型"海上油气工厂"是由中国海油旗下海油工程总承包和自主集成的,这意味着我国已掌握海上开采油气的核心技术,并有余力走出国门获得海外订单。

海洋油气开发已经成为全球油气资源开发的重要领域,在此情况下,海上油气开发的先进设备、技术也将越来越重要。

我国于1956年发现了海上油气开采的可能性,但当时一无资金、二无技术、三无装备,到1960年之前我国海上探明地质储量仅 4 000 万吨,年产原油不足 9 万吨。但中国海油在1982—2019年的37年间,走完了西方石油公司上百年行进的路程,从而打破了国外石油公司的技术垄断,站在了世界同行的前列,让我国成为全球第二个具备独立开发海上高温高压油气的国家。

2. 为发展海上油田，美国寻求合作使用中企技术

我国的技术已经走向世界，在美国墨西哥湾、英国北海，在一个个国际能源富集区提供着中国方案，带动这个联系越来越紧密的世界共同发展。正是由于海上油气田的技术领先地位，美国积极寻求与中企进行合作。

为发展海上油田，美国公布了2019—2024年外大陆架油气发展计划。根据这份计划，美国将向油气开采行业开放美国超过90%的外大陆架区域，并出租阿拉斯加沿岸、墨西哥湾、太平洋、大西洋等水域的47处潜在油气区域。

据了解，Appomattox项目距美国路易丝安那州东南约128千米，水深约2 200米。该项目为超深水海上开发项目，是墨西哥湾深水Norphlet地层第一个已投产的商业项目，中国海油占有项目21%的权益，预计高峰产量约为17.5万桶/天。

6.4 我国极地科考——极地海洋世界的探索与保护

一个亘古长眠的世界——南极已经在地球上存在了千万年，但至今只有极少数的幸运儿踏上过南极大陆。因此，有人曾说：天上最难的事，是太空旅行；天下最难的事，是叩访南极。科学家们认为，南极是人类在地球上的最后一块避难所。

南极大陆是一片连亘1 200多万平方千米的巨大冰原，那里拥有大自然最具耐心的雕刻师，它用风雪做刻刀，经过千万年的酝酿，将裸露的地表镌刻成肃穆的艺术品。那里也拥有大自然最具创意的画家，沉默的冰山、飘逸的云彩、灿烂的阳光被它糅合在一起，形成一幅幅让人惊叹的作品。除了这些摄人心魄的美景外，这个充满神奇色彩的冰雪王国还能给予人类什么呢？人类又能在这荒凉的白色世界中获取些什么呢？一代又一代的探险家和科学家们一次次奔赴生命禁区，试图解开这些千古谜团。正是因为他们的奉献，世人对南极的认知才逐渐变得清晰起来。

1984年12月30日15时16分，我国第一支南极洲考察队登陆南极乔治王岛，正式拉开了我国探索南极的历史。从一无所知到建成多个考察站，从没有一艘专业科考船到如今海陆空立体考察，几代中国人用勇气和智慧挑战着人类科学探索的极限，累积着人类认知未知世界的经验。我国科研人员登陆地球的两极，在海洋学、地质学、大气科学等诸多领域深入研究，取得了一批世界公认的科研成果。

现在，我国已从极地科考的一个"后来者"，大踏步地迈进世界极地科考的"第一方阵"。我国科考人正以无私无畏的精神在极地绽放着别样的青春。

6.4.1 我国极地探索征程

1. 南极——延伸的地平线

1959年12月1日，12个最早活跃在南极洲的国家签订了《南极条约》。南极，这个最后一个尚未被开发的大陆,从此成为全人类共同永久和平开发的地区。到20世纪70年代末,已有18个国家在南极建立了40多个常年科学考察基地和100多个夏季站,其中不乏智利、阿根廷等发展中国家。彼时,我国在极地探索的领域还是一片空白。时不我待,必须迎头赶上。

1979年12月,我国两名科学家参加了澳大利亚国家南极考察队,迈出了我国考察南极的第一步。1979年5月,中国南极考察委员会成立,但此时我国在南极的话语权十分微弱。1983年,我国出席《南极条约》协商国会议时,因为在南极没有科考站,与会代表甚至没有表决权,被要求退出会场。

1984年11月20日,我国首次组织极地考察队前往南极。考察队共百余人,乘坐我国自行建造的"向阳红10号"和"J121"船,从上海出发,运载着国产的仪器设备,驶向南极。12月30日,中国南极考察队在南极乔治王岛登陆,在南极大陆上首次留下了我国极地考察队员的足迹。"向阳红10号"既不是破冰船也不是抗冰船,因此必须赶在南极夏天结束前完成建站并撤离。此时建站地的平均气温为0摄氏度,最低气温为零下7摄氏度。考察队员在冰封雪埋的极地世界艰苦奋斗,仅用了40多天,于1985年2月20日建成了我国第一个独立南极科考站——长城站。从此我国正式成为《南极条约》协商国,在南极国际会议上有了发言权、表决权和一票否决权。

由于技术限制,长城站建在了乔治王岛上。从位置上看,长城站并不处于南极圈内,且位置偏远,人员不管是往返国内还是去南极中心都不方便。4年后,南极考察队再次出发。1989年2月,116名考察队员战冰崩,忘生死,历时32天,在南极圈内伊丽莎白皇后地的维斯托登半岛建造了我国的第二个南极科考站——中山站。

2009年1月27日,我国南极科学考察队穿越环境恶劣的暴风圈,战胜了死亡禁区的酷寒,在被称为人类"不可接近之极"的南极内陆冰盖最高点冰穹A(海拔4 090米)地区建成了我国首个南极内陆科考站——昆仑站,它是我国的第三个南极科考站。冰穹A、经线交会的南极极点、全球温度最低的南极冰点,以及地球磁场南极的磁点,并称南极科考的四大"必争之点"。昆仑站的建立意味着我国已跻身世界南极科学研究的第一方阵,也标志着我国极地考察事业"由大到强"的历史性跃进。昆仑站建成后,我国开始有计划地在南极内陆开展科学研究,如冰川深冰芯科学钻探、冰下山脉钻探、天文和地磁观测、卫星遥感数据接收、人体医学研究和医疗保障研究等科学考察和研究,为人类探索南极奥秘做出了重要贡献。

2014年2月8日,我国在南极的第四个科考站——泰山站正式建成。该站位于中山站与昆仑站之间的伊丽莎白公主地,总建筑面积为1 000平方米,可满足20人度夏考察生活的需要。泰山站的建立推动我国南极考察从南极大陆边缘地区向南极大陆腹地挺进,进一步拓展了我国南极考察的领域和范围。

正在建造的罗斯海新站是我国第五个南极科考站,它位于南极的罗斯海区域沿岸。

罗斯海区域及沿岸,面向太平洋扇区,是南极地区岩石圈、冰冻圈、生物圈、大气圈等典型自然地理单元集中相互作用的区域,具有重要的科研价值。2018年2月7日,罗斯海新站在恩克斯堡岛正式选址奠基。这里是南大洋生物多样性最丰富的区域,仍然保持着自然演替状态,是研究气候变化对南极生态系统影响与反馈的理想场所。

2. 北极——穿越北冰洋

北极是全球变化最敏感的地区之一,近年来的研究表明,因为全球变暖,北极地区的大气、海洋、陆地圈层都发生了变化,这种变化及其发展趋势,将对北半球国家的生存环境产生重大影响。因此,加强对北极地区的科学考察研究已成为许多国家高度关注的重大课题。

和南极不同,北极是由陆地包围的海洋——北冰洋。北冰洋周边的大陆分别归属俄罗斯、美国、加拿大、冰岛、挪威、丹麦、瑞典、芬兰8个国家。这些国家的人们对北极的探险历史可以追溯至几百甚至上千年前。从历史上看,各国开展北极探索的原动力是为了打通东西方交流的最短路线。自东北航道和西北航道被发现后,人类在北极的活动逐渐从探险转变为科学研究。

20世纪初,欧洲各国发现位于北冰洋附近的斯瓦尔巴群岛拥有丰富的自然资源,群岛上的新奥尔松是人们前往北极点的出发地之一。为避免因争夺资源而引发战争,1920年欧洲各国签署了《斯瓦尔巴条约》。条约规定,该群岛不得用作军事用途,缔约国人员可在群岛主权国挪威的法律管辖之下自由出入该岛,无须签证,享有在群岛地域及其领水内的捕鱼、狩猎权,以及开展海洋、工业、矿业、商业活动的权利和开展科学调查活动的权利。我国虽不是环北极国家,但在1925年,北洋政府代表中国签约,我国成为缔约国之一。不过直到1991年,我国才真正开始行使缔约国的权利。

在南极科考经验的基础上,1999年,我国第一支北极科学考察队乘"雪龙"号远征北极。全程历时71天,完成了综合性海洋调查。

北极和南极有很大不同。北极的主体是北冰洋,也有一些岛屿,但所有岛屿都有主权归属。我国的北极科考以北冰洋考察为主,但是要全面了解北极气候和环境变化,只做北冰洋考察是不够的,还需开展北极地质、冰川、冻土、陆地生态调查,以及大气科学、空间科学等学科的以陆基支撑的观测研究。因此在2004年,我国在北极斯瓦尔巴群岛的新奥尔松建立了固定的科学考察站——黄河站,从此常年连续开展北极高层大气物理、海洋与气象学观测调查。和南极的科考站相比,黄河站的建设本身相对容易,只需将一栋建筑按照科考站功能要求进行改造,设置观测设备,建设分析实验室即可。黄河站为我国在北极地区开创了一个永久性的观测研究平台,它是我国继南极长城站、中山站后的第三个极地科考站,我国由此成为第八个在斯瓦尔巴群岛新奥尔松建立科考站的国家。

2018年10月18日,我国第二个北极科学考察站——中-冰北极科学考察站正式运行。它位于冰岛北部城市阿库雷里的凯尔赫,由我国和冰岛共同筹建,可提供15人住宿、生活、工作必需的后勤保障,具备多种科学考察能力,能够开展极光观测、大气监测,以及冰川、遥感等研究,部分建筑改造后还可扩展进行海洋、地球物理、生物等学科的观测研究。

截至 2020 年,我国已开展了 37 次南极科学考察和 11 次北极科学考察,通过这些考察活动获得了一定的冰区海洋的活动能力、知识和经验。在地球的两极,我国极地科学家履冰踏雪,开展广泛的南北极科技合作,为南北极国际治理提供智力和技术支撑,为我国积极参与南极治理和北极事务做先导,也为人类社会、生态、经济的可持续发展找寻答案。

6.4.2　我国极地科考船

两极基地建设只是我们实现极地科学考察计划中至关重要的基础环节,我们的极地科考团队远涉重洋,确保人员如期登陆、科研设施安全送达、生活条件有充分保障等则更为重要。凡此足见,拥有一支动力强大、设备先进、全天候冰雪无阻的现代化极地运输船队,才是一个极地强国独立自主实施全方位极地科考任务能力的体现。

1. 我国先期极地船回顾

"向阳红 10 号"万吨级远洋科学考察船是我国自行设计制造的第一艘万吨级远洋科学考察船。我国于 1984/1985 年进行的首次南极考察中,它担当起了共和国第一代极地考察船的重任。其间,科考船几度遭遇南大洋风暴袭击,巨浪翻腾,船只跌宕,甲板设备损毁,险情频出。自 1986/1987 年第 3 次南极考察起,我国开始使用从芬兰购入的具有 A 级抗冰能力的运输船,经上海沪东厂改装并重新命名为"极地号",即为我国第二代极地支援船,也是实施极地海洋调查的主力。该船一直沿用到 1992/1993 年我国第 9 次南极考察之后退役。自 1994/1995 年我国第 11 次南极考察起,便开始使用从乌克兰购入后经全面改装以及装备极地探测与采样设备的船只,更名为"雪龙号",此为我国第三代极地考察船。

"雪龙号"的入列,不仅有效改善了我国极地考察的后勤保障能力,同时也从根本上扭转了我国南、北两极考察失衡的被动局面。依托"雪龙号",不仅显著提升了我国极地考察的综合能力,实现了南、北两极兼顾,还吸引了更多国内高校、研究机构和企业的积极参与,扩大了影响。此后,我国的科考成果、研究水平和国际极地管理的参与度等基本跟上时代的步伐,我国极地事业取得了世人瞩目的进步。

2. 盼新"雪龙"梦想成真

随着我国极地科考事业不断向深度和广度发展,科学家探索两极,深入新的未知领域,确立了符合我国国情的极地环境与资源研究的新目标,并相继提出了一系列具有国际水准和前沿性的多学科重大专项考察计划。与此相应的是,我国极地考察船亦将随之向南、北两极的深度和广度进军,征战极区陌生海域,例如南极阿蒙森海、宇航员海和北冰洋核心区等;而且,因科考任务的需要,在初夏冰雪尚未大面积消融之时,船只也将可能进入极区现场。故而未来的极地船,或将面对极区新海域,或将因出航季节提前而遭遇极地恶劣气候与冰雪环境,这些严峻挑战今后可能成为常态,科研人员必须对此予以高度关注。

2010年1月,正值南极之夏,"雪龙号"行至南极大陆威尔克斯地沿海,为海上严重冰情所困,寸步难行。原国土资源部部长徐绍史和国家海洋局孙志辉局长为之深有感触,对新型破冰船的建造十分关切,认为新船建造项目绝不能再拖延了!

随后的几年,新船建造项目由中国极地研究中心组织实施,相关工作有条不紊地积极开展。建造方案几经国内相关部门的反复研讨、论证,最终审核批准,新船建造合同文本终于摆在我国现今船舶制造业的头牌——上海江南船舶制造(集团)有限责任公司负责人的案桌上。2018年9月10日,我国第一艘自主建造的新型极地科学考察破冰船终于下水。新船正式命名为"雪龙2号",标志着我国极地考察现场保障和支撑能力取得新的重大突破。

"雪龙2号"极地科学考察破冰船,船长122.5米,船宽22.3米,吃水7.85米,吃水排水量约1.399万吨,航速12~15节,续航力2万海里,自持力60天,载员90人,能以2~3节的航速在冰厚1.5+0.2米覆雪的环境中连续破冰航行。"雪龙2号"具备全球航行能力,将满足无限航区的要求,能够在地球南、北极区大洋安全航行。同时,该船融合了国际最新科学考察船的技术、功能需求以及绿色环保理念。在破冰机动性能方面,"雪龙2号"采用了国际先进的船艏、船艉双向破冰船型设计,并具备全回转电力推进功能和冲撞破冰能力,使船舶机动能力大幅提升。它不仅能实现船只在冰区原地360°自由转向,并可突破极区数米厚的冰脊的阻挡。"雪龙2号"还装备了国际水准的先进海洋调查和观测设备,实现了科考系统的高度集成和自洽,成为为我国开展极地海洋环境与资源调查研究提供现场采信与初步分析的重要基础平台。"雪龙2号"基本具备"摸边探底、潜力评估"的调查能力,能满足科研人员进行极地物理海洋学、大气、海冰、气候、地质、地球物理、海洋生态和生物地球化学等基础学科的综合观测和取样的基本需求。

6.4.3 极地海洋生物探索与保护

46亿年前地球海洋诞生,从此生命的摇篮孕育出万物。从极地到赤道,海洋世界生机勃勃,有着千奇百怪的模样。与其他地区的海洋相比,由于环境恶劣,长期以来人类对极地海洋知之甚少。在人们的想象中,只有温暖的海洋才能孕育出琳琅满目、万紫千红的生命世界,而在两极冰雪之下的大海深处,怕是不会有多少生命之物了。

但近几十年来,随着极地海域考察范围的逐渐扩大,尤其在南极海洋深处的研究增多,许多新物种不断被发现,传统观念正在被科学新知修正。有关南极海洋保护的理念,也在这个过程中得到更多的发展和完善。

南极是全球最寒冷和暴风雪最频繁的地区,海域通常一年中有一多半(8~9个月)的时间被茫茫浮冰和积雪覆盖。尽管天寒地冻,从海面到海底,却有着一个充满奇幻景象的生命世界。在海面浮冰层下,首先是由绿色海藻构建的"冰下草原",南极磷虾在这里越冬和繁育后代,各种各样的鱼、虾穿梭其间,它们又被飞鸟、企鹅与海豹们从浮冰的间隙中追逐和捕食。冰下的生机盎然与冰面上的寒风凛冽、荒芜萧条形成了难以置信的反差。

海冰下的不同水层中生活着银鱼和犬牙鱼等各种鱼类和乌贼等头足类动物,以及凶猛的海豹和体型巨大的鲸类。再往深处,在南极的海底,基于不同类型的地质结构,也是一个由不同物种、群落和密度构成的生命世界。南极海底浅表层的底质环境通常以软泥底质、砂石混合底质或岩石类硬性底质环境为主。相比于岩石和砂石,沉降到海底的有机碎片和颗粒物更容易与海底淤泥混合,形成富含营养物质的软底层,进而为海藻和低等单细胞动、植物,甚至大型生物等各种底栖生物提供生命活动所需的栖息环境和营养物质。因而,在软泥层底质结构的海底,更容易形成种类较多、密度也较大的生物分布景观。

现在我们已经越来越认识到,南极的海面下存在着一个丰富多彩的世界,其海底生物资源有着重要的科学研究价值。首先,南极生物资源包含了许多独特的物种,是宝贵的基因库;其次,南极生物对高寒环境的适应的生理生化特性与抗冻机制,对生命机理和遗传基因研究具有无可替代的科学价值;最后,例如南极海绵等许多南极生物,还能提取用于医治人类癌症等疾病的天然药物等。

因此,人类对极地海洋考察的兴趣,以及对商业开发与捕捞带来的利益的追逐与日俱增,世界各国以种种名目进行的南极海洋活动直接打破了南极的宁静。即便是海洋调查这类非开发性的活动,也难免存在影响,尤其在海底采样使用的底拖网,拖行过程中会造成大面积海洋底层生态的毁损,而已经收入拖网之中的生物样品,在拖行和起吊过程中,不断滚动和相互挤压,破损严重,大部分样品变成废品。

人类对南极的影响并不局限于只发生在南极地区的活动,源自地球其他地区的人造污染物质以及各种固体废弃物,也在极地不同海域海底相继被检测到,对极地生物与环境安全形成更加实际的威胁;而全球性气候变化对极地海洋环境的影响则更为深远和彻底,海洋水温的升高造成动物对环境温度的不适,进而发生生理生化改变,甚至可能导致生命过程的改变;全球升温导致南极冰盖变脆,冰盖边缘崩塌,海上冰山崩裂产生的大量冰体会坠落和撞击海底,对海底生态环境造成直接破坏与伤害;大量冰山坐底刮擦将会严重破坏软泥层生态结构,甚至刮除覆盖于基岩上的已经形成的生态结构层,从根本上毁损海底局部生境,导致生物群落的被剥离,就算当这些落底冰山消除后,软泥层开始重新形成,各类生物得以逐渐依次"回迁",对南极这样独特而又脆弱的生态系统来说,完整的环境与生态系统的修复过程将需要花费数年、数十年甚至百年的漫长岁月。基于此,国际社会对保护极地海洋和南极海底生物资源的呼声日趋强烈。设立海洋保护区是目前公认的最有效手段之一。

南极作为目前为止全球海洋保护的前沿,承担其保护工作的主要是南极海洋生物资源养护委员会(CCAMLR)的各成员,其提出和共同探讨南极海洋生物资源的保护规划和相应的具体措施,其中一项主要内容就是在南极设立海洋保护区。不过,在实际的国际活动中,由于各参与国不可避免地要以维护各自国家权益为基本原则,难免因利益诉求的不同而产生意见分歧。在建立海洋保护区等重大问题的讨论中,往往需要大量时间反复交流与磋商才能做出决策。所以,CCAMLR 在保护区议题上的每一个成果都是十分珍贵和不易的。以目前世界上最大的海洋保护区——罗斯海保护区为例,其历经了漫长的 5 年谈判才最终得以达成。

回溯我们对南极海洋的了解过程,本以为贫瘠的极地海洋,其实孕育着丰富和独特的生命体系。即使在科技飞速发展的今天,我们对海洋的了解仍只是沧海一粟。因此,从长远的发展来看,建立一个有效的全球海洋保护体系,保护已知的、具有特殊生态意义的海域免遭过度捕捞、海底采矿等人类活动的破坏毫无疑问是至关重要的。

我国于 2007 年正式成为 CCAMLR 的成员,这些年来已经成为参与和决定国际谈判进程的重要力量。2019 年 4 月,习近平主席提出了"构建海洋命运共同体"的理念,与其积极提倡的"绿水青山就是金山银山"的理念相一致,只有重视全球海洋生态环境保护,才能给全人类带来持续向善向好的发展。期待我国今后在全球建立海洋保护区方面,继续贡献我们的大国力量。

本章参考文献

[1]《就业与保障》编辑部. 港珠澳大桥 效率至上 智慧通关[J]. 就业与保障,2018(11):23-26.

[2]《工会博览》综合报道. "新世界七大奇迹"是如何创造的[J]. 工会博览,2019(18):37-39.

[3] 陈瑾羲. 漫谈香港国际机场[N]. 中华读书报,2012-06-06(20)[2021-11-15].

[4] 杜春水,汪智峰,何昱亮. 浮式生产平台的发展规律及南海开发趋势[J]. 中国新技术新产品,2018(9):133-136.

[5] 甘星,刘松柏. 港珠澳大桥通车对区域经济发展影响的研究——基于空间溢出效应的视角[J]. 经济与管理科学,2018(3):3-15.

[6]《时事(职教)》编辑部. 港珠澳大桥里藏了哪些高科技[J]. 时事(职教),2018(2):70-71.

[7] 耿肃竹. 雪龙 2 穿越"咆哮西风带"[J]. 创新世界周刊,2020(1):94-95.

[8] 黄吉,姜晓翔,甘霖斐. FPSO 国内外发展及市场展望[J]. 船舶工程,2021,43(12):29-36.

[9] 极地探测:我国开启"双龙探极"新时代 未来南极旅游不是梦[J]. 今日科技,2019(4):24-26.

[10] 李朝阳,张临辉.香港国际机场交通设计简析及启示[J].2010,17(8):110-115.

[11] 李雷.林鸣:创造新的"中国奇迹"[J].华人时刊,2018(12):24-25.

[12] 李子星,王华彬,王树波,等.海上机场客运码头配置影响因素——以中国香港、韩国仁川、日本关西国际机场为例[J].城市交通,2019(17):75-83.

[13] 刘军.香港国际机场:高效友好的新门户[J].建筑,2011(4):77-78.

[14] 罗嘉颖."飞"一般的香港国际机场[J].商务旅行,2007(12):41.

[15] 《中学科技》编辑部.梦圆两极——中国极地探索征程[J].中学科技,2021(5):6-11.

[16] 钱林霞.打造世界级地标 香港迈向机场城市[J].新经济,2021(5):22-28.

[17] 秦改梅.极地科考的中国印记[J].科学之友(上半月),2020(2):8-10.

[18] 全球首艘具有自航能力的海上浮式生产储油船(FPSO)完工交付[J].军工文化,2021(z1):47.

[19] 石亮,刘传辉,孔强,等.FPSO船体建造工艺与应用[J].造船技术,2021,49(4):69-73.

[20] 《中国石油企业》编辑部.世界级"海上油气处理厂"交付巴西[J].中国石油企业,2019(12):5.

[21] 王伟元.我国新兴的FPSO舰队[J].中国石油企业,2005(6):57.

[22] 王忠耀,吴春燕.港珠澳大桥:"现代世界七大奇迹"之一[J].党员文摘,2019(12):45-47.

[23] 王自磐."双龙探极"助推中国迈向极地强国[J].科学24小时,2020(2):4-7.

[24] 魏信.不可不知道的秘密[J].铁军,2017(12):49.

[25] 吴东南.港世纪的风采——介绍香港国际机场[J].环渤海经济瞭望,1999(5):28-29.

[26] 吴娇颖.中国极地科考36年 到世界尽头 探无人之境[J].科学大观园,2021(7):22-27.

[27] 吴晶晶,罗沙.极地科考 走向海洋强国的必经之路[J].科学大观园,2021(7):80.

[28] 张文亮.对内陆型空港城市发展的思考[J].中国经贸导刊,2016(24):69-71.

[29] 张武奎,刘振国,宋儒鑫.发展中的浮式生产储卸油装置(FPSO)[J].中国造船,2005,46(12):38-47.

[30] 张羽,李岳阳,王敏.极地破冰船发展现状与趋势[J].舰船科学技术,2017,39(23):188-193.

[31] 中国船舶及海洋工程设计研究院海工部.大国重器之"海洋石油119"FPSO[J].船舶,2021,32(1):120-123.

第 7 章 海洋能源

如果你感受过海浪拍打岸边礁石的气势,见识过船只和惊涛骇浪搏斗的影视画面,就很容易体会海洋中蕴藏着惊人的能量。那么,海洋中的能量能否为我所用,聪明的人类很早就开始探索,并将海洋能的利用投入实践。

按照存在形式及开采技术分类,海洋能源资源可分为三大类:(1)煤炭、油气等传统的海底化石能源。(2)海洋可再生能源,包括潮汐能、波浪能、潮流/海流能、温差能、盐差能、海洋上空的风能和海洋生物质能等。(3)海洋非常规能源,包括海底重稠油、页岩油气、可燃冰和干热岩等。

海洋是生命的摇篮,也是巨大的资源宝库。开发利用海洋能源,有利于保障全球能源安全、保护海洋生态环境、应对全球气候变化。我国是世界第二大经济体,也是世界上最大的发展中国家、最大的能源生产国和消费国,有责任也有能力推动和引领全球海洋能源合作,推动海洋能源领域更大范围、更高水平和更深层次的开放交融。

7.1 世界上首座海洋潮流能发电站
——LHD 海洋潮流能发电站

潮流能是指月球和太阳的引潮力使海水产生周期性的往复水平运动而形成的动能,其发电原理是将水流中的动能通过装置转化为机械能,进而将机械能转化为电能。

11 世纪的阿拉伯地理学家曾说,潮水对巴士拉(今伊拉克巴士拉省省会)来说是奇迹和祝福,每天海水拜访两次,落潮的时候对磨坊有利,因为磨坊都坐落在河口和其支流。当潮水返回大海的时候就会推动这些水磨,人们把这种磨坊称作潮汐磨坊。

潮流能的开发利用具有以下特点:

(1)由于潮汐的周期性,潮流能的变化具有较强的规律性和可预测性。

(2)潮流能开发不排放任何污染物,是环境友好型绿色能源。

(3)潮流能的开发装置一般安装在海底或漂浮在海面,无须建造大型水坝,对海洋环境影响小,也不占用宝贵的土地资源。

(4)与风能和太阳能相比,潮流能的能量密度较高,约为风能的 4 倍、太阳能的 30 倍。

潮流能开发同样也面临一些不利因素。例如,潮流能的能流密度随涨落潮的流速发生周期性变化,因而潮流能发电机输出的电能不稳定,需要经过后续处理方能供给用户使用;潮流能的开发装置在海水中工作,环境较为严酷,对装置的耐腐蚀、抗风浪、防渗漏等性能有严格要求,海上安装需要较高的施工技术和相应的海洋工程装备,总体开发成本较高。

海洋潮流能因为储量巨大、清洁无污染、可预测性强、取之不尽用之不竭等优点，在世界范围内受到科学界、产业界等高度关注。从20世纪末开始，很多国家都进行了潮流发电的积极探索，这其中包括日本最大发电量为30千瓦的海龙浮游式涡轮发电机，以及由世界航空发动机巨头通用电气劳斯莱斯与欧洲电气巨头阿尔斯通联合打造的1兆瓦水轮发电机组等。

7.1.1 我国对潮流能的利用历史

我国近代潮流能研究始于20世纪70年代末。1979年舟山渔民何世均父子制作了船用螺旋桨式叶轮及液压传动的潮流能发电样机，悬挂于渔船尾部，在舟山群岛西候门水道进行试验，并成功发电。

2010年，我国潮流能研究进入了快速发展时期。在水轮机海试项目上频传捷报，其中包括哈尔滨工程大学研发的"万向""海能""海明"等垂直轴式和水平轴式水轮机；中国海洋大学研发的5千瓦垂直轴式柔性叶片水轮机、50千瓦的坐底式水平轴式水轮机和用于海岛独立供电的100千瓦水平轴式潮流能发电装置；东北师范大学研制的300千瓦自变距三叶片机组；浙江大学在摘箬山岛海域建成了多个漂浮式测试平台，2014年起，开展了60千瓦和120千瓦三叶片机组等多个示范项目。2017年下半年，浙江大学研制完成大长径比半直驱高效水平轴650千瓦海流能发电机组，在摘箬山岛海域内组装并成功并网发电，是目前国内单机发电功率最大的潮流能发电装置。2018年，浙江大学与国电联合动力公司联合承担的"2×300千瓦潮流能发电工程样机产品化设计与制作"项目成功下海并发电，首次实现了270°变桨技术，整机转换效率接近40%。2019年7月，哈尔滨电气集团有限公司的600千瓦坐底式潮流发电机被顺利验收，成为我国拥有完全自主知识产权的最大功率潮流能发电机组。

2016年，世界上最大的潮流能发电站LHD发电机组在舟山市岱山县秀山岛南部海域成功并网发电，标志着我国在海洋潮流能利用领域跨入世界先进行列。

7.1.2 "LHD"横空出世

在我国潮流能富集区——浙江舟山聚集着来自大学、企业、政府部门的众多研究团队，LHD团队就是其中之一。这是一个以海归学者为中坚力量的技术团队，他们联手打造了具有自主知识产权的潮流能发电系统，将其命名为"LHD林东模块化大型海洋潮流能发电机组"。

自2009年开始，杭州林东新能源科技股份有限公司董事长兼总工程师林东担任总工程师，带领海归科研团队，历时8年成功研发了由十五大系统构成的世界首座3.4兆瓦的"LHD林东模块化大型海洋潮流能发电机组"系统群，如图7.1所示。

图 7.1 "LHD 林东模块化大型海洋潮流能发电机组"系统群

2016年3月1日,LHD大型海洋潮流能发电机组总成平台正式下海,7月27日,首期1兆瓦的LHD第一代发电机组模块和平台对接,并成功发电;8月26日,潮流能通过模块转化而成的电能,输入国家电网,实现了大功率发电、稳定发电、并入电网三大跨越,宣告我国的潮流能发电,无论在装机容量,还是在稳定发电上都已迎头赶上,我国因此跻身于世界上少数实现潮流能发电并网的国家之列。

2017年5月25日开始,该1兆瓦发电机组实现全天候发电并网。截至2018年8月25日,该1兆瓦机组累计发电量超过95万千瓦时,其中并入国家电网659 925千瓦时。

2018年11月,LHD海洋潮流能发电项目第二代发电机组下海安装,经过海上调试之后成功发电并网。

2018年12月29日,LHD海洋潮流能发电项目第三代机组成功安装。

2021年4月,LHD海洋潮流能发电站已连续发电46个月,向国家电网输送了超200万千瓦时的电量。

LHD海洋潮流能发电站拥有完全自主知识产权,机组的总成平台可抵抗16级台风和4米巨浪,预计年发电量可达600万千瓦时,同样的发电量可以减少百分之五十的二氧化碳排放,发电能力高于长江三峡水利发电。

7.1.3 "LHD"的创新

开发利用海洋潮流能,也会带动一批海洋潮流能发电装备制造业的发展。制造业的发展,也能够促进我国传统产业转型升级,引领海洋蓝色经济的高质量发展。潮流能的利用大部分是处于水面以下的,对周围其他用海的兼容性比较强,而且国际社会生态学家长期对潮流能利用的跟踪研究和监测发现,它对环境的影响、对水里生物的影响是非常小的,所以是一种清洁、高效、安全的可再生能源。

1. 新思想突破世界瓶颈

经过多年对国际潮流发电技术的研究后,LHD 团队摒弃了简单的将水轮机沉入水中的通用模式,而选取了一条和他人截然不同的技术路径——模块化加平台化。如果把平台比喻成一块计算机主板,那么模块就是一块块扩充卡,可以通过插卡的形式不断提升平台的整体性能。这种技术路径的优势在于节约投入、便于维护,而且可以根据需求和资金情况,不断对发电设施进行扩充。

"我们最初设想的是,将风力发电水轮机置于水底,验证了以后,这是可行的。但是后面还有很多的技术路径,必须要解决的一个问题就是维修问题,还有一个是它发电的稳定性问题,这两个问题是我们当时考虑得最多的。第三个是规模化、大型化问题,根据整个海洋的特征,我们当时选择了模块化,所以今天大家看到比较多的就是 LHD 模块化大型潮流,其有别于目前世界上所有在研究的一些技术路径。"该项目的总工程师林东说。

国家海洋技术中心能管中心主任王海峰说:"它作为一个稳定的平台能够进行发电,这是具有里程碑意义的,也是我们中国潮流能开发和世界潮流能开发水平的一个提升。"

2. 新思想的新问题

相比不断扩大叶片直径的做法,LHD 海洋潮流能发电项目的模块化设计和增大叶片面积的普遍做法背道而驰,因而大大降低了造价,方便了维护。但这种设计是如何保证捕获更多的潮流能量,从而确保装机容量的呢?

这个设计的好处是可以根据不同的海流特征,有机地组合相应的叶片,也就保证了最大化的发电量,还保证了在不同海域的适用性。这个想法可以说极具创意,有效地解决了能量捕获的问题。然而,准备将这个创意付诸实践的时候,一个不起眼的技术细节却成为团队难以逾越的障碍。

这个障碍就在于水下轴承的密封保护。轴承是机械中更换最频繁的零部件之一,而我们知道,海流中夹杂着大量的泥沙,如果轴承没有被密封,泥沙就会快速进入轴承内部,严重影响到轴承的安全和寿命。而从国外各大潮流能发电项目的后续进展来看,往往就是水下轴承的密封问题导致不得不时常停机检修,从而制约了发电机的稳定性和持续性,成为潮流发电的发展瓶颈。

那么 LHD 团队该如何面对这个问题呢?

舰船、货轮等大型船只的螺旋桨都位于海面以下,相关的轴承密封技术肯定都已成熟,那么,这些技术应该可以直接应用在潮流发电的轴承上。但是进入实际测试阶段大家才发现,二者根本不在一个应用层面上。舰船、货轮的螺旋桨虽然位于海面以下,但水压主要作用于螺旋桨轴向,而螺旋桨轴承位于横向侧,密封要求并不高。而对于 LHD 潮流发电模块而言,在潮水的往复推动下,大于 30 吨的径向轴压将直接作用于不到 5 毫米宽的密封区域,这对现有轴承密封技术来说,简直是不可能完成的任务。向各研究机构求助后,团队几乎得到一致的回答:现在的轴承密封技术根本无法满足这种极端应用下的密封要求。如果这个问题解决不了,那么项目还没开始就已经注定失败,因为这意味着 LHD 团队将和国际同行遭遇同样的困境:发电机组不得不经常停机检修,而无法实现长期稳定运行。从不放弃的人终会得到奇迹的眷顾,经过半个月的深入思考,突然间,一个灵感迸发出来,为横亘在项目前路上的天堑打开了突破口。

3. 新问题带来新技术

山穷水尽逼出的奇思妙想使 LHD 的轴承保护技术横空出世。这项技术其实并不复杂,只是和通常做法相比换了一个思路。出于不污染海洋以及隔离轴承与海水的目的,并没有采用轴承保护通常采用的机油密封方法,而是利用净水冲压的方式,将净化过的海水加压,从轴承内冲向外界,从而保证了轴承腔体内的压强大于海水的压强,既润滑了轴承,又隔绝了海水中的泥沙。经过诸如此类的大量难题的考验,LHD 潮流能发电技术经过千锤百炼逐渐趋于成熟、完善。

7.1.4 "LHD"的展望

跟踪数据表明,模块运转一切正常,发电平稳。新安装的发电模块的成功运转令人振奋,而后续更加精密、更加先进的模块已在研发和组装之中。在完全组装 0.4 兆瓦模块的平台安装一个月后,又一个容量为 0.3 兆瓦的 LHD 第三代新型实验模块成功下水,使 LHD 的总装机容量进一步达到了 1.7 兆瓦。下一步将通过改进技术、扩大规模,为潮流能发电成本低于火力成本这一终极目标而继续努力。

从高空俯瞰,LHD 模块发电平台像是一把小提琴,这是平台经过多次修改、扩建,无意间成就的视觉效果。目前,LHD 海洋潮流能发电项目已获授权的国内、国际专利合计 59 项,其中发明专利 23 项。这把海上"小提琴"激扬的取之不尽的蓝色动力,奏响的是我国潮流能发电的奋进交响曲。

7.2 "鹰式一号"波浪能发电装置

波浪能是指海洋表面波浪所具有的动能和势能,是由风把能量传递给海洋而产生的,它实质上是吸收了风能而形成的。波浪能是海洋能源中能量最不稳定的一种能源,能量传递速率和风速有关,也和风与水相互作用的距离有关。

波浪的破坏力大得惊人。扑岸巨浪曾将几十吨的巨石抛到 20 米高处,也曾把万吨轮船举上海岸,还曾把护岸的两三千吨重的钢筋混凝土构件翻转。许多海港工程,如防浪堤、码头、港池,都是按防浪标准设计的。海洋波浪运动所蕴含的能量密度非常高,据估计,全世界波浪能蕴藏量约为 25 亿千瓦。

海洋波浪能与其他能源相比较,其优点是:

(1)以机械能的形式出现,是海洋能源中品位最高的能量。

(2) 可再生,清洁无污染。
(3) 有按周期性变化的规律可循,从而为其标准化利用打下基础。
(4) 分布最广,储量巨大,能流密度大,利用程度非常高。

相对其他形式的海洋能源,波浪能开发更为方便,可通过较小的装置提供可观的廉价能源。合理利用海洋波浪发电,既不消耗任何燃料和资源,又不产生任何污染,投资少,见效快。因此海洋波浪能等可再生能源在许多国家日益受到重视,尤其是研究和开发波浪能发电技术,可为海上孤岛、沿海经济开发区及其他设施等提供优质电能,还可以用于供热、抽水、制氢以及海水淡化等。

7.2.1 波浪能的利用由来已久

早在百年之前,人类就开始探索利用波浪能进行发电。法国是波浪能转换装置研究最早的国家。自20世纪70年代起,英国、挪威、瑞典以及日本等沿海国家均开始把目标投向波浪能,使得波浪能发电装置迎来首次大规模的研究,开发出了衰减式和点吸收式等多种类型的波浪能发电装置。此外,美国、芬兰、丹麦、加拿大等也在波浪能发电方面进行了大量的研究,从而推动了波浪能发电技术的快速发展。随着环境问题的日益突出,当下各国也在加快波浪能发电方面的研究。

日本平均每1米宽海岸的波浪蕴藏着9千米的能量,平均波能为13千瓦/千米,其波浪产生的能量能满足国内能源需求总量的近1/3。日本在波浪能发电装置制造和使用方面的研究达到了世界先进水平。从20世纪60年代起,日本就已经开始将12台波浪能发电装置用于实验研究和商业用途,目前,波浪能发电站在日本已达1 000余座,其中,20世纪80年代初建造的"海明"号波浪能发电船最为著名,总装机容量高达1 250千瓦。

英国是世界上利用波浪能源最好的国家之一,每年可以收集高达50太瓦时的能源。英国在20世纪80年代时就已成为世界波浪能及其发电装置研究制造领域的领头羊。90年代,世界上第一台商用的波浪能发电装置在英国发电,装机总容量高达2 000千瓦,具有里程碑的意义。另外,英国制造的"海蛇"号波浪能发电装置具有储蓄能源的环节,发电的稳定度高,甚至可与火力发电相媲美。

挪威科学家提出的相位控制原理以及创造的喇叭形收缩波道式发电装置,都对波浪发电装置的理论研究及其设计制造做出了不可磨灭的贡献。挪威于20世纪80年代建造的具有500千瓦能量的振荡水柱式和350千瓦收缩水道式波浪发电站具有重要的时代意义,显著提高了波浪能转换成电能的效率。

7.2.2 我国波浪能发电的应用

我国作为一个海洋大国,波浪能发电技术也取得了丰富的成果。我国波浪能发电技术研究始于20世纪70年代,从80年代初开始对固定式和漂浮式波浪能装置进行基础研究。1985年,我国一些机构成功开发并利用对称翼透平的波浪发电的航标灯。1990年,装机容量3千瓦的珠海市大万山岛电站试发电成功,其后我国又先后建成了20千瓦岸式波浪电站、8千瓦摆式波浪电站、5千瓦后弯管漂浮式波浪发电装置、100千瓦岸式振荡水柱电站、30千瓦摆式波浪电站,均已试发电成功。

近年来,我国在波浪能发电研究领域取得了不少成就。譬如我国自主研制的"10千瓦级组合型振荡浮子波能发电装置"于2014年1月投入使用。2017年,一款由中国电子科技集团公司第三十八研究所自主研发制造的波浪能发电装置通过了国家海洋局的验收并投入运营。2018年,福建智盛能源科技有限公司在第二十届中国国际高新技术成果交易会上也展示了一款采用"能量集"新技术的波浪发电装置,该技术将波浪能量集中在一台发电机上,这样的发电机成功将发电能量进行了几何级倍增。

总体来说,虽然欧美发达国家和一些大型跨国能源巨头公司对波浪发电应用技术都具有浓厚的兴趣,但波浪发电研究目前在商用化方面的进程落后于风能和潮汐能,主要原因在于各类波浪发电技术都存在这样或那样的缺陷,由此带来的成本、效率、可靠性问题还没有得到完全解决,这些关键技术问题是目前学界和业界关注的焦点。我国波浪发电技术研究虽起步相对较晚,不过发展迅速,目前微型波浪发电技术已经成熟,小型岸式波浪发电技术已进入世界先进行列,但大容量并网型波浪发电技术仍有较大进步空间,波浪能开发的规模也有待于扩大。

7.2.3 "鹰式一号"波浪能发电装置

1. "鹰式一号"的诞生

为推进我国海洋可再生能源的开发利用,2010年财政部与国家海洋局共同设立了海洋可再生能源专项资金。2011年8月,中国科学院广州能源研究所在专项资金资助下,优化设计出一种具有半潜船特征的漂浮式波浪能发电装置,装置的吸波浮体造型酷似鹰嘴,因此命名为"鹰式装置"。

10千瓦波浪能发电装置"鹰式一号"于2012年12月28日投放运行,在无人值守的条件下单次无故障连续运行超过6个月,并经历了201330号台风"海燕"的考验,装置在风暴中正常发电。"鹰式一号"的成功运行初步验证了鹰式波浪能发电技术具有良好的环境适应性、较高的效率和良好的稳定性。

2. 鹰式装置的组成

根据功能的不同,鹰式装置总体上可分为3个部分:鹰式吸波浮体、能量转换系统及半潜船体。

(1)鹰式吸波浮体。

鹰式吸波浮体通过支撑臂铰接在半潜驳上,装置除了允许吸波浮体通过支撑臂绕铰链往复旋转运动做功外,其他降低波浪能俘获量的运动都得到了有效抑制。吸波浮体的设计目标与半潜船体相反,要求其质量轻、惯性小、反应敏捷、随浪性好。其中,为了实现鹰式吸波浮体对波浪的敏捷反应、提高波浪能的俘获效率,其采用特殊的外形结构,正面吸收波浪,背面不造波。

(2)能量转换系统。

鹰式装置采用液压式能量转换系统,主要由液压缸、蓄能器、液压自治控制系统、液压马达、发电机等组成,其中液压缸安装在吸波浮体与半潜船体之间,其他设备均安装在设备舱室内。

(3)半潜船体。

半潜船体是装置的主体结构,其他结构与设备均搭载在它的上面,宽广的甲板为维修提供了便利。非工作状态时它像船舶一样漂浮于水面,可被拖着在江中或海中航行;需投入工作时,装置整体下潜到设计水线,此时装置基体的90%均在水面之下。宽大的水平与竖直船体结构潜入水下,半潜船体在设计波浪周期内反应迟钝,可有效防止装置基体随波浪高频垂荡、纵荡和纵摇。

3. "鹰式一号"对波浪能的利用

(1)利用波浪能的原理。

在波浪作用下,吸波浮体通过支撑臂绕铰链往复旋转运动,在波浪由波谷变为波峰的过程中,波浪推动吸波浮体向上旋转,同时牵引液压缸的活塞杆向外运动,液压缸有杆腔内的液压油通过单向阀被挤压进入蓄能器;在波浪由波峰变为波谷的过程中,吸波浮体失去波浪推力,其在重力作用下向下旋转,液压缸的活塞杆在外力作用下复位,压力油箱内的液压油补充进入液压缸有杆腔,为下次波浪推动吸波浮体做功做准备。如此往复,液压油逐步被挤入高压蓄能器,将波浪能转换为液压能储存,当液压能蓄积到设定值时,通过液压自治控制器释放,液压马达驱动发电机发电,最终实现将高频不稳定的波浪能转换为相对稳定的电能。

(2)不同浪况的适应性。

海洋环境是多变的,波浪功率随季节、风力、风向等变化而变化。为实现小浪条件下间断发电、大浪条件下连续发电,使装置能量转换系统在不同浪况下均保持较高的效率,能量转换系统中增加了具有知识产权的液压自治控制器,可实现发电机的开启与关闭。在极限浪况下,波浪能做功输入的油液流量远大于装置正常发电所能释放的流量,为避免装置遭到破坏,溢流阀自动打开,超过装置正常发电所需要的流量将会被释放,保证装置仍按最大设计功率输出而不被破坏。在液压自治控制系统的控制下,液压发电机组不仅可实现数十倍于波浪周期时长地持续发电,而且可以根据所需负载大小调节液压自治控制系统设计的压力参数,实现多级负载,大幅度提高液压能到电能的转换效率。

液压自治控制器的使用实现了液压系统依靠自身管路与元件的结合达到系统压力自治控制,避免系统内同时出现非液压控制机构,一方面降低了控制系统故障率,另一方面,液压自治控制系统执行控制动作的动力由液压系统自身提供,控制系统不需要额外的动力供应。同时也实现了大浪和小浪下的 0—1 发电,以及高效地将液压能转换为电能。因此波浪能装置可在无人值守的大洋中长期独立工作。

锚泊系统是漂浮式波浪能转换系统中不可缺少的一部分。与传统的锚泊系统相比,"鹰式一号"波浪能发电装置采取单点蓄能型锚泊系统。普通的锚泊系统在大浪中经常走锚或被破坏,导致漂浮式波浪能装置大范围飘移或被撞击沉没。与普通的锚泊系统比,蓄能型锚泊系统在锚泊系统内增加了蓄能环节,可有效地避免锚链断裂和走锚。

7.3 世界最大海上钻井台——"蓝鲸 1 号"

人类使用石油、天然气等化石能源由来已久。然而随着全球经济的发展,原油和天然气的消耗量剧增,陆地上的油气田资源陆续枯竭。于是,人们将目光投向了海洋。20 世纪 20 年代,美国人率先在美国西海岸发现了油田,拉了人们从海上挖掘油气的序幕。

蕴藏在深海的可燃冰引起了全世界的关注。可燃冰是一种天然气水合物,99% 的成分都是可以燃烧的甲烷,产生的能量比煤、石油、天然气要多出数十倍,而且燃烧后不产生任何残渣,避免了最让人们头疼的污染问题。科学家们如获至宝,把可燃冰称作"属于未来的能源"。

要开采深海的石油甚至可燃冰,传统的钻井平台就派不上用场了。因为在水深超过千米的区域,无法将钻井平台用支架固定在海底。为了解决这个难题,一些可以自由航行的钻井设备被研发出来,其中最为重要的就是半潜式深海钻井平台——"蓝鲸 1 号"。

7.3.1 可燃冰与人类的相遇

可燃冰,即天然气水合物,是分布于深海沉积物或陆域的永久冻土中,由天然气与水在高压低温条件下形成的类冰状的结晶物质。因其外观像冰一样,而且遇火即可燃烧,所以又被称作"可燃冰"或者"固体瓦斯""气冰"。其资源密度高,全球分布广泛,具有极高的资源价值,因而成为油气工业界长期研究的热点。自 20 世纪 60 年代起,以我国和美国、日本、德国、韩国、印度为代表的一些国家都制订了天然气水合物勘探开发研究计划。迄今,人们已在近海海域与冻土区发现水合物矿点超过 230 处,涌现出一大批天然气水合物热点研究区。

2013 年 6 月至 9 月,在广东沿海珠江口盆地东部海域首次钻获高纯度天然气水合物样品,并通过钻探获得可观的控制储量。2014 年 2 月 1 日,南海天然气水合物富集规律与开采基础研究通过验收,建立起我国南海可燃冰基础研究系统理论。

早期可燃冰的发现经历了如下过程:

1810 年,首次在美国实验室发现天然气水合物。

1934年，苏联在被堵塞的天然气输气管道里发现了天然气水合物。

1965年，苏联首次在西西伯利亚永久冻土带发现天然气水合物矿藏。

1970年，苏联开始对该天然气水合物矿床进行商业开采。

1971年，美国学者斯托尔(Stoll)等人在深海钻探岩心中首次发现海洋天然气水合物，并正式提出天然气水合物概念。

1974年，苏联在黑海1 950米水深处发现了天然气水合物的冰状晶体样品。

1979年，深海钻探计划(DSDP)第66和67航次在墨西哥湾实施深海钻探，从海底获得91.24米的天然气水合物岩心，首次验证了海底天然气水合物矿藏的存在。

1981年，DSDP利用"格罗玛·挑战者"号钻探船从海底获得了3英尺长的水合物岩心。

1992年，大洋钻探计划(ODP)第146航次在美国俄勒冈州西部大陆边缘Cascadia海台取得了天然气水合物岩心。

1995年，ODP第164航次在美国东部海域布莱克海台实施了一系列深海钻探，取得了大量水合物岩心，首次证明该矿藏具有商业开发价值。

1997年，ODP考察队利用潜水艇在美国南卡罗来纳海上的布莱克海台首次完成了水合物的直接测量和海底观察。同年，ODP在加拿大西海岸胡安－德夫卡洋中脊陆坡区实施了深海钻探，取得了天然气水合物岩心。至此，以美国为首的DSDP及其后继的ODP在10个深海地区发现了大规模天然气水合物聚集区：秘鲁海沟陆坡、中美洲海沟陆坡(哥斯达黎加、危地马拉、墨西哥)、美国东南大西洋海域、美洲西部太平洋海域、日本的两个海域、阿拉斯加近海和墨西哥湾等海域。

1998年，日本通过与加拿大合作，在加拿大西北Mackenzie三角洲进行了水合物钻探，在890～952米深处获得37米水合物岩心。该钻井深1 150米，是高纬度地区永冻土带研究气体水合物的第一口井。

2000年开始，可燃冰的研究与勘探进入高峰期，世界上至少有30多个国家和地区参与其中。为开发这种新能源，国际上成立了由19个国家参与的地层深处海洋地质取样研究联合机构，由50个科技人员驾驶着一艘装备有先进实验设施的轮船从美国东海岸出发进行海底可燃冰勘探。这艘可燃冰勘探专用轮船的7层船舱都装备着先进的实验设备，是当今世界上唯一一艘能从深海下岩石中取样的轮船，船上装备有能用于研究沉积层学、古人种学、岩石学、地球化学、地球物理学等的实验设备。

7.3.2 我国海洋可燃冰的分布情况及勘探开发现状

1. 分布情况

1999年，中国海洋石油、中国石油、中国石化、中国石油大学、中国地质大学、吉林大学、中科院广州天然气水合物研究中心、国土资源部天然气水合物重点实验室、北京地球物理研究所、青岛海洋地质研究所、广州海洋地质调查局等单位开始从事可燃冰的研究工作。可燃冰资源主要分布在南海北部坡陆、祁连山冻土区、青海木里冻土区、珠江口盆地东部海域、青藏高原昆仑山垭口盆地、琼东南盆地、青藏高原哈拉湖地区和东北漠河盆地、台西南盆地、西藏羌塘盆地等。

2. 勘探开发现状

2000年，广州海洋地质调查局在南海海底发现了总量估计相当于全国石油总量一半的巨大可燃冰带，迅速从海底取出了样品。

2002年，正式启动为期10年的对我国海域可燃冰资源调查与研究的专项，10年间广州海洋地质调查局在南海北部陆坡区的西沙海槽、神狐、东沙及琼东南4个海域，利用4艘调查船进行了25个航次的可燃冰资源调查与评价，取得了4个突破：(1)发现了南海北部陆坡可燃冰有利区。(2)评价了南海北部陆坡可燃冰资源潜力。(3)确定了东沙、神狐两个可燃冰重点目标。(4)证实了我国南海存在可燃冰资源。

2003年，对外宣布南海和东海是我国可燃冰蕴藏量比较丰富的地区。

2004年6月2日，我国和德国的26名科学家乘坐"太阳号"科考船，在南海进行了42天的勘测考察，进一步证实了南海存在每立方米可释放164立方米甲烷的可燃冰。

2006年，我国决定在未来10年投入8.1亿元进行可燃冰勘探研究。

2007年，首个可燃冰钻探航次GMGS-1在南海神狐海域珠江口盆地的珠Ⅱ凹陷钻探8个站位，在SH2、SH3、SH7站位获得含可燃冰样品，标志着我国可燃冰调查研究水平步入世界先进行列，成为继美国、日本、印度之后第4个通过国家级研发计划获得可燃冰实物样品的国家。

2010年12月，国土资源部广州海洋地质调查局完成的《南海北部神狐海域天然气水合物钻探成果报告》通过终审，科研人员在140平方千米的钻探目标区内，圈定出11个可燃冰矿体，含矿区总面积约22平方千米，矿层平均有效厚度约20米，预测储量约194×10^8立方米，CH_4平均含量98.1%，获得可燃冰的3个站位的饱和度最高值分别为25.5%、46%和43%，是世界上已发现可燃冰地区中饱和度含量最高的矿体。

2014年，我国成功举办第八届国际天然气水合物大会。

2012年5月，"海洋六号"再次深入南海北部1 600米水深的深海区域，对可燃冰资源进行新一轮精确调查。

2013年6—9月，我国海洋地质科技人员在广东沿海珠江口盆地东部海域实施可燃冰钻探取样，分3个航段完成了13个站位、23口井的地球物理测井及钻探取心，其中8个站位的测井曲线有可燃冰异常显示，5个取心站位取到可燃冰样品，4个站位发现了可视可燃冰，可燃冰以不同形态分布于海底之下约10米至稳定带之上的不同深度区间；控制可燃冰分布面积55平方千米，控制储量$(10 \sim 15) \times 10^{10}$立方米。

2013年，广州海洋地质调查局在台西南盆地钻获了在我国海洋可燃冰钻探史上具有里程碑意义的渗漏型和扩散型实物样品。

2017年5月18日上午10时许,在距离我国大陆300多千米的南海北部神狐海域"蓝鲸1号"海上钻井平台上,时任国土资源部部长、党组书记、国家土地总督察姜大明宣布,我国首次可燃冰试采宣告成功。

2017年5月10日—17日15时采出总量 12×10^4 立方米、最高日产 3.5×10^4 立方米、平均日产超过 1.6×10^4 立方米的可燃冰,达到了可燃冰试采平均日产量超过 1.2×10^4 立方米、连续生产7天以上的国标标准。首次试采的海域有11个矿体、面积128平方千米,资源储存量为 15×10^{10} 立方米,相当于 1.5×10^8 吨石油储量。

截至2017年7月9日14时52分,连续产气60天,累计产气超过 30.9×10^4 立方米,CH_4 含量最高达99.5%,获取科学试验数据647万组。

7.3.3 超深水钻井平台"蓝鲸1号"的研发

2017年5月10号,我国南海北部的神狐海域,一股来自海底深处的气体迸发出橘红色的熊熊火焰,当这团照亮南海海面的火焰燃烧60天后,我国也向全球宣布:我国首次可燃冰试采在产气时长和产量两个领域创造了新的世界纪录,试采获得空前的成功。我国这次领跑可燃冰开采,的确是历史性的突破,能够把可燃冰开采出来,全靠超深水钻井平台"蓝鲸1号",它是全球最大的海上钻井平台。试采结束后,依靠自身的动力系统,"蓝鲸1号"以每小时18.5千米的速度,长途跋涉回到了自己的母港——山东烟台中集来福士海洋工程有限公司的码头。

1. "蓝鲸1号"简介

"蓝鲸1号"是目前全球最先进一代超深水双钻塔半潜式钻井平台,采用Frigstad D90基础设计,由中集来福士完成全部的详细设计、施工设计、建造和调试,配备DP3动力定位系统,入级挪威船级社。平台长117米,宽92.7米,高118米,最大作业水深3 658米,最大钻井深度15 250米,是目前全球作业水深、钻井深度最深的半潜式钻井平台,适用于全球95%深海作业。与传统单钻塔平台相比,"蓝鲸1号"配置了高效的液压双钻塔和全球领先的西门子闭环动力系统,可提升30%作业效率,节省10%的燃料消耗。该平台先后荣获2014 World Oil 颁发的最佳钻井科技奖以及2016 OTC最佳设计亮点奖。

另外,"蓝鲸1号"也是全球面积最大的半潜式钻井平台,空船质量达到43 000吨,因为深海钻井平台需要很好的抗风浪、抗浪涌的能力。"蓝鲸1号"拥有27 354台设备,40 000多根管路,50 000多个MCR报验点,电缆拉放长度达120万米。行驶在海面上的时候,"蓝鲸1号"就是一艘平稳的大船,但它的使命是深海钻探。作为最先进一代超深水双钻塔半潜式钻井平台,该平台不仅在物理量上远超其他项目,而且在设计建造过程中,克服了技术攻关、项目管理、全球采购、实际作业应用等诸多挑战。

2. 总理"点赞"促"姻缘"

半潜平台"蓝鲸1号"与可燃冰结缘,与总理李克强的"点赞"有关。

可燃冰的开采是个世界性难题,理论、技术和装备缺一不可。承接试采任务的中国石油集团海洋工程有限公司(CPOE)一直在寻找高端开采装备和平台。

2015年5月,中集来福士赴巴西参加"中国装备制造业展览"时,带去了"蓝鲸1号"模型。当时正在巴西访问的李克强总理观看并了解到"蓝鲸1号"的设计和试采性能达到世界领先水平后,给予了高度评价,从而引起了海内外媒体和同行的关注。

中国石油集团海洋工程有限公司主动向中集来福士提出了合作意向。2016年8月,双方签署合作协议,"蓝鲸1号"正式受命接手可燃冰试采重任。

2017年3月6日23时,"蓝鲸1号"完成运营准备工作,从烟台起航,经过8天的航行顺利到达井位。自2017年5月10日点火测试以来,至7月9日试采现场正式关井,试采井已连续产气60天,累计产气超过30.9万立方米,创造了天然气水合物试采产气时长和总量的世界纪录。试采安全评估和环境监测结果显示,钻井作业安全,海底地层稳定,大气和海水甲烷含量无异常变化,取得了持续产气时间长、气流稳定、环境安全等多项重大突破性成果。

3. "蓝鲸1号"来之不易

可燃冰开采是一个世界性难题,其所使用的专业设备非常关键,以往这些设备大都由日韩、欧美等提供,"蓝鲸1号"打破了外国企业的垄断格局,但过程实属不易。

海上平台面临的最重要的问题就是要保证在狂风巨浪中的稳定性、安全性。钻井平台的稳定性需要依靠动力定位系统、结构设计优化等核心装备技术给予强大的技术支撑。这是一个十分复杂的工艺流程,以设计图纸为例,一张设计图纸的数据量就有上百GB,需要几十位工程师,分成多个小组进行不同部位的设计,最后进行共享调整才能完成,可以想象整个平台的设计工作量会有多大。

中集来福士对工艺设计进行了重大改革,首次使用全球起重能力最大的"泰山吊"(2万吨桥式起重机),改变了半潜式钻井平台的建造模式,一举解决了半潜式平台生产工艺的交付期问题,仅用9个月完成了平台的设计任务,比标准设计周期缩短了3个月,并顺利通过中国石油集团海洋工程有限公司安全运营管理体系认证。

可以想象,有多少"首次"就有多少大国工匠的心血。

7.3.4 "蓝鲸1号"的拔新领异

(1)体型大。

"蓝鲸1号"平台排水量可达7万吨,与"辽宁"号航母满载排水量相当;长117米,宽92.7米,面积相当于一个标准足球场大小;高度达118米,相当于40层楼的高度,是目前全球作业水深、钻井深度最深的半潜式钻井平台,适用于全球95%深海作业。

(2)性能强。

"蓝鲸1号"平台最大作业水深可达3 658米,最大钻井深度更是达到15 240米,其中大钩钩载1 100多吨,可变载荷1万吨。这是目前全球作业水深、钻井深度最深的半潜式钻井平台,适用于全球深海钻探作业。

(3)效率高。

"蓝鲸1号"装配了全球最先进的液压双钻塔和两个井口,两台钻机可在两个井口同时实现钻井、连接套管、下放防喷器等主副线作业,有效减少了钻井辅助时间,使深水钻井作业效率比传统的单井口作业平台提高30%。同时配备了全球领先的闭环动力系统,可比同类作业平台燃油消耗降低10%。

(4)安全系数高。

"蓝鲸1号"配备了主、副两套15 000磅/平方英寸压力级别的水下防喷器,每套防喷器配备三组剪切闸板,而剪切闸板是井喷控制的最后一道屏障。如此配置,大大提升了常规井下压力控制设备的能力,保证了试采作业安全。

7.3.5 "蓝鲸1号"的安全保障

"蓝鲸1号"已是中集来福士交付的第9座深水半潜式钻井平台,可以说是集大成之巨作。作为最先进一代超深水双钻塔半潜式钻井平台,该平台不仅在物理量上远超于其他项目,而且在设计建造过程中,克服了技术攻关、项目管理、全球采购、实际作业应用等诸多挑战,确保了其安全稳定。

1. 稳如泰山的定海神针——"蓝鲸1号"的定位系统

"蓝鲸1号"进行深海钻探时,漂浮在海面上,它联结的是深深钻进海底的纤细钻杆,这就要求即使遭遇强烈的台风、海流,"蓝鲸1号"也必须牢牢停留在原地,否则就会发生钻杆折断的惨剧。"蓝鲸1号"之所以被称为全球最先进的深海钻井平台,就在于它配备了全球最先进的DP3动力定位系统,而DP3动力定位系统的作用就是,通过收集"蓝鲸1号"底部8个推进器的转速、方向,以及风、浪、海流等环境参数,进行精密计算和分析,并实时控制8个推进器的转速和方向,确保"蓝鲸1号"在台风、海流的袭击下岿然不动。在南海试采可燃冰时,第2号台风"苗柏"正面袭击了正在钻探的"蓝鲸1号",台风中心最大风力11级、浪高6.5米,但是它却稳如泰山,钻探和产气工作丝毫未受到影响。

2. 两套金刚钻,做好精细活

"蓝鲸1号"一次出航最多可以携带近200根隔水套管、1 000多根钻杆。为了打造更高的经济效率,"蓝鲸1号"采用了全球领先的双钻塔结构,一个钻塔负责钻井,另外一个钻塔负责处理并联结钻杆。由于"蓝鲸1号"钻井高达67米,并且拥有48米的提升高度以及双井心的配置,因此,当一个井心钻探时,另外一个井心就可以不断把3根15米长的钻杆联结成一根45米长的钻杆,源源不断地提供给钻井的井心使用,大大地提高了经济效率。这样一个双钻塔的钻井系统,可将"蓝鲸1号"的工作效率提升30%。

3. 电力和液压双保障,提供强大动力

带动双钻塔以及使配套的系统提升30%的效率,这需要更为强大的动力。"蓝鲸1

号"上的电力系统所能提供的电力足够一个人口达 50 万的小城市使用,而在计算机的控制下,该电力系统还可以根据工作强度智能地调节工作效率,在闲置的时候自动关闭其中一些发电机,这样可降低钻井平台 11% 的油耗,减少 35% 的氧化氮和 20% 的二氧化碳排放,主机的维护费用更是节省了一半。这些充沛的电力驱动着全球最大、装载了 16 万升液压油的液压动力站,这套复杂的系统拥有 5 000 多米高度清洁的管道,液压压力达到了 300 千克。正是这样天衣无缝的配合,赋予了"蓝鲸 1 号"在 3 600 米水深环境下精确钻井 15 250 米的逆天能力,成为全世界钻井能力最强的一座钻井平台。

防喷器是钻井平台上非常重要的装置,它的作用是在试油、修井、完井作业过程中用来关闭井口,防止井喷事故发生,以及在紧急情况下切断钻杆。2010 年,一家英国石油公司的钻井平台在墨西哥湾开采石油时,防喷器出现故障,导致剧烈井喷并最终爆炸,造成 7 人重伤、11 人失踪,大量原油泄漏,污染了 2 万平方千米的海域,由此可见防喷器对钻井平台的重要性。目前,单个防喷器的价格高达 800 到 1 000 万美元,因为价格昂贵,很多钻井平台只配置 1 台,但"蓝鲸 1 号"却是拥有 2 台的豪华配置。

"蓝鲸 1 号"在 2018 年 11 月获得了经中央批准的工业设计领域国家级奖项——中国优秀工业设计奖,评委给出了以下评语:"蓝鲸 1 号"托举我国首次可燃冰试采,可谓国之重器初露锋芒。这样的高端海工装备,已成为保障国家战略能源供应和经济持续增长的重要支撑。"蓝鲸 1 号"拥有可靠、高效且充足的钻井能力,核心的钻井系统采用了双钻塔、液压主提升、岩屑回收、超高压井控等大量的新技术,钻井设备布置紧凑,具备安全、环保、低成本、施工精度高等作业优势……

7.3.6 中国品牌来福士

总部位于深圳的中国国际海运集装箱(集团)股份有限公司(简称"中集集团"),于 2008 年收购烟台来福士公司(简称"中集来福士")29.9% 的股份,成为该公司的最大股东,正式进入特殊船舶和海洋工程的建造业务领域。

海洋工程是一个有着每年约 3 000 亿美元产值的新兴战略产业。中集集团 2007 年开始关注海洋工程,但当时亚洲主流技术优势一直被新加坡、韩国占据,国内的高端海工装备领域近乎空白。

钻井平台设计包括概念设计、详细设计以及工艺设计,最核心的技术被国外企业垄断。中集集团进军海工初期基本只做工艺设计,源头一改就得推倒重来,成本难以控制。在这种情况下,中集集团认识到,要迈向世界级企业,一定要掌握海工制造的核心技术,实现产业升级从低端向高端的蜕变。

2009 年,中集集团开始组建自己的设计队伍,在烟台成立了中集海洋工程研究院。2012 年在上海设立中集船舶海洋工程设计研究院有限公司。2013 年年底,又收购了瑞典能力卓越的海洋工程设计公司 Bassoe Technology AB (BTAB) 90% 的股权。2015 年收购挪威海工设计公司 Brevik Engineering(BE),不断夯实海工制造业的基础,设计能力逐渐达到世界领先水平。

中集来福士采用详细设计和基础设计并行推进的策略,仅用 9 个月完成了平台的设计任务,比标准设计周期缩短了 3 个月;首次使用 100 毫米 NVF690 超厚钢板,在全球率先成功完成 CTOD(即"裂纹尖端张开位移")实验,使中集来福士成为全球唯一一家超深水钻井平台通过 CTOD 实验,并具有该类焊接生产能力的企业;在项目中首次运用"日清日结、日事日毕"的精益管理,提高生产进度 15%。该项目始终坚持零伤害安全目标,保障生产人员的职业健康,保护环境,创造了连续两年无损工的安全纪录,得到船东、船检的认可。

"蓝鲸 1 号"是中集来福士交付的第 9 座深水半潜式钻井平台,进一步巩固了中集来福士在半潜式钻井平台领域的批量化交付能力,同时锻炼出了一支优秀的项目管理和建造团队。中集来福士将继续助力国家的深海战略,为海洋能源开发,提供更多高品质、先进的深海装备。

中集来福士通过多方努力向国际水平跨越,逐步实现了海工制造核心技术的中国化。作为深水海工装备设计建造企业,中集来福士在建深水半潜钻井平台的全球市场份额从零发展到 27%,在建深水平台数量世界第一,已具备较强的国际竞争力,成为未来中国制造"走出去"和开展"一带一路"建设的重要载体。

7.4 "深海一号"大气田
——我国海洋石油开发进入"超深水时代"

中国的海岸线绵延曲折,有 18 000 多千米之长。渤海、东海、南海、黄海四大海域绵延成片,蕴藏着丰富的油气资源。海上油区同松辽、环渤海、西部油区并称为我国的四大油区。我国第一位地质部部长、中国现代地质学奠基人李四光曾在 20 世纪 60 年代预言:在中国辽阔的海域内,天然石油的蕴藏量应当是相当丰富的。

据统计,仅南海,已探明的油气储量约占全国总资源量的 30%。我国陆上石油开发历史长于海上,虽然开采技术日益提高,然而,石油总储量是有限的。由于前期的强化开采,近年来,我国早期发现的路上油田陆续进入产量下降的阶段,油气开发越来越难,成本越来越高,油品也随之下降。我国经济持续快速增长,对能源的消耗量逐年增加,海洋石油工业成为我国石油人的发展方向。

我国拥有丰富的海洋资源。海洋油气资源沉积盆地约 70 万平方千米,海洋石油资源量估计为 246 亿吨左右,天然气资源量估计为 16 万亿立方米,还有大量的天然气水合物资源,远景资源量相当于 744 亿吨油当量。

在海洋石油天然气勘探方面,初期主要采用的是陆地物探的技术与装备下海作业,一步一步地从陆地到近海,再到深海,艰苦创业,摸索前进。1960年,主要设备是国产51型5号光点地震记录仪、国产16型检波器、拉杆式爆炸机和无动力小木船;1963年,已进行双船拖带连续地震作业,用货轮做地震仪器船、木船作为爆炸用船,仪器船拖一条950米的检波器接收电缆,用六分仪定位,可连续作业;1964年,已使用国产51型26道光点地震仪、陆用检波器加防水外壳、手摇钻机井打炮井的方法;1967年,使用由法国引进的CGG59型模拟磁带地震仪和国产DZ661、663型模拟磁带地震仪,实现了由单次覆盖向4～6次覆盖的转变。

1982年2月15日,中国海洋石油总公司(简称中国海油)在成立当天签发了第一轮国际合作招标,吸引了包括壳牌、雪佛龙、英国石油等在内的33家石油公司对25个区块的投标。

此后的30余年时间里,海油人迎着滚滚波涛不断进取、不断赶超,努力书写辉煌。当时光来到2010年12月19日,中国海油在我国海域年产油气首次突破5 000万吨油当量,宣告着我国蓝色国土上的"大庆油田"就此诞生。中国海油继续乘风破浪、锐意进取,自2015年以来,油气年产量突破亿吨级并持续保持稳产。

2022年2月15日,中国海油与12家国际公司签署了13项合同和战略合作协议,这是中国海油近年来对外合作中范围最广、成果最多、分量最重的一次集中签约。在国内,中国海油同外国公司一起成功建成了埕北油田、涠洲10-3油田、惠州油田群等一大批合作油气田。截至目前,合作油田贡献了我国海洋油气产量的接近50%,有力支撑了我国海洋石油工业高效、高速发展。

7.4.1 "深海一号"大气田简介

"深海一号"大气田位于海南岛东南海域,探明储量超千亿立方米,项目总投资约236亿元。气田高峰年产天然气33.9亿立方米、凝析油24.7万立方米,可满足粤港澳大湾区1/4民生用气需求;设计开采年限超25年,高峰稳产期10年。该气田投产将使南海天然气生产供应能力提升至每年130亿立方米以上,相当于海南省全年用气量的2.6倍。

用于开发"深海一号"大气田的"深海一号"能源站,由上部组块和船体两部分组成。能源站按照"30年不回坞"检修的高质量设计标准建造,设计疲劳寿命达150年。能源站的建成投用,可带动周边陵水25-1等新的深水气田开发,形成气田群,依托已建成的连通粤港澳大湾区和海南自由贸易港的天然气管网大动脉,最大程度地开发、生产和输送天然气资源。预计2025年,我国南海莺歌海、琼东南、珠江口三个盆地天然气探明储量将达1万亿立方米,建成"南海万亿大气区",有效带动周边区域经济发展和能源结构转型,助力"双碳"目标早日实现。"深海一号"大气田开发项目水下示意图如图7.2所示。

图 7.2 "深海一号"大气田开发项目水下示意图

7.4.2 破题:采用 3 项世界级创新和 13 项国内首创技术

"深海一号"能源站在 3 艘大马力拖轮共同牵引下,历时 18 天、航行 1 600 海里,先后穿越渤海、黄海、东海,于 2021 年 2 月份抵达海南岛东南陵水海域实施油气生产设施现场安装,用于开发我国首个 1 500 米深水自营大气田——"深海一号"(陵水 17-2)气田。"深海一号"大气田探明地质储量超千亿立方米,投产后除为粤港琼等地稳定供气外,其设施还将带动周边陵水 25-1 气田、永乐 8-3 等多个深水气田开发,形成气田群。同时,"深海一号"大气田的开发,也使环海南岛并辐射香港、广东的海上天然气大管网最终成型,可将陵水、崖城、东方、乐东等一批海上气田串联起来,实现海上天然气向粤港澳大湾区和海南自由贸易港稳定供应。

我国海油"深海一号"大气田开发项目在建造阶段实现了 3 项世界级创新,运用了 13 项国内首创技术,攻克了 10 多项行业难题,是我国海洋工程建造领域的集大成之作。这 3 项世界级创新技术包括:世界首创立柱储油技术、世界最大跨度半潜平台桁架式组块技术和首次在陆地上采用船坞内湿式半坐墩大合拢技术。

随着易开采油气资源渐渐成为"远去的风景",深水油气资源将成为新一轮能源争夺主阵地。由于技术制约,目前全球只有少数公司有能力从事深水钻井,其中美国公司居多,其所拥有的深水钻井装置约占全球总数的 65%。随着技术进步,半潜式钻井平台和钻井船不断更新换代,额定作业水深和钻深能力相应增大。目前全球约有 400 座各种类型深水油气生产装备在役,这些深水油气开发装备主要包含用于深水油气钻探或者生产处理的平台或其他浮式装备,例如顺应塔平台(CT)、半潜式生产平台(SEMIFPS)、张力腿平台(TLP)、深吃水单立柱平台(Spar 平台)、浮式生产储油外输装置(FPSO)、浮式液化天然气生产储存外输装置(FLNG)、浮式钻井生产储油装置(FDPSO)等。

相对于陆地或浅水,深水油气勘探开发面临技术、成本与安全等多重制约。在技术方面,虽然陆地油气勘探方法和技术在海上可以使用,但受恶劣海洋地理环境和海水环境影响,许多方法与技术仍受到限制,因此对勘探开发相关技术组合和材料提出更高要求。在成本方面,深水油气勘探开发成本较高,属于高投入、高风险投资,是否具有经济性是石油公司决策是否实施深水油气项目的重要参考,也是影响深水油气勘探中长期发展的重要因素。在安全方面,海上勘探不仅要考虑水深、风浪、潮汐、海流等自然地理环境影响,还要考虑地基泥层冲刷、材料老化、构件缺陷等各种风险因素影响,而且海上事故抢险和救援比陆地困难很多,因此海洋勘探面临的安全挑战更大,稍有疏忽就可能会遭遇"灭顶之灾"。BP墨西哥湾"深水地平线"原油泄漏事件就是个典型例子。漏油事件后,针对BP的诉讼案例高达10万件,该公司进行赔偿等后续处理花费了超过400亿美元。

"深海一号"大气田是我国海域自营深水勘探的第一个重大油气发现。2018年年底,我国正式启动了该气田的实质性工程建设工作,开发方案采用"半潜生产平台+水下生产系统+外输海底管道"模式开发。"深海一号"大气田开发难度和生产设施建造安装的复杂程度,在海洋石油开发领域首屈一指,中国海油打破常规的深水油气田开发思路,运用了多项世界领先、国内首创的创新技术攻克了世界级深水油气开发难题。

"深海一号"能源站是我国自主研发建造的全球首座10万吨级深水半潜式生产储油平台,用于开发我国首个自营深水大气田。该能源站由上部组块和船体两部分组成,总质量超过5万吨,最大投影面积相当于两个标准足球场大小,总高度达120米,相当于40层楼高,最大排水量达11万吨,相当于3艘中型航母。其船体工程焊缝总长度高达60万米,可以环绕北京六环3圈;使用电缆长度超800千米,可以环绕海南岛一周。能源站搭载近200套关键油气处理设备,实现了凝析油生产、存储和外输一体化功能,具有较好的经济效益和技术优势。

风起琼东南,气润粤港澳。"深海一号"能源站建成投产,不仅是南海万亿立方米大气区开发的重要一环,也是我国奋力挺进深海的重要标志。

7.4.3 寓意:全面掌握了开启深海能源宝藏的"钥匙"

我国南海油气资源极其丰富,资源量约251亿吨,天然气约36.5万亿立方米,其中约50%蕴藏在深海海域。南海海域是我国近海主要天然气产区。

"深海一号"大气田勘探突破和成功开发,标志着海洋石油人全面掌握了开启深海能源宝藏的"钥匙"。海南坐拥得天独厚的海洋资源,在开展深海探测、油气勘探开发等方面具有优势。在过去很长一段时间,我国海洋油气开发只能在近海进行,缺乏高科技海洋装备,对于深海油气资源宝藏的开发利用只能望洋兴叹。

我国海洋石油工业起步晚,再加上南海西部海域地质条件极其复杂,70%油气资源都蕴藏在深水区域,因而深水油气勘探久难突破。21世纪初,中外双方两次合作勘探琼东南盆地,从浅水到深水,钻了近10口探井,均"折戟沉沙"。

中国海油南海西部深水勘探研究人员设立了深水课题研究组,展开技术攻关,提出新的成藏式理论,最终找到琼东南中央峡谷陵水17-2这一最具成藏潜力构造。2014年,我国首座自主设计、建造的第六代深水半潜式钻井平台——"海洋石油981"在该深水区钻获大型气田"深海一号",测试获得高产油气流。据测算,该气田探明地质储量超千亿立方米,也是"海洋石油981"深水钻井平台投用以来首次在深水领域获得的重要发现,证明了南海琼东南盆地巨大的天然气资源潜力。

"深水油气勘探开发与航空航天工业,并称为21世纪两大尖端高科技行业。深水钻井平台和装备是流动的国土,是国家综合实力的象征,作为中国海洋石油勘探开发的主力军,面对这么丰厚的资源储量,怎么能'守着泉眼讨水喝'。"中国海油"深海一号"大气田开发项目总经理尤学刚说,所有的努力就是为了一个结果:全面掌握开启深海能源宝藏的"钥匙"。

21世纪初,国外钻井公司的深水钻井能力已达3 000米,装备水平进入第六代;而我国深水钻井能力只有505米水深,装备水平总体处于"二代半"水平。中国海油下定决心,一步到位,自主建造第六代3 000米作业水深半潜式钻井平台——"海洋石油981"(图7.3)。

图7.3 "海洋石油981"

2014年,中国海油在"深海一号"构造接连钻探6口井,全部获得成功,证实了琼东南深水区陵水凹陷多层含气、规模聚集的模式,单井最大气层厚度大于200米。同年8月18日,一束巨大的橘黄色火焰从钻井平台燃烧臂中喷薄而出,瞬间照亮了夜幕下的我国南海。这口井,就是"深海一号"能源站前身。

"深海一号"大气田的发现,表明我国已具备自主勘探深海油气资源的能力。它的发现,成功创下三项"第一":中国海油深水自营勘探获得了第一个高产大气田;"海洋石油981"深水钻井平台第一次深水测试获得圆满成功;自主研发的深灰模块化装置第一次成功运用。更为重要的是,它开启了通往南海深水宝藏的大门,有力推动了南海大气区建设。

从 2014 年我国首个深水气田荔湾 3-1 投产以来,中国海油已建成流花 34-1、流花 29-2 等 9 个气田,彼此依托,连珠成串,形成了我国第一个深水气田群,天然气年产量超过 60 多亿立方米,占粤港澳大湾区天然气消费总量近 1/4。2020 年投产的流花 16-2 油田群是我国首个自营深水油田群,日产量超万吨,已成为我国南海第一大油田群。目前,中国海油正朝着 2025 年南海东部油田上产 2 000 万吨、南海西部油田上产 2 000 万立方米的目标稳步迈进。

7.4.4 标志:我国能源安全再添重量级筹码

我国是油气进口第一大国,2020 年我国油气对外依存度分别升至 73.5% 和 43.2%。也就是说,在我国消费的油气资源中,每 100 吨就有 73.5 吨、43.2 立方米来自国外市场。在地缘政治裂痕加深、产油国动荡加剧、逆全球化暗流涌动的当下,我国能源安全面临巨大挑战。从进口石油来源国看,2020 年我国共计从 45 个国家进口石油,但进口占比较 2019 年更为集中,排名前 15 来源国进口量占 93.62%,其他国家总和仅占 6.38%。从供应区域份额结构看,我国进口中东地区的石油份额占 48.46%,环比增长 3.58%;进口非洲、俄罗斯、欧洲、南美、亚太、北美份额则分别占 18.33%、16.18%、13.08%、2.58%、2.61%、0.8%。从进口通道上看,我国石油主要进口国家和地区,大都属于地缘动荡、政治敏感性强区域。马六甲海峡是中东石油运往远东的必经之路,自然条件先天不足,多岛礁、浅滩,最窄处仅 2.4 千米,作为战略要地由军队把守,极易被封锁。

富饶的海洋油气资源优势不能转化为产量优势,令人叹惋。目前,中国海油在南海现有在生产油气田 70 个,以东经 113 度 10 分为分界线分为东部与西部两个矿区。南海西部矿区是我国海上天然气主产区,这里开采出的天然气可以直接通过海底管道输送给海南、广东和香港。虽说中国海油早在"十二五"时期就斥巨资打造了"五型六船"深水舰队,实现了深海钻探能力从 300 米到 3 000 米的水深跨越,然而用于深水油气田开发的生产装备仍停留在 300 米以内水深范围。此次这个"深海一号""钢铁巨人"能源站傲然面世,是我国深水油气田开发能力和深水海洋工程装备制造领域的最新重大突破。同时,也让我国对海洋油气资源开发的梦想变成现实。

从"深海一号"能源站到"深海一号"大气田,一次次突破的背后,饱含着海油人孜孜不倦的探索与追求。近 10 年来,从荔湾深水气田、流花深水油田群到陆丰油田群等一系列重大油气的发现相继进入工程实施和开发生产阶段,海洋石油人肩负着守卫国家能源安全的使命,将钻头一寸寸伸向更深邃的海洋。

如今,中国海油的几十座各类大型装备,为世界 30 多个国家和地区提供油气勘探、钻井、安装、生产等多项服务,足迹遍及北欧、中东、东南亚、远东、非洲、美洲 6 大区域,成为

"一带一路"上的一张蓝色名片。一个个深耕蔚蓝的大国重器正在向世界展示一个创新、开放、活力、激扬的中国海油,以及在战天斗海中展现出来的"爱国、担当、奋斗、创新"的新时代海油精神!

7.4.5 未来:为探求深海油气资源开启新纪元

走向深海是当今世界油气工业由常规资源走向非常规资源,从陆地走向海洋一个不可逆转的大趋势。根据美国地质调查局(USGS)评估数据,全球海洋油气技术可采储备分别为 1.097 万亿桶和 311 万亿立方米,分别占全球油气技术可采总量的 33% 和 57%,其中大部分位于水深 1 500 米的深海海域。21 世纪全球最大的油气发现几乎全部来自海洋,其中 56 个位于深水区,12 个位于超深水区。2006 年之后全球油气新发现储量中,深水油气占比超过 60%。近 5 年来,全球重大油气发现中 70% 来自水深 1 000 米以上的水域。巴西深水、东地中海、东非等海域均取得突破,发现了一大批世界级大型油气田。在这一背景下,美、欧、日、俄、印等国家和地区,先后把海洋油气特别是深海油气资源,作为国家战略资源纳入国家政策,把开发海洋油气资源提高到国家战略的层面。

随着技术发展,墨西哥湾、巴西、西非等重点海域作业水深纪录被不断刷新,全球海洋油气已逐步进入深水开发阶段。1998 年,全球深水油气产量当量仅为 300 万桶/日,占全球海洋油气产量的 18%;2018 年,全球深水油气产量当量约为 800 万桶/日,是 1998 年的 2.7 倍,在全球海洋油气产量中的占比也上升至 28%。2020 年,全球共获得 179 个油气发现,主要来自中东、非洲和拉美地区,新发现油气储量 19.5 亿吨油当量,同比大幅下降 30%。其中,石油新增探明储量环比下降 11%,天然气新增储量同比下降 43%;超过 1 亿吨油当量的发现仅有 4 个,全部位于深海。

目前,我国海上油气探明率分别为 13% 和 2.5%,由于总体勘探程度相对较低,深海油气资源开发特别是南海油气资源的开发将是我国长期、大幅增产的重要方向。2020 年,中国海油原油增产 240 万吨,占国内原油增量的 80% 以上,是名副其实的国内原油增产主力军。大力发展海洋油气产业,提升海洋油气勘探开发力度,是保障我国能源安全的必然举措。

从 1956 年莺歌海油苗调查算起,我国海洋石油工业已经走过了 60 多年的发展历程。在深耕蓝海征程上,我国海洋石油人已实现从合作开发到自主研发的技术突破,并取得了多项阶段性成果。2021 年 4 月,随着中国海油对外宣布"深海一号"大气田所有开发井钻完井作业全部完成,再次验证了我国自主掌握的全套深水油气田开发钻完井技术体系的先进性和可靠性,标志着我国已完全具备深水、超深水海域的油气勘探开发能力。

2022 年 5 月 3 日,共青团中央、全国青联公布第 26 届中国青年五四奖章名单,"深海一号"开发生产团队集体摘得荣誉。

"深海是未来全球油气资源的重要接替区,以'深海一号'能源站为代表的一系列深水油气开发成果的取得,标志着我国形成了自主开发深水油气资源的技术体系和作业能力,为我国走向深海深蓝奠定了装备和技术等方面的基础。"中国工程院院士周守为讲道。奋楫争先,中流击水,在星辰大海征途中,海洋石油人锲而不舍、一往直前。

"深海一号"傲然面世,向世界展示了中国技术、中国设计、中国装备、中国速度、中国力量、中国精神。中国号"钢铁巨轮"必将风雨无阻,向着广袤的海洋展开翅膀,为探求深海油气资源开启新纪元。

本章参考文献

[1] 陈映彬,黄技,等.波浪能发电现状及关键技术综述[J].水电与新能源,2020(1):33-35.

[2] 崔丽.神狐试剑可燃冰——走向深海的中石油[EB/OL].(2017-10-16)[2021-11-10]. http://news.cyol.com/content/2017/10/16/content_16589959.html.

[3] 方红伟,陈雅,胡孝利.波浪发电系统及其控制[J].沈阳大学学报(自然科学版),2015,27(5):376-384.

[4] 付亚荣.可燃冰研究现状及商业化开采瓶颈[J].石油钻采工艺,2018,40(1):68-80.

[5] 黄宁璐.领跑世界!LHD海洋潮流能发电站向国网输送电量超200万千瓦时[EB/OL].(2020-04-09)[2021-10-05]. https://zjnews.zjol.com.cn/zjnews/zsnews/202104/t20210409_22365041.shtml.

[6] 江耘.我国LHD海洋潮流能发电并网运行时间打破世界纪录[EB/OL].(2018-08-31)[2021-05-02]. http://www.xinhuanet.com/power/2018-08/31/c_129944120.html.

[7] 蒋萍,郑蔚.世界唯一海洋潮流能发电站:中国原创!让大海的旋律来发电[EB/OL].(2020-01-01)[2021-02-07]. https://www.whb.cn/zhuzhan/jjl/20200101/311797.html.

[8] 秦如雷."蓝鲸1号":助力可燃冰试采的超深水钻井平台[N].中国国土资源报,2017-07-13(003)[2020-05-07].

[9] 任辉."蓝鲸1号"半潜式深水钻井平台[J].百科探秘(海底世界),2019(Z2):8-11.

[10] 盛松伟,张亚群,王坤林,等."鹰式一号"波浪能发电装置研究[J].船舶工程,2015,37(9):104-108.

[11] 新华网.中国首次海域可燃冰试采成功2030年前商业开发[EB/OL].(2017-05-18)[2021-07-09]. http://www.xinhuanet.com/world/2017-05/19/c_129607666.html.

[12] 徐扬.国务院正式批准"可燃冰"为我国第173个矿种[EB/OL].(2017-11-16)[2021-01-17]. http://news.cctv.com/2017/11/16/ARTIVRA4wOGxUA7H4PRt3KNo171116.

shtml.

[13] 央视网.《创新一线》20190918 潮汐发电[EB/OL].(2019-09-21)[2021-03-05]. https://tv.cctv.com/2019/09/19/VIDEsbX91JWKNGCzFLiJgAmm190919.shtml.

[14] 姚琦,王世明,胡海鹏.波浪能发电装置的发展与展望[J].海洋开发与管理,2016,33(1):86-92.

[15] 伊然.试采可燃冰的大国重器——"蓝鲸1号"[J].石油知识,2017(4):4-5.

[16] 阎耀保.海洋波浪能综合利用——发电原理与装置[M].上海:上海科学技术出版社,2013.

[17] 游亚戈,李伟,刘伟民,等.海洋能发电技术的发展现状与前景[J].电力系统自动化,2010(14):1-12.

[18] 张继生,汪国辉,林祥峰.潮流能开发利用现状与关键科技问题研究综述[J].河海大学学报(自然科学版),2021(3):220-232.

[19] 张理,李志川.潮流能开发现状、发展趋势及面临的力学问题[J].力学学报,2016(5):1019-1032.

[20] 张旭东.我国南海海域首次发现裸露"可燃冰"[EB/OL].(2017-09-22)[2021-07-02].http://www.xinhuanet.com//2017-09/22/c_1121710123.html.

[21] 张亚群,盛松伟,游亚戈,等.波浪能发电技术应用发展现状及方向[J].新能源进展,2019,7(4):374-378.

第8章 海洋生态与环境

海洋生态环境是海洋生物生存和发展的基本条件,生态环境的任何改变都有可能导致生态系统和生物资源的变化,海水的有机统一性及其流动交换等物理、化学、生物、地质的有机联系,使海洋的整体性和组成要素之间密切相关,任何海域某一要素的变化(包括自然的和人为的),其影响都不可能仅仅局限在产生的具体地点上,都有可能对邻近海域或者其他要素产生直接或者间接的影响和作用。

2013年,习近平总书记在主持十八届中共中央政治局第八次集体学习时指出:"要保护海洋生态环境,着力推动海洋开发方式向循环利用型转变……全力遏制海洋生态环境不断恶化趋势……坚持开发和保护并重、污染防治和生态修复并举。"经过多年的建设与发展,我国海洋生态环境保护管理体系经历了从无到有、从薄弱到壮大的发展历程。海洋生态环境保护工作要继往开来,在总结历史经验的基础上,坚持陆海统筹、防治结合、过程控制、综合治理的基本原则,建立从源头预防到末端控制的海洋环境现代化治理体系,逐渐完善现代海洋生态保护管理体系,为海洋经济高质量发展和深入推进生态文明建设提供有力保障。本章将从海洋环境监测系统、海洋生态修复、海洋防污、海洋牧场4个方向出发,展现近年来我国海洋生态修复与环境保护工作的进步与发展。

8.1 海洋环境监测系统:海洋"保卫伞"

20世纪80年代以来,海洋环境监测呈现多元化、实时化、长时序、立体化的发展趋势。一方面国家和区域的海洋环境监测系统在关键海域发挥着重要作用,另一方面海洋环境监测资源共享与全球化监测网络成为一种趋势。

海洋环境的复杂性要求海洋环境监测仪器能够进行现场、原位、在线监测,并且兼具小型、灵敏、快速、自动化等特点。其中原位监测是指对原位测试对象采用安装传感器、采集器、通信器等方式,进行自动化、电子化、数字化、联网化的连续、动态、实时更新数据的原位测试。故而现在的海洋环境监测系统主要是由卫星、飞机、船舶、浮标、岸基监测站等构成的水陆空一体的全方位立体监测系统,主要包括数据采集系统,以及信息接收、处理、传输系统两大部分。

目前我国国家海洋局新组建了全球海洋立体观测网,利用卫星、飞机、船舶、浮标(包括锚定浮标、ARGO浮标、漂流浮标)、岸基监测站等手段构成海洋监测立体监测系统,其任务是对我国管辖的全部海域进行实时性监测监视。该系统在近岸、近海和远海监测区域以及主要海洋功能区,全面开展海洋环境质量和海洋生态监测,并对海洋赤潮、风暴潮、海上巨浪、海冰以及海上溢油等海洋环境问题进行监测监视。

8.1.1 海洋监测系统的工作

海洋监测系统的监测内容主要包括水文要素、海水化学要素以及各种污染物的监测，包括陆源排污口邻近海域监测、海水增养殖区监测、海洋倾倒区监测、海洋大气监测、海洋溢油的监测等。通过实时监测海洋数据，判断海洋生态与环境变化，预测对海洋生态环境有破坏的情况的发生，同时为海洋相关工作的开展提供决策基础。

就海洋污染来说，海洋监测系统的运行过程就是通过卫星、飞机、船舶、浮标、岸基监测站等多种途径收集各种与海洋污染相关的环境要素信息，然后通过无线传输等方式把数据传输给信息处理终端（通常为计算机）。利用多种软件将得到的数据进行加工处理，最终得到我们想要的监测结果，并用以监测判断海域的污染情况，起到海洋污染防治的效果。

以海洋环境监测浮标为例（图8.1），它的工作过程如下：各传感器收集信息并产生信号，通过仪器自动处理。由通信装置定时发出，地面接收站将收到的信号进行处理，就得到了我们所需的资料，离陆地太远的浮标则会先将信号发往卫星，再由卫星将信号传送回地面接收站。

图 8.1 海洋环境监测浮标

随着传感技术和通信技术的发展，海洋自动监测技术迅速崛起，目前各海洋强国都组建了适用于海洋动力学要素和海洋环境污染物的同步自动观测网络，包括岸基海洋环境自动监测平台、自动监测浮标、潜标和海床基固定及移动自动监测平台。如何研制体积小、耗能低、数据实时传输、适应海洋复杂环境、多功能多参数、可长时间连续稳定工作的自动监测系统，仍是未来海洋环境监测发展的重点方向。

8.1.2 海洋浮标——"海上天气侦察兵"

1. 海洋浮标的工作

海洋浮标（简称浮标）是利用无动力漂浮载体获取海洋环境（水文、气象、生态等）参数信息的无人值守自动观测系统，具有"海洋上的地球同步卫星""地球气候守望者""海上天气侦察兵"等称号。

浮标通常被锚泊在离岸较远的海洋特定位置,进行水文、气象等环境要素的现场直接监测,监测数据通过卫星传输到岸基数据接收站,具有在特定海域观测时间长而连续、复杂海洋环境适应性强、观测数据准确度高、无人值守全自动化、兼顾水面水下观测等特殊优点。在环境监测系统组成中,海洋浮标具有船基监测、岸基监测和卫星遥感等其他观测手段不可替代的重要作用,能够在不同时间尺度上、各种天气情况下、复杂海洋水体环境中连续获取海上资料,特别是在台风、风暴潮、巨浪、强海流、大风等恶劣环境条件下可直接获取具有代表性和实时性的海洋环境过程资料。

海洋环境监测浮标工作示意图如图8.2所示。

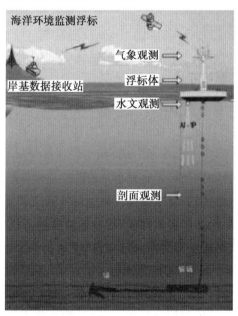

图 8.2 海洋环境监测浮标工作示意图

2. 我国海洋浮标技术的发展之路

我国的海洋浮标技术起步较早,通过不断摸索逐渐走向了满足业务应用的成熟阶段。1966年,我国第一台浮标H23诞生,可以测量7个水文气象要素,海上通信距离为50千米,当时在近海试运行了27天。1978年,我国研制出第一台大型浮标HFB-1,属于我国第一代大型浮标科研样机,浮标体为直径10米的圆盘形,可以测量11个水文气象要素,海上通信距离为150千米,海上连续工作时间58天。1989年,我国自行研制出自动化程度高、实用的大型海洋资料浮标FZF2-1,又称Ⅱ型海洋资料浮标,测量要素为9个,通信距离为400千米,海上连续工作时间500余天,浮标综合技术性能和指标处于国内领先水平,达到20世纪80年代初期国际水平,属于我国第二代大型浮标。2008年,我国研制了第四代大型浮标FZF4-1,浮标体为直径10米的圆盘形,测量要素为20余个,海上连续工作时间为2年,成为我国海洋资料浮标网主力浮标。系列化资料浮标实物图如图8.3

所示。

图 8.3 系列化资料浮标实物图

至目前,我国浮标技术在诸多方面实现了技术突破。例如,在平台基础技术层面逐步解决了浮标长期运行的稳定性和可靠性问题,在此方面位居世界前列。在监测传感新技术方面,针对浮标对海洋生态参数监测功能的不足,提出用超声波、紫外光协同臭氧消解光度法测量水体中总氮总磷和用流动注射臭氧氧化方式、臭氧氧化紫外扫描光谱积分方式测量总有机碳等方法,研制了检测总磷总氮、总有机碳、营养盐等多种传感器。

3. 我国浮标技术逐步处于领先地位

美国、加拿大、英国、法国、挪威等国家研制海洋资料浮标开始时间较早,随着应用的增多浮标技术不断得到提高,代表了世界浮标技术的先进水平。我国浮标技术发展迅速,相较美国、加拿大等国家具有更高的选择灵活性,且在某些参数,如监测要素、数据接收、通信方式、锚系水深等典型参数方面与其保持一致;在浮标稳定性和可靠性方面,经过多次超级台风等恶劣天气的考验,依然能够在恶劣海洋天气条件下不间断传输观测数据,表明我国大型浮标在稳定性和可靠性方面在国际上技术优势突出;测量范围和准确度是资料浮标观测极为重要的指标,也是衡量海洋浮标技术水平的重要标志,统计显示,我国浮标在水文、气象类环境要素的测量范围和准确度方面与国外浮标发展保持一致,而在生态环境要素方面还有很大的发展空间。

可以预见,随着"建设海洋强国"战略的深入开展,不久的将来必然会解决当前海洋浮标观测中存在的观测要素少、智能感知水平低等问题,形成我国具有自主知识产权的全球海洋立体实时观测浮标技术和产品,为我国海洋生态环境保护事业提供进一步的支持。

8.1.3 海洋水色遥感技术——巡天观海卫祖国

海洋卫星遥感具有全天时、全天候、大范围、长时序观测的独特优势,广泛应用于海洋生态与资源监测调查、海洋灾害监测、海洋权益维护、海洋环境预报与安全保障等领域。中华人民共和国成立70多年来,我国十分重视海洋卫星遥感应用技术的发展,构建并发射了海洋水色、海洋动力环境监视监测系列海洋卫星,初步形成了优势互补的卫星海洋遥感业务化应用体系,取得了显著的经济和社会效益。

1. 我国水色遥感技术发展之路

20世纪70年代,当陆地遥感开始在我国兴起时,海洋遥感尚属空白。之后我国海洋遥感在20多年的时间里,不但完成了从无到有的跨越式发展,而且在部分领域达到了世界前沿科技水平,成为推动我国海洋科学取得重大进展的关键技术之一。这其中,作为我国海洋水色遥感科学和遥感模拟仿真科学的奠基人之一,潘德炉院士在水色荧光遥感机理研究、水色遥感反演模式研究、水色遥感大气校正技术研究、水色遥感应用技术研究、遥感卫星应用效果模拟仿真理论、模拟仿真系统的建立及其应用6个方面取得了创造性的成就,被人们称为"巡天观海的人"。

建设高效、立体、实时的我国海洋立体监测体系,是确保各类海上活动安全的基本保证。我国海洋观测的常规手段是通过船舶、浮标、飞机、海洋观测站等进行海洋观测,但由于海洋环境的特殊性,常规监测手段有诸多限制,不能有效地对海域进行实时、有效监管,而海洋卫星遥感覆盖面广、时间频度高的特点,恰恰可以弥补这一缺陷,因此成为海洋立体监测体系的重要组成部分。

2002年5月15日,我国自行研制的第一颗用于海洋环境探测的海洋水色卫星"海洋一号A"发射成功,彻底结束了我国没有海洋卫星的历史,大大提高了我国的海洋监测能力。该卫星的成功发射与运行,实现了我国实时获取海洋水色遥感资料零的突破,为海洋卫星系列化发展奠定了技术基础,标志着我国海洋卫星遥感与应用技术迈入一个崭新阶段。

至2006年,我国已初步建成了3个层次的立体观测网,第一个层次是卫星遥感观测,距离海面700~800千米高度;第二个层次是航空遥感观测,距离海面200~1 000米高度;第三个层次是常规水体和海底观测系统。海洋遥感作为海洋观测高技术领域的重要组成部分,主要应用于前两个层次的观测。

2018年9月7日,我国成功发射了"海洋一号C"卫星,图8.4为"海洋一号C"卫星拍摄的黄河口影像图。

基于浙江沿海实时海洋水质环境监测的需求,潘德炉院士研发了我国第一个基于海洋卫星遥感的浙江沿海水质、赤潮和CO_2等业务监测系统,拓展了我国海洋卫星遥感应用的新领域。自该系统应用以来,浙江沿海水质分类监测平均精度可达89%~92%,实时监测赤潮发生的中心位置和面积的精度在80%以上,赤潮种类的监测精度达90%。

2. 水色遥感技术创新性转化

潘德炉院士瞄准了海洋环境监测的需求,开发了我国第一套具有自主知识产权、以自

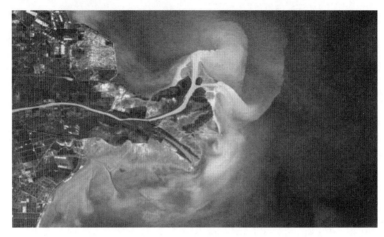

图 8.4 "海洋一号 C"卫星拍摄的黄河口影像图

动和定量为特色的一体化卫星海洋遥感综合应用系统。在此之前,近海复杂水体环境的定量化遥感一直是海洋水色遥感研究的国际性难题,也是制约我国海洋环境遥感监测能力的关键因素。"近海复杂水体环境的卫星遥感关键技术研究及应用"项目瞄准我国海洋卫星系列发展及业务化应用体系建立的需求,取得了以下创新性成果。

首先,该项目在国际上首次建立了综合大气-海洋耦合、粗糙海面和偏振特性的海洋遥感辐射传输矢量模型、基于蓝紫光波段的混浊水体大气校正模型和非光学活性生化物质的海洋遥感反演模型,为解决近海复杂水体遥感的国际性难题打下了理论基础,进一步完善了国际海洋水色遥感理论体系。

其次,项目组突破了我国海洋水色卫星资料处理与应用的关键技术,攻克了卫星海洋应用效果预测与辐射精度评价技术、自主海洋水色卫星几何与辐射一体化校正、低辐射信息下的多星融合与数据重构等核心技术,有效解决了我国海洋卫星的辐射定标和参数反演的瓶颈问题。

同时,项目组研发了"多星接收—融合处理—产品制作"一体化遥感应用系统,率先建立了基于我国海洋卫星—航空遥感—现场监测的立体监测业务化体系,提高了遥感产品的精度与稳定性,推动了我国海洋环境监测事业的发展。

在实施项目的过程中,项目组构建了覆盖我国海域的海洋环境遥感数据库,包括 1.2 万个站位 25 万组的海洋环境参数与遥感光谱数据集,积累了我国最齐全的海洋遥感基础数据,已达到近海复杂水体卫星遥感同类研究的国际领先水平。

3. 我国水色遥感步入世界前沿

近年来,我国海洋水色遥感技术取得了实质性的进展,水色遥感算法和应用系统正在逐步完善。针对我国近海特有的区域海洋环境,如吸收性沙尘气溶胶、沿岸水体浑浊、大陆架宽广等,开发并完善了海洋-大气耦合矢量辐射传输模型、大气校正算法和区域海洋水色遥感模型;在全国多个地区建立了多颗水色卫星的接收处理和应用系统,以及各类水色遥感产品的应用示范系统,广泛用于渔场环境监测、沿海水质监测、赤潮监测和海岸带航空监测等领域,并初步实现了水色遥感产品网上发布系统。

总体来说,目前我国海洋水色遥感技术和应用已经位于世界先进之列,在海洋环境监测、资源管理及国家安全等领域发挥着不可替代的作用。海洋卫星遥感监测技术的不断进步为海洋经济和社会可持续发展、海洋资源开发、海洋环境保护和减灾防灾、海洋权益维护和海洋安全提供了高效的遥感信息服务。

8.2 海洋生态修复:海底"荒漠"变"绿洲"

海洋生态修复主要针对已经被破坏的海洋生态系统,利用大自然的自我修复功能,在人工措施辅助干预下,使遭到破坏的生态系统逐步恢复或使生态系统向良性循环方向发展,使海洋系统恢复其原本的结构状态,并发挥原来所具有的生态功效。按照生态修复措施中的人工干预程度,一般将海洋生态修复划分为三大类,即自然生态修复、人工促进生态修复及生态重建。随着海洋生态系统的不断退化,各国政府、科学家、海洋组织和公益团体等开始更多关注海洋生态系统的保护、修复和可持续利用,其中海洋生态修复已被更多地运用到海洋生态系统保护中。

8.2.1 海洋生态修复的积极意义

海洋生态修复是指根据海洋环境被破坏情况、预期规划和发展情况,使海洋生态环境逐步恢复并最终达到一种相对持续稳定、与周围环境和利用价值协调发展的均衡状态。海洋生态修复是帮助海洋生态系统实现自我恢复的过程,海洋生态系统恢复后,便可以不再需要人工措施的干预即可维持海洋生态平衡。在海洋生态修复的过程中,海洋生态系统的结构和功能都在不断地转变,物种群落不断丰富,海洋生态系统的结构更为复杂化,海洋生态系统的功能也在由简单逐步向复杂的功能多样化实现转变。

生态修复不是单纯强调将海洋产业结构恢复到可持续利用的状态,而是更加注重海洋产业的修复过程与周围经济、环境和社会的协调发展,形成经济、社会、环境和生态等多方面的复合生态系统,海洋生态修复的本质是利用科学技术,遵循海洋生态演替规律进行的。因此,海洋生态修复既要立足于对海洋环境的修复,也要关注海洋资源的合理开发、海洋产业的调整优化;不仅要考虑海洋资源的修复和完善,也要考虑生态修复以后的经济、社会、环境和生态效益。

海洋生态修复对海洋生态系统维持平衡有着极其重要的作用,也对环境保护、物种保护有积极的影响,还对全球气候、经济发展发挥着很大的作用。针对不同海洋生态破坏现象,结合环境变化,需采取不同的生态修复技术,合理安排利用自然资源,利用自然修复力与人工修复相结合的方法,实现最大程度上的生态修复。本书针对大型围填海工程这一典型的由人类活动所造成的海洋生态破坏与失衡问题,选取已取得优异的自然效益与社会效益的宁德市三屿工业区大型围填海生态修复工程为实例,对海洋生态修复进行简单的介绍。

8.2.2 大型围填海工程的生态问题

近年来,为了满足社会经济快速发展的需求,沿海各地陆续实施了大规模的围填海活动(图8.5),缓解了工业及城镇建设用地供需紧张的矛盾,为沿海地区城镇和工业拓展布局提供了空间。但同时,长期以来的大规模围填海活动使海岸带格局和环境发生了根本性变化,造成滨海湿地大面积减少,自然岸线锐减,海水自然净化能力降低,海洋生态系统受到损害。

图 8.5 围填海活动

围填海工程造成的海洋生态问题主要可分为以下几个方面:滩涂湿地面积减少,直接造成栖息于工程区的底栖生物量减少,生态系统服务功能降低,对滩涂湿地的结构、功能等均造成一定的影响;破坏生物栖息地,对海洋生物、海洋生态敏感目标造成影响,比如占用天然红树林损害了原有的红树林生态系统,原有的滩涂、沼泽地、鱼塘等生境不复存在,更是造成了鹭类、野鸭类、鸦鹬类和鸥类等水鸟生存环境的消失;影响海湾水动力条件,对海湾水交换产生影响;影响海底或岸滩地形地貌和冲淤环境,影响区域水质环境;破坏自然岸线,改变了潮间带生态系统构成,降低了其生物多样性……

8.2.3 福建宁德市三屿工业区大型围填海生态修复工程

基于主要生态问题的分析,大型围填海工程海洋生态修复的重点应从生境和海洋生物生态两个方面考虑。考虑到海洋生态修复系统性、综合性的特点,要统筹考虑区域,尤其是海湾内、河口区围填海工程建设,通过整体数模预测、综合评估,分析适宜的围填海工程开发强度,构建区域生态安全格局,在上位生态保护修复规划的指导下,整体保护、系统修复。

以近年来福建宁德市三屿工业区大型围填海生态修复工程实践为例,介绍最新相关生态修复技术的发展,可为大型围填海工程海洋生态问题的识别与生态修复重点的确定提供技术支撑,有利于减轻大型围填海工程带来的负面影响,促进大型围填海工程海洋生态修复工作的开展,促进海洋生态系统保护,维护区域生态安全格局,具有较好的应用价值和实践意义。

1. 生态修复工程措施

宁德市三屿工业区大型围填海生态修复工程实践具体包括湿地公园建设、自然保护区养殖清退、生态海堤建设等工程。

(1)湿地公园建设。

湿地公园建设可控制湿地污染源,保护湿地生态系统和生物多样性,提升湿地生态功能。

(2)自然保护区养殖清退。

为修复区域滩涂,实施退养还湿工程,拆除了该区域围海养殖设施。将该区域由半人工半天然湿地恢复为天然湿地,有效地维护了自然保护区湿地生态系统平衡,恢复了区域湿地生物多样性。池塘区域丰富的食物、光滩和涨潮时的水面营造了多样化的鸟类觅食与生活生境,池塘中招潮蟹、弹涂鱼等滨海湿地的物种种群数量较大,已经有不少鸻鹬类冬候鸟到此越冬,生物多样性丰富。

(3)生态海堤建设。

采取如适当放置碎石等措施,通过营造潮汐池等生境,增加海洋生物栖息地和庇护所;或结合堤前滩涂湿地,种植红树林、芦苇等,促进河口湿地生态修复。其中堤身带要考虑到结构安全问题,不进行过多人为干预,以自然修复为主,同时堤身的栅栏板设计,要有利于海洋生物附着。堤后带通过花池、草地、行道树相结合的设计,构建生态护坡,提升生态功能,促进工业与自然和谐共生景观效果的形成。

2. 生态修复成效显著

该生态修复工程主要包括堤脚抛石区植被生态修复、滩涂湿地生态系统重建。其中堤脚抛石区植被生态修复内容为芦苇种植工程,修复面积3 401.8平方米;滩涂湿地生态系统重建包括清除堤外入侵物种互花米草2 000平方米,在高程1.6～2.6米的部分滩涂区域种植红树林2 129.9平方米。项目完成七都溪特大桥南侧桥头附近滩涂补植种红树林秋茄胚轴苗1.8公顷,密度达37 500株/公顷。在周边海域增殖放流真鲷鱼苗(全长7.1厘米)261.047 3万尾、真鲷鱼苗(全长5.98厘米)52.558 9万尾、香鱼苗(全长5.1厘米)155.038 8万尾、鲈鱼(3厘米以上)312.5万尾。

项目的实施有效改善了三屿海堤生态系统,增加了海堤生态价值,降低了开发活动对海域生态系统的影响,既美化了三屿海堤环境,又有效保护了该海域生态系统的生物多样性,为当地提供了高品质的环境支撑,对我国大型海堤的生态修复具有较好的示范作用。

"九山半水半分田。"受限于地理条件,宁德市所辖区县曾是沿海地区少见的国家级贫困区县。如今,这里产业发展迅速,人民生活水平得到改善。科学有效做好海洋生态修复与开发利用,切实践行"绿水青山就是金山银山"理念,三屿工业区大型围填海生态修复工程不失为一个注脚。

8.3 海洋防污:流水不腐,户枢不蠹

8.3.1 海洋生物污损

广袤的海洋占据了地球表面积的70%以上,且蕴含着难以估量的资源,然而,在开发利用海洋资源的过程中,船舶、采油平台等设施却不可避免地造成海洋生物污损问题。海洋生物污损是指海洋微生物、植物和动物在海洋设施表面吸附、生长和繁殖而形成的生物垢,它给海洋开发和海事活动带来了诸多问题。

1. 海洋生物污损的危害

常见的海洋生物污损现象主要有:生物垢增加船体粗糙度和质量、增大航行阻力,使得燃油消耗大为增长,可造成每年数十亿美元的经济损失,同时还增加了二氧化碳的排放量,加剧温室效应;附着在远航船舶上的生物还会进入不同海域,造成潜在的"物种入侵",影响海洋生态平衡;藤壶等海洋生物可在设备表面产生大量分泌物,加速金属表面的腐蚀,导致支撑性钢材的强度下降,造成安全隐患,缩短设备服役期,如图8.6所示为海洋生物污损致平台受损;海洋生物还会堵塞海水养殖网箱的网孔,影响营养物质和氧气的交换,导致养殖产量下降。

图 8.6 海洋生物污损致平台受损

2. 海洋生物污损的形成

研究表明,海洋生物污损的产生过程大致分为 4 个阶段(图 8.7)。(1)基膜的产生:固体基材浸入水下,短时间内海水中的有机分子,如多糖、蛋白、糖蛋白及一些无机化合物通过范德华力、氢键和静电等相互作用力沉积在基体表面构成基膜。(2)生物膜的形成:细菌、硅藻等微生物聚集在基膜上,通过胞外大分子物质与基膜黏结,形成生物膜。(3)海洋孢子、原生动物及大型污损生物幼体的附着与群落演变:此阶段,生物的种类和个体数不断增多,群落演替现象明显,密度大、生长迅速的物种将成为污损群落中的优势种。(4)稳定期:个体大的优势种充分生长,经优胜劣汰后,群落结构趋于稳定。

图 8.7 海洋生物污损的产生过程示意图

整个过程只需要数天就可初步完成,一般未经保护的设施表面在几个月内便会被海洋生物完全覆盖。由此可知,要想抑制生物污损,就需要阻断上述链条,即构建出不利于其附着与生长的局域环境。

8.3.2 海洋防污涂料的发展

海洋生物污损是一个全球性的问题,涉及能源、环境、国防等重大国家需求,它是海洋开发、海洋工业无法回避和必须解决的问题。目前制备涂层仍旧是对海洋生物污损最主要的控制方法。

传统的防污涂料是通过释放出锡、铜、汞、铅等毒性材料来杀死海洋生物的。1970 年开发了有机锡丙烯酸酯自抛光防污涂料,它将有机锡基团通过酯键连接到丙烯酸酯类聚合物的主链上,通过酯键的水解释放的有机锡低浓度下能达到广谱、高效的防污效果,并且该材料水解后产生的亲水性基团具有水溶性,在船舶运动和海水冲刷作用下发生溶解、脱落,从而达到表面的自动更新,曾一度占据市场的主流地位。

近年来,随着对海洋生态环境保护意识的日益增强和环保法规的日益严格,含有锡等重金属防污剂的防污涂料已被各国限制使用。2008年,国际海事组织(IMO)全面禁止使用含锡防污涂料。此后,无锡自抛光涂料、生物降解防污涂料以及其他环境友好型防污涂料逐渐成为研发的重点,近年来我国在此方向取得突破性进展,正逐步打破美国、欧盟、日本等发达国家和地区对该领域的长期技术垄断。

自抛光防污涂料通过共聚物在海水中不断地缓慢水解,使得涂层的最外层表面形成一个剥离层,从而达到防止海洋生物附着的效果。目前基于聚丙烯酸锌、铜或硅烷酯的自抛光防污涂料是主导的防污技术,自抛光树脂侧基化学结构对其影响较大,且其主链不可降解性导致水解后的树脂长期存在于海洋环境中,对海洋生态不利。更为重要的是,现有自抛光树脂技术长期被国外跨国公司垄断。上述问题极大限制了我国船舶防污技术的发展和产业化进程。

华南理工大学海洋工程材料团队面向国家海洋经济需要,针对海洋工程装备和船舶在海洋环境下的腐蚀和生物污损问题,长期从事海洋防护高分子材料的基础及应用研究。

此团队在国际上首次制备了主链降解-侧链水解型防污减阻一体化材料。该树脂不仅具备传统自抛光树脂的水解性侧基,还具有可降解的主链结构,能有效地协调侧基的水解性和聚合物的溶解性,成功突破现有技术抛光速率调控性差、静态防污能力弱的局限。特别是,该树脂可通过主链降解成小分子,不会造成海洋微塑料污染;且具有环境生态友好、动静态防污性能优异等优势,是对传统自抛光树脂的重要革新。主链降解型自抛光防污涂料海洋实验如图8.8所示。

图8.8 主链降解型自抛光防污涂料海洋实验

据悉,上述系列主链降解型自抛光树脂已申请我国发明专利12项(授权6项)、PCT国际专利2项。目前,上述材料已在国内外20多家船舶涂料公司推广使用,被广泛应用于远洋船、海监渔政船及渔船等百余艘船舶上。上述成果成功突破现有自抛光防污树脂的合成和应用技术,为发展具有自主知识产权的高性能防污涂料,加快我国海洋工程装备和船舶防污技术发展有着推动作用和重要的经济意义。

8.4 海洋牧场——蓝色牧场修复海洋

8.4.1 海洋牧场简介

1. 海洋牧场的基本内涵

我国海域辽阔,拥有良好的天然海域生态环境。但近年来,过度捕捞加速了海洋渔业资源衰退,海水养殖单位产出增速出现下滑趋势;城市化建设大量占用近岸渔业海域,挤占了养殖空间、港口码头等,对周边养殖环境也产生不利影响。因此,依靠传统的作业方式已经无法保障海洋渔业的可持续发展,如何开发广阔的未利用海域成为发展方向,海洋牧场应运而生。作为一种新型的海洋渔业资源开发利用模式,海洋牧场可以改变传统以渔业捕捞和水产养殖为主的生产方式,缓解对渔业资源和生态环境的破坏,实现渔业生产与自然生态的和谐统一。海洋牧场"播种"如图8.9所示。

根据2017年6月发布的《中华人民共和国水产行业标准》(SC/T 9111—2017),海洋牧场是指基于海洋生态系统原理,在特定海域通过人工鱼礁、增殖放流等措施,并利用人工投饵、环境监测、资源管理等现代管理方法,构建或修复海洋生物繁殖、生长、索饵或避敌所需的场所,增殖养护渔业资源,改善海域生态环境,实现渔业资源可持续利用的渔业模式。国内外实践证明,海洋牧场作为产业综合体,除了具备修复环境、资源养护的功能,还可以推动养殖升级、捕捞转型、加工提升,带动休闲旅游业发展,有效延伸产业链条。

图8.9 海洋牧场"播种"

2. 现代化海洋牧场的主要特征

(1) 生态优先性。

这是现代化海洋牧场的根本特性之一,即所有现代化海洋牧场中的建设、生产、休闲娱乐等活动均以生态安全为核心目标,以保证生态环境优良、生物资源丰富及渔业可持续发展为前提,所有活动特别是捕捞生产和养殖生产活动等均不得破坏生态环境和生物资源的完整性。

(2) 系统管理性。

现代化海洋牧场是由生息场建造、环境调控、种苗生产、种苗放流、育成管理、收获管理、灾害对策等多种技术要素有机组合的生态管理型渔业,人为的生态管理贯穿于海洋牧场建设与运营的全过程。

(3) 生物多样性。

海洋牧场的对象生物不仅仅包括沿岸鱼贝类,还包括近海鱼类及洄游性鱼类,同时现代化海洋牧场针对的是海洋生态系统的资源修复与增殖,关注的是生态系统稳定前提下在不同营养级上的多品种对象生物的持续产出,而非单一种类的产出,这也是现代海洋牧场区别于传统单一品种养殖的重要特点之一。

(4) 区间广域性。

现代化海洋牧场涉及"场"和"空间"的概念,是在海洋中的某一个场所或者空间开展的渔业活动,既包括海域的海底,也包括海水的底层、中层、表层及海面上从事的渔业活动,最终确立适宜海域特征的多个生物资源培育系统立体组合的复合型资源培养系统。

(5) 功能多样性。

传统的养殖和捕捞生产等只具有一种生产功能,而现代海洋牧场则是集生态修复、资源养护、渔业生产、渔业碳汇、科学研究、科普教育、休闲渔业、景观再造等多功能于一体的现代渔业综合体,其生态、经济、社会等综合效益更加凸显。

8.4.2 海洋牧场的建设发展

1. 海洋牧场的生态效益

海洋牧场是一个经过人工改造后的海域生态系统(图 8.10)。在人工措施的作用下,原海域生态系统内的生物组分和非生物环境有所改变,生态系统功能得以增强,生态系统服务和生态效益得到提升。因而,海洋牧场的生态效益不是从无到有地产生,而是源于原海域的生态系统,受人工措施作用,本质上是原海域的生态效益与人工措施形成的生态效益增量(生态增益)的叠加,并将随着生态增益的变化而变化。

据调查,我国已建海洋牧场所改造的海域生态系统一般有两种,一种是尚未开发利用的原生海域,另一种则是已建的水产养殖区。原海域的生态效益是海洋牧场生态效益的基础,但真正能反映出海洋牧场生态修复效果的却是人工措施形成的生态增益。因此,具

图 8.10　海洋牧场

有明显生态增益的海洋牧场才符合可持续发展要求。

海洋牧场的生态增益是在人工措施的作用下产生的,国内外海洋牧场建设通常采取的人工措施包括人工鱼礁投放、海藻海草移植、渔业生物放流、配套设施建设和监测管理等。下面以人工鱼礁投放为例简介其生态效益的产生。

人工鱼礁是一种人为设置在水域中的构造物,利用生物对水中物体的行为特性,将生物对象诱集到特定场所进行捕捞或保护的一种设施(图 8.11)。其生态作用主要表现在两个方面:一方面,通过在礁体周边产生扰流和上升流,促使近底层的有机物和营养盐向上迁移,促进真光层内的浮游植物的繁殖与生长,提升海域的初级生产力,从而既可为渔业生物提供充足饵料,又可加速对水体内氮、磷的吸收和转化,增加对二氧化碳的吸收和氧气的释放,对增强海域自净能力、稳定大气组成和净化空气起到积极作用。另一方面,为恋礁性鱼类提供了庇护所,并增加了贝类和藻类的附着面积,加之礁体周围水流流速的减弱和饵料生物的丰富,为渔业生物营造了适宜的栖息环境和索饵繁殖场所,促进了生物量的增长和营养物质的循环。

人工鱼礁由于打破了原有的生态平衡,难免会产生一定的生态负面影响。一是,我国沿海常见的人工鱼礁一般为 2~3 米高,礁体堆积会减弱底层海流,进而引起底部水体交换不畅、污染物沉积加速等一系列环境问题;二是,人工鱼礁改变了海域的自然属性,彻底破坏了原有底栖生境,加之人工增殖放流物种的入侵,可能导致原有的生物多样性减少,甚至造成珍稀濒危野生物种资源丧失。

海洋牧场生态增益的形成,源于各项人工措施的正负生态效应。不同人工措施的生态效应不同,海藻海草移植的生态正效应最为显著,人工鱼礁投放次之;配套设施建设不仅无生态正效应,反而存在明显的生态负效应。各项生态系统服务的增益也不相同,气体调节、气候调节、干扰调节、初级生产、营养物质循环等服务的提升是可期的,生物多样性

图 8.11 人工鱼礁

维持服务减弱的风险较大,废物处理、生物控制等服务的变化则存在不确定性。

2. 我国海洋牧场的发展

我国关于海洋牧场的思想由来已久。20 世纪 40 年代,朱树屏提出了"水是鱼的牧场"的理念。20 世纪 70 年代,曾呈奎认为我国海洋渔业要朝着"海洋农牧化"的方向发展。21 世纪以来,我国各地陆续开展人工鱼礁和藻场建设等活动,广东、浙江、江苏、山东和辽宁等沿海省份开始较大规模地建设海洋牧场。2015 年,农业农村部(原农业部)为推进海洋牧场建设,组织开展了海洋牧场示范区创建活动。同年,天津大神堂海域、河北山海关海域、祥云湾海域等地区均被评为首批国家级海洋牧场示范区。苗种培育、精深加工、增养殖设施与工程装备等技术手段逐渐提升,海洋牧场养殖设施的性能和管理水平都得到了提高。

以天津大神堂海洋牧场生态效益为例,简介海洋牧场的生态效益情况。

海洋牧场是实现海洋生态环境修复与优化、渔业资源养护、增殖及高效产出的新业态。位于滨海新区汉沽的大神堂是天津在渤海湾海域建设海洋牧场的重要区域,其中汉沽大神堂牡蛎礁国家级海洋特别保护区是天津市首个国家级海洋特别保护区。2005 年至今,该海洋牧场经历了建设试验期、建设推进期和总体规划建设期 3 个发展阶段。截止到 2018 年年底,已累计投放钢筋混凝土礁体 2.2 万块、8.3 万空方;投放礁体渔船 93 条、2.3 万空方;投放人工牡蛎增殖礁 10 万余袋;建设完成 11 个礁群,形成约 13 平方千米的礁区面积。

大神堂海洋牧场的建设,改善了天津渤海海域的生态资源。大神堂海域具有特殊的地质地貌,以堆积地貌为基本特征,底层以砂质粉砂等沉积物为主,属于泥滩型海岸。自 2005 年投放人工鱼礁之后,大神堂海洋牧场的生态环境得到了一定的改善。鱼礁投放后,丰富的海洋生物逐渐附着到礁石上,逐渐形成饵料场、产卵繁殖场、幼鱼保护区,最终实现了渔业增殖的目的。藻礁的投放有效地维护了海洋生态系统的平衡,改善了大神堂海域的生态环境。目前大神堂海域近岸礁体的藻类覆盖率达到90%以上,珊瑚礁生态系统得到了有效的恢复。据当地渔民反映,人工鱼礁投放后贝类的产量有了明显的恢复,特别是脉红螺、菲律宾花蛤、毛蚶等的数量明显增加。近几年人工鱼礁集鱼效应逐渐显现,在天津海域几乎绝迹的许氏平鲉在人工鱼礁区形成了繁殖群体并在大神堂海域成功增殖。经过有关水产资源管理部门的测算,大神堂海域海洋物种的种类比人工鱼礁投放前增加了20%~30%,增加的水产品主要为鱼类和贝类,其中鱼类以黑鲈为主,贝类以海螺、花蛤、海虹为主。

现代化海洋牧场是适合现代可持续发展战略的新型海洋生物资源开发模式及渔业生产方式,也是渔业发展的必然趋势。未来,海洋牧场建设应在"生态优先、科学布局、科技支撑、多元发展"的理念下,以市场化为导向,加强宏观政策引导,建立长久有效的人才培养体系,推动海洋牧场建设系统化、信息化、规范化,实现海洋牧场、休闲渔业、滨海旅游等多元化融合发展。

本章参考文献

[1] 艾孝青,潘健森,谢庆宜,等.高性能海洋防污材料——主链降解-侧链水解高分子[J].高分子材料科学与工程,2021,37(1):277-283.

[2] 陈勇.中国现代化海洋牧场的研究与建设[J].大连海洋大学学报,2020,35(2):147-154.

[3] 邓飞帆,张茂东.福建三屿海堤生态修复显成效[EB/OL].(2021-07-09)[2021-11-15].http://www.iziran.net/cehuihaiyang/20210705_132503.shtml.2021-7-9.

[4] 董磊,刘永志,贾宁,等.水凝胶海洋防污材料研究进展[J].工程塑料应用,2020,48(4):155-158+163.

[5] 董利苹,曲建升,王金平,等.国际海洋牧场研究的发展态势[J].世界农业,2020(2):4-13+58.

[6] 福建生态环境.海洋环境监测的类型及其发展趋势[EB/OL].(2019-12-12)[2021-12-17].https://huanbao.bjx.com.cn/news/20191212/1028018.shtml.

[7] 高复生,侯正大,雒敏义.海洋牧场建设研究与展望[J].畜牧业环境,2021(2):34.

[8] 蒋兴伟,何贤强,林明森,等.中国海洋卫星遥感应用进展[J].海洋学报,2019,41(10):113-124.

[9] 李慕菡,徐宏,郭永军.天津大神堂海洋牧场综合效益研究[J].中国渔业经济,2021,39(1):68-73.

[10] 刘安仓,陈川,陈建忠,等.催化反应技术在滨海电厂的CO_2资源化利用和海洋防污

领域的应用[J].化工进展,2021,40(9):5145-5155.

[11] 刘伟峰,刘大海,管松,等.海洋牧场生态效益的内涵与提升路径[J].中国环境管理,2021,13(2):33-38+54.

[12] 卢曙火.潘德炉:巡天遥看万里海[J].科学24小时,2018(Z1):50-53.

[13] 欧阳玉蓉,蔡灵,李青生,等.大型围填海工程海洋生态修复实践与探索[J].海洋开发与管理,2021,38(9):74-79.

[14] 潘德炉,白雁.我国海洋水色遥感应用工程技术的新进展[J].中国工程科学,2008(9):14-24+46.

[15] 钱秀丽.中国海洋遥感走近世界前沿[N].中国海洋报,2006-09-12(001)[2021-05-21].

[16] 汤坤贤,范祥,李和阳,等.南方典型富营养化海区生态修复技术与策略[J].应用海洋学学报,2021,40(1):163-169.

[17] 王军成,厉运周.我国海洋资料浮标技术的发展与应用[J].山东科学,2019,32(5):1-20.

[18] 王丽荣,于红兵,李翠田,等.海洋生态系统修复研究进展[J].应用海洋学学报,2018,37(3):435-446.

[19] 吴珂.海洋生态修复现状、存在的问题及展望分析[J].科技风,2020(3):131.

[20] 谢庆宜,马春风,张广照.海洋防污材料[J].科学(上海),2017,69(1):27-31.

[21] 闫嘉,李新正.海洋防护伞——海洋环境监测系统[J].知识就是力量,2018(6):32-33.

[22] 张毅敏,陈晶,杨阳,等.我国海洋污染现状、生态修复技术及展望[J].科学,2014(3):48-51+4.

[23] 张治财,齐福刚,赵镍,等.海洋防污涂料/层技术研究现状及发展趋势[J].材料导报,2019,33(z2):116-120.

第 9 章 海洋污染警示

海洋体积巨大,是江河的汇集地。近几十年来,人类改造自然的能力越来越强,使得海洋的生态环境受到重创,已经超过海洋的承受范围。海洋环境遭到破坏,产生了很多海洋问题,例如,海洋生物的数量锐减,一些海洋生物甚至濒临灭绝;海洋生物死亡后产生的毒素通过食物链危害人体;等等。

近二三十年来,鲸鱼、海豚冲上海滩集体自杀的新闻频频见诸报端,由此引发了海洋哺乳动物自杀原因的争论:学者们有的持"电磁干扰论";有的提出海洋动物"流行性疾病论",也有的坚持"海洋污染论"……学术争论促使了有关问题的深入研究,对自杀的鲸鱼、海豚的尸体解剖发现,这些海洋哺乳动物体内无一例外地积累了大量的持久性的有机污染物,这是一个不争的事实。大量调查研究发现,目前海洋中充满了有机污染物质,这是一些极难降解的有毒有害物质。在海洋的自然环境中它们会长期滞留,经过年复一年的积累,其浓度越来越大,毒性越来越强,致使海洋的污染问题越来越严重,导致海洋物种锐减,赤潮频发。法国著名科学家查卡·伊斯柯瓦斯指出:"近半个世纪来,因为世界海洋的污染,已使成千种海洋生物正在无声无息地消失,尤其是近二十年来,这种物种消亡过程加剧了。海洋如果照此继续被污染下去,将给人类带来严重的后果,假如海洋死亡了,人类也将不复存在了。"

排放入海的污染物质首先在海岸附近海域出现积聚,随着时间的推移,逐渐向远海扩散。美国海洋联盟主席、首席生物科学家罗杰·佩恩指出:"不论是哪里的海洋,甚至包括极地海洋,那里的海洋动物都受到了难降解有机污染物的伤害。"

海洋中的有机污染物质通过直接或间接的途径进入人体,会导致生殖系统、神经系统、呼吸系统等人体器官中毒、发生癌变,以及新生儿畸形等。例如,有机污染物多氯联苯,它是一系列不同含氯量化合物的混合物,被广泛应用于电力、电磁和液压设备,以及绝缘油、阻燃剂、导热剂、增塑剂和无碳复写纸。多氯联苯有毒性,且很难降解,进入生物体会被积累,也会通过食物链传递,在体内积累的后果是导致癌症和降低免疫力。假如孕妇多氯联苯慢性中毒,就会影响胎儿健康生长。污染的物质还来自航运中泄漏的原油、燃油,排放的污水,人为向海洋倾倒的固体垃圾,以及开采海洋矿产时造成的污染,再加上过度的捕捞,使海洋生物大大减少,有些物种开始濒危。更可怕的是,有些人类还没有来得及很好认识的海洋物种已经绝迹。上述一切都是造成海洋灾难的原因,然而其中最为令人担忧的还是那些不能降解的有机化学物质。因为它们是由人类化学工业加工合成的对生物体有毒有害的物质,并非来自大自然,生物圈无法分解,海洋强大的自身净化功能也无法使它们改变有毒有害的本质,它们危害海洋动植物,继而进入食物链,威胁到人类的健康与生命。

海洋是地球上除生物圈外最大的生态系统,它具有极大的稳定性,在大气环流、水环流、气温和气候等方面都发挥极其重要的作用。水资源、食物资源和能源资源等海洋资源是人类生存与发展不可或缺的一部分。总而言之,海洋的重要性不仅仅是对人类而言,也是对整个地球而言。因此,正确认识目前海洋污染状况,做好防范治理工作,保护海洋环境刻不容缓。

9.1　福岛核泄漏——史上最大的工业污染

日本福岛核泄漏事故是人类历史上继 1986 年切尔诺贝利核泄漏事故之后发生的又一起极其严重的核泄漏事故,是核电事业发展迈入 21 世纪后发生的第一起具有重大影响和严重危害的核泄漏事故。福岛核泄漏事故不仅对环境造成了严重的危害,给日本人民带来了深重的灾难,大量放射性物质的泄漏,更让全世界都绷紧了神经。

9.1.1　核能概述

核能是人类最具希望的未来能源之一,人们开发核能的途径有两条:一是重元素的裂变,如铀的裂变;二是轻元素的聚变,如氘、氚、锂等。重元素的裂变技术已得到实际应用,而轻元素的聚变技术也正在积极研究之中。不论是重元素铀,还是轻元素氘、氚,在海洋中都有相当巨大的储藏量。

据计算,1 千克氢燃料,至少可以抵得上 4 千克铀燃料或 1 万吨优质煤燃料。核电站只需消耗很少的核燃料,就可以产生大量的电能,每千瓦时电能的成本比火电站要低 20% 以上,可以大大减少燃料的运输量。例如,一座 100 万千瓦的火电站每年耗煤三四百万吨,而相同功率的核电站每年仅需铀燃料三四十吨。核电的另一个优势是干净、无污染,几乎是零排放。

9.1.2　福岛核泄漏事故

1. 福岛核泄漏事故的发端

2011 年 3 月 11 日日本东北部宫城县以东太平洋海域发生 9.0 级地震,随即引发高达 10 米的强烈海啸,导致日本福岛第一核电站冷却系统失灵,造成核电站内大量放射性物质泄漏。日本福岛第一核电站位于日本福岛工业区,是世界上最大的核电站——日本福岛核电站的一部分,也是日本东京电力公司的第一座核能发电站,全站共有 6 台运行机组,均为沸水堆。

2011 年 3 月 11 日,地震发生后,福岛第一核电站第 1 至 3 号机组自动暂停运行,第 4

至6号机组则处于停堆检修的关闭状态。受强震影响,福岛第一核电站自动暂停运行后,自身的发电系统不能工作。为了使自动暂停运行的核反应堆冷却,福岛第一核电站启用了备用的应急柴油发电机以维持冷却系统的运行。然而好景不长,地震后仅仅一小时即随之而来的强烈海啸将应急柴油发电机淹没,加之后调来的移动电源车与核电站电源不相匹配,至此福岛第一核电站完全丧失电力供应,冷却系统失灵,尚未冷却的核反应堆内灼热的放射性物质随时有泄漏的危险。11日傍晚日本政府根据日本《核能源灾害特别措施法》发布"核能源紧急事态令",将居住在核电站周边3千米内的居民疏散。

2. 福岛核泄漏事故扩大及恶化阶段

2011年3月12日,为避免核反应堆内温度过高以致安全壳因压力过大而损坏,福岛第一核电站1号机组开始释放氢气作业,并由此发生了微量核泄漏,居民疏散范围由核电站周边3千米扩大到10千米。是日,福岛第一核电站1号机组发生氢气爆炸,核电站周边地区辐射剂量猛增,并检测出放射性元素铯,这标志着核反应堆内的核燃料棒开始熔毁,核反应堆堆芯熔化的险情首次出现。同日,福岛第一核电站开始向1号机组反应堆内实施注入海水冷却作业。

随后几日,其他几个机组也开始了灌注海水冷却和释放氢气作业。然而事与愿违,其他几个机组接二连三地发生氢气爆炸和火灾事件,并且也出现了核燃料棒熔毁现象,标示着核反应堆堆芯熔化的险情继续扩大。与此同时,由于释放氢气作业和不断发生氢气爆炸以及火灾,福岛第一核电站内大量的放射性物质发生泄漏,周边地区辐射剂量直线上升并随气流迅速蔓延扩散,居民疏散范围进一步扩大到核电站周边30千米。至此,日本福岛第一核电站事态已大大扩大,日本政府于3月13日首次公开承认福岛第一核电站已经发生核泄漏。与此同时,日本政府初步确定此次核泄漏事故为4级,即造成"局部性危害"。此后日本政府采取地球自卫队直升机空中注水和消防车地面喷水的措施试图减弱核电站周边的辐射剂量,但收效甚微。3月18日,日本原子能安全保安院初步将福岛第一核电站事故定为5级。3月26日开始,相继在核电站附近海水和建筑物隧道及地下室内发现高放射性水。4月2日,发现2号机组海水取水处附近的混凝土竖井出现裂缝,大量高放射性废水由此处泄漏入海洋,整个事故进一步恶化。由于此前福岛第一核电站一直对核反应堆进行灌注海水冷却作业,为了能够进入核反应堆内进行清除核废料作业并腾出空间清理高放射性废水,4月4日至10日,福岛第一核电站将灌注于核反应堆内的近万吨低放射性海水排入海洋。4月6日,福岛第一核电站2号机组停止向海洋排放高放射性废水。同日,福岛第一核电站开始向1号机组注入氮气,以防氢气爆炸的再次发生。4月10日,日本动用小型无人直升机确认福岛第一核电站反应堆建筑的状况,并利用无人重型机械清除核电站内因氢气爆炸而产生的瓦砾。4月13日,日本所有地区的辐射剂量均已下降或与此前辐射水平持平。至此,整个福岛核泄漏事故开始得到控制,事态趋于稳定,此后进入漫长的善后处理和灾后重建时期。

9.1.3 世界各国对核废水的反应

自从 4 月 13 日日本政府召开阁僚会议正式决定向海洋排放福岛第一核电站核废水,国际社会反应强烈。

4 月 26 日,在韩国庆尚南道统营市一处海域,200 艘渔船组队示威游行,抗议日本排核废水入海。此后的 10 年,如何"消化"核废水,成了福岛核泄漏事故善后处理中的重大难题。据日方消息,东京电力公司此前曾设置事故放射性废水净化处理装置,其中包括锶铯吸附装置、反渗透膜除盐装置、多核素去除装置,用以去除核废水中的大部分放射性核素,并设置大量贮罐用以贮存经过净化的废水。为了不对废堆作业构成阻碍,日本政府宣布将在两年后将核废水排海。据日方表态,其所选择的"排海释放",主要是"希望通过海水的稀释作用来降低危害"。公开数据显示,福岛核废水中的氚污染浓度超过日本本国标准约 12 倍。日本广播协会(NHK)报道称,若有关核废水于 2023 年开始倾倒入海,持续数十年后,核废水浓度将稀释至国际排放标准的 1/40,"即使人们每天饮用 2 升废水,也不会对身体健康造成损害"。但与此同时,也有日方人士表态,处理核废水并非仅有一条路,"在陆地上继续建设大型贮罐"或"用灰浆凝固处理"都是现行技术条件下的可行方式。

东京电力公司 2013 年起一直声称,有技术能将放射性物质含量降至"低于容许排放的水平"。但 2018 年 9 月该公司被美国《科学》杂志曝光,用于处理含有核污水的贮罐,未能将放射性物质去除至低于法定标准值。后来经过"二次过滤",日方表示已经达到"饮用水"标准,但是这样的水,只是 2 000 吨的检测样本,也就是说还有 70% 以上的核污水未曾"验明正身"。

事故发生后,德国海洋科学研究机构发布过一段视频:57 天内,放射性物质将扩散至太平洋大半区域;韩国、中国、俄罗斯等周边国家将受到严重的核污染;3 年后,美国和加拿大将遭到核污染影响;10 年后,任何一片海域恐怕都无法幸免……德国绿色和平组织核专家肖恩·伯尼警告说:"这些废水中的放射性核素,在数千年内都是很危险的,其中碳-14 作为'人类集体辐射剂量的主要来源',有可能会损害人类 DNA,因此必须放弃这一计划(排放入海)。"如果核废水入海,只要还生活在这颗星球上的人,就无处可逃。2016 年,加拿大维多利亚大学科学家杰伊·卡伦在一条来自加拿大奥卡诺根湖的三文鱼体内,探测到了被称为福岛核事故"指纹"的铯-134;2019 年 3 月 27 日,新华社报道,日本福岛核电站的污染物已向北漂移至阿拉斯加州附近,这是白令海峡首次发现福岛核事故污染物;还有美国盛产红酒的北加利福尼亚州纳帕,核专家在葡萄酒中测出福岛核泄漏的痕迹,而此时它们已经销往世界各地……

法国电视台曾公开过一段纪录片揭露日本排污真相:一家瑞士实验室对欧盟超市中售卖的来自太平洋的金枪鱼和进口自日本的绿茶进行了检测,结果发现其中含有相当剂量的放射性元素铯-137 和铯-134。铯-137、铯-134 都是金属铯的同位素,遇水易发生爆炸,放射性较强,人体摄入过量后会导致造血系统、神经系统损伤,非正常生育、绝育甚至死亡。尽管流入大海后,其剂量不足以对人体造成直接伤害,却很容易在人体内沉积,最终造成不可预知的风险。由此可见,核污染,不仅是一时一地的灾难,更是几十年甚至上百年的危机。随着时间的不断推移,核污染所造成的后遗症早已暴露在世人面前。2012 年,在日本海底就发现了恐怖怪异的变异鲶鱼;2016 年,美国渔民捕获的阿拉斯加三文鱼、加拿大白鱼和太平洋鲱鱼,其身上布满大大小小的白色肿瘤和溃烂,这些可能都是日本福岛核污染的结果。就连日本广播协会(NHK)也制作过一部名为《辐射森林》的纪录片,其中有太多让人触目惊心的画面:牛身上布满莫名的白点;蛇的身体里全都是放射性物质;一只猴子的细胞里几乎没有细胞在造血,再发展下去可能就是白血病……而这些畸变,都有一个漫长的潜伏期,即使再微乎其微的核污染,都没有人能够保证不会造成最坏的结果。

过滤后废水中的主要放射性物质——氚,其半衰期为 12.5 年,虽然辐射危害相对较轻,但氚的同位素氢是生命细胞中普遍存在的一类元素,很容易被生物吸收并参与其新陈代谢过程,影响不容小觑。在氚之外,铯-137、锶-90、碘-129 等放射性元素也可能在入海核废水中同时超标。其中,碘-129 的半衰期长达 1 570 万年,可引起甲状腺癌。日本所谓"经过大量稀释后实现污染物浓度达标",只意味着有关元素产生即时毒性的概率降低,而随着大量核废水持续流入太平洋,放射性物质总量并不会减少。核废水入海后,大部分放射性元素会被海洋微生物吸收,经过食物链循环,它们中的一部分将随水产品进入陆地,出现在人类餐桌上;剩下的会逐渐沉积在海洋之中,甚至可能通过自然循环,在特定区域形成高浓度聚集,最终成为长期隐患。有日本学者指出,福岛周边的海洋不仅是当地渔民赖以生存的渔场,也是太平洋乃至全球海洋的一部分。从这个意义上讲,核废水入海不仅仅是重创东北亚地区和北太平洋地区渔业品牌的商业问题,更是影响到全球鱼类迁徙、人类健康、生态安全等方方面面的"存亡之问"。

难道没有比排入大海更好的方案吗?几位核防护专家给出的答案是一致的:"当然有!"一位核防护专家介绍说,国际上对高放射核废料有两种处理方式,一种是经过处理装在大罐子里直接埋到很深的地层下,像美国、俄罗斯、加拿大、澳大利亚等幅员辽阔的国家目前都是这样做的。另一种是将装有核废料的金属罐投入选定海域 4 000 米以下的海底。"将核废料埋在永久性处置库是目前国际公认为最安全的核废料处置方式。这种含有多种放射性同位素的核废水也可以适用这种处理方式。"此前有日本媒体指出,福岛第一核电站周边有大量因辐射量过高而不宜居住的区域,这些闲置土地完全可以用来新建存储设施。2020 年 2 月,日本政府负责处理核废水问题的相关委员会发布评估报告称,除排入海洋外,蒸汽释放也是可行的方案。此前,美国三里岛核事故后就将核废水蒸发排入过大气。

对于日本政府基本决定将福岛核污水排入大海,不仅引起了国际社会的反对,日本国内也强烈抗议。

9.2 墨西哥湾漏油事件——"黑色海洋"

海底石油是埋藏于海洋底层以下的沉积岩及基岩中的矿产资源之一。海底石油(包括天然气)的开采始于20世纪初,但在相当长时期内仅有少量的海底油田被发现,直到60年代后期海上石油的勘探和开采才获得突飞猛进的发展。现在全世界已有100多个国家和地区在近海进行油气勘探,40多个国家和地区在150多个海上油气田进行开采,海上原油产量逐日增加,日产量已超过100万吨,约占世界原油总量的百分之二十五。

9.2.1 海上石油泄漏事故

2010年4月20日,位于美国墨西哥湾附近水域的一座名叫"深水地平线"的半潜式石油钻井平台爆炸起火,造成11名工作人员遇难。灾难却并没有就此结束,4天之后,也就是从4月24日开始,钻井平台底部的油井就不断向外喷涌出大量原油,引发大规模的原油泄漏。美国统计显示,墨西哥湾每天泄漏的原油最少5 000桶,更有可能多达5万桶。根据美国政府的估计,至当年6月底已泄漏3.25亿至6.4亿公升的原油。这是美国有史以来最大的生态灾难。其实,美国此前也发生过两次特大原油污染海洋事件。一次是1969年,加利福尼亚州南部海岸发生10万余桶原油泄漏事故,导致沿岸60余平方千米遭到严重污染。再一次是1989年"埃克森·瓦尔迪兹"号漏油事故,影响阿拉斯加州海域生态长达20年,部分海洋生物至今仍未重新发现。而墨西哥湾的漏油事件的影响远远超过之前两次,由它带来的环境、能源、社会、经济、政治效应都将会持续发酵。专家估计,由于泄漏的原油成分水溶性高,极易与墨西哥湾的海水融为一体,难以燃烧和清理,彻底清理油污可能至少需要5年,而漏油事故对环境造成的危害可能会持续数十年。墨西哥湾原油泄漏已经演变为美国历史上最严重的石油污染大灾难。

9.2.2 海上石油泄漏的影响

1. 对生物的影响

海洋生物是原油泄漏首当其冲的受害者。大量泄漏的石油漂浮在海面上,一时难以溶解和挥发,就会形成半米到1米厚、不透明的油膜。油膜一旦附着在海鸟等生物的体表、羽毛上,其保暖、游泳、潜水、飞翔等能力便会丧失,被困在油污中,或窒息,或溺毙。而在油膜溶解、分散的过程中,又极易产生多种有毒化合物质,导致更多的海鸟中毒而亡。同样,被原油污染的海洋生物,如海豹和海龟等,也会试图一次次跃出水面,把皮毛上的油污甩掉。但由于污染面积宽广,而且油污严重,它们最后会挣扎得精疲力竭,无力地沉入海底。海象和鲸等大型海洋动物,也面临同样的厄运。大多数动物一旦受困于浮油,几天甚至几小时内就会死亡。

这不是危言耸听,而是有前车之鉴。1989年3月24日,"埃克森·瓦尔迪兹"号油轮在美国阿拉斯加州附近海域触礁,3.4万吨原油流入阿拉斯加州威廉王子湾。这一当时世界上最严重的原油泄漏事故之一在多年后才有了初步的灾难估计。2009年,埃克森·瓦尔迪兹原油泄漏信托委员会发布报告称,事故留下了"灾难性环境后果",造成大约28万只海鸟、2 800只海獭、300只斑海豹、250只白头海雕以及22只虎鲸死亡。而那些死亡后沉入海底的海鸟、海豹、海獭和鲸等更不计其数。阿拉斯加地区一度繁盛的鲱鱼产业在1993年彻底崩溃,此后再未恢复;大马哈鱼种群数量始终保持在很低水平,在这一区域栖息的小型虎鲸群体濒临灭绝。

而此次墨西哥湾漏油无论从规模还是范围来说都远远超过了"埃克森·瓦尔迪兹"号漏油事故,因此它所带来的生态灾难也要比后者严重得多。这不仅是因为此次的原油泄漏更多,而且因为此时恰恰是动物繁衍期。墨西哥湾沿岸的野生动物栖息地大多是沼泽,风浪把浮油吹向沼泽地,将把正处于繁殖期或孵化期的动物母婴一起杀灭。据美国《国家地理》杂志报道,截至2010年6月,在受污染海域的656类物种中,已有大约28万只海鸟,数千只海獭、斑海豹、白头海雕等动物死亡;而该海域的蓝鳍金枪鱼、棕颈鹭、抹香鲸、环颈鸻、牡蛎、浮游生物、海豚、海鸥和燕鸥等动物将受到严重的生存威胁,蠵龟、西印度海牛和褐鹈鹕3种珍稀动物更将由此灭绝。以抹香鲸为例,抹香鲸是地球上体型最大的齿鲸,被自然保护国际联盟列为"易危动物种类",当它浮出水面呼吸时,不仅皮肤有可能遭受原油刺激,而且还存在吸入和消化原油的风险。而西印度海牛族群由于繁殖率低,本来就相当脆弱,在墨西哥湾成年海牛数量不足2 500头,在原油泄漏的威胁下,正值繁殖期的海牛可能面临灭顶之灾。曾经生机勃勃的沿岸湿地和海滩正在变成"杀戮场",专家估计,大规模的动物死亡将持续几个月乃至数年的时间。

2. 对生态环境的影响

更大的生态灾难则可能发生在我们看不见的地方。研究表明,这些从深达1 500米海底流出的原油,除了污染大海的表平面外,还有一部分被不同层流的海水截获,并没有全部浮现到大海的表面。原油里存在成千上万种化合物,杂环化合物及多环芳烃等都是高毒性物质,不仅毒性强,且存在时间长,都对生态链具有破坏作用。目前,针对原油泄漏的处理方法包括向海中投放化学制剂及燃烧等。投放化学制剂的目的在于将分散的原油从海水中"独立"出来,以方便打捞;而燃烧是指将原油泄漏海域围起来,向其中投放助燃剂并点燃,直到原油被烧成碎渣,再进行清理。这两种方法都不可避免地会导致环境污染问题。

悬浮在海水中的原油及在大海表面形成的巨大浮油污染表面,会造成下层海水含氧不足,再加上原油与化油剂中的有害物质,将对海洋深处的浮游生物、海底生物,尤其是珊瑚礁的生存构成巨大的威胁。墨西哥湾区域的水下600米至1 500米处生活了大量的冷水珊瑚礁,它们的主要食物来自海面。这些珊瑚礁是生态多样性的基础,超过 1 300 种海洋生物与其有着密切的关系。而此次漏油事故所形成的海平面污染区域达数英里之长,正好截断了冷水珊瑚礁的食物链,尤其是在有机物沉降过程中,会经过污染的油层,携带一些很微小的油滴沉入海底。这些含油的食物颗粒无法为冷水珊瑚礁所吸收,将导致大量的冷水珊瑚礁死亡。受到生存威胁的还有深海鱼类,特别是以佛罗里达水域为栖息地的具有一定经济价值的石斑鱼和甲鱼,由于它们成熟晚、寿命长、增长缓慢、繁殖力低,可能会受到更大的影响。

随着污染面积增大和泄漏的原油增多,灾难可能扩大。例如,原油中所含的苯和甲苯等有毒化合物可能进入食物链。从低等的藻类到高等哺乳动物,包括人类,无一能幸免于通过食物链引发的中毒,而存活下来的物种在未来也可能发生基因突变,并遗传给后代。这种传播是难以避免的,因为墨西哥湾是全美 20% 海产品的重要来源,产虾量更占全美的 75%。原油在海水的推动下涌向海岸,岸边植物的叶和茎都包裹上了一层厚厚的油污。而这些海岸植物是当地渔业赖以生存的生态系统的重要组成部分,也是美国南部抵御墨西哥湾飓风的天然屏障。那些包裹在植物体上的原油很快就会切断植物必需的空气和养料来源,最终使其窒息而亡。在许多海水涡流处或保护性较好的海湾地形中,褐色的原油在水流的作用下被源源不断地注入水面之下,形成了厚达几英尺的浮油块。一些专家曾警告说,如果任由有毒原油继续泄漏,墨西哥湾很可能变成一片死区,整个海域将毫无生机,只留下生命力极其顽强的细菌在此生存。

3. 对沿岸居民的影响

对墨西哥湾沿岸渔民而言,漏油事件是不折不扣的灾难。墨西哥湾地区是美国海产品重要产地,美国商务部的数据显示,这一地区鱼类和贝类 2008 年的商业捕捞量超过 10 亿磅(1 磅约合 0.45 千克)。路易斯安那州渔业年产值达到 24 亿美元,渔业雇佣人数超过 2.7 万人,该州也是美国最大的虾、牡蛎、螃蟹供应地。美国商务部 2010 年 5 月 24 日发表声明宣布,美国沿岸路易斯安那州、密西西比州及亚拉巴马州陷入"渔业灾难"。为了避免消费者食用受污染的墨西哥湾海产品,美国海洋及大气管理部门将墨西哥湾美国专属经济区内的禁渔水域扩大至 22.8 万平方千米,占该区域面积的 37%。此举对当地渔业生存无疑是一个沉重打击。旅游业所受损失则以佛罗里达州为最。该州旅游业年产值达 600 亿美元,每年吸引游客达 8 000 万人次,该州 21% 的销售税以及 100 万人的就业依赖于此。与经济产业遭受的损失相比,普通民众更关心的是漏油事件对生存与健康的影响。在事件发生一个多月后,随着清理油污工作的陆续进行,有关漏油对健康带来危害的报道也日渐增加。从短期看,原油中一些物质可能引发皮肤不适、头疼、晕眩、恶心、眼睛灼热、呼吸不畅、记忆力下降等急性症状。清理油污过程中使用的大量化油剂,其中的挥发性有机物也会对人体产生危害。比如,长期接触高剂量的苯将大幅增加罹患癌症的风险。而从长期看,泄漏原油会进入食物链,对人类健康的潜在威胁不容乐观。实际上,在清污过程中,已有一些工作人员和沿岸居民出现了头晕、恶心、头疼、胸痛等症状。

9.2.3 事态的最终结果

英国石油公司(British Petroleum,BP)也为漏油事件付出了巨额的代价,除了可能达到数百亿美元的赔偿外,还反映在其股票市场,投资人纷纷用疯狂抛售来表达对这家石油巨头堵漏不力的不满,以及对公司前景的担忧。漏油事件发生以来,该公司股价大跌1/3,市值缩水700亿美元左右。除此以外,还面临民事诉讼和连带诉讼,为此所付出的赔偿更是天文数字。

随着原油泄漏危害性的扩大,原油泄漏的治理也逐渐受到重视。治理原油泄漏比较有效的方法是微生物方法,其通过一种嗜油菌"吃掉"环境中的烷烃、芳香烃等物质,将其转化为细菌的细胞、水、二氧化碳,这种细菌在含有油污的环境中会迅速繁殖并不断吃掉周围的油污,直到油污完全消失;同时这种细菌会产生一种表面活性剂,其实质特性是一种酶,会加速油的分解。

微生物将原油作为它们的首要食物来源,它们在石油中生长和繁殖,直到失去食物来源。微生物表面活性剂有助于分散石油,与化学分散剂不同,表面活性剂由微生物产生,因此不会损害环境。

墨西哥湾漏油事件无疑是一场生态灾难,而且是一场人为的生态灾难。面对日益恶化的地球环境、日趋脆弱的海洋生态系统,我们应该痛定思痛,学会与自然和谐相处。

9.3 海洋赤潮——"红色幽灵"

我国海域辽阔,物种丰富,通过对我国近海赤潮生物调查资料及有关文献综合统计发现,分布于我国沿海的赤潮生物有148种(其中43种曾引发过赤潮),分别隶属甲藻20个属70个种,硅藻22个属65个种,蓝藻2种,金藻4种,针胞藻3种,绿色鞭毛藻2种,隐藻和原生动物各1种。最主要的赤潮生物为夜光藻、微型原甲藻、海洋原甲藻、亚历山大藻、多纹膝沟藻、中肋骨条藻、红色中缢虫、红色束毛藻和海洋卡盾藻。在我国引发过赤潮的43种赤潮生物中,有毒种类有链状亚历山大藻、多环旋沟藻、链状裸甲藻、米金裸甲藻、红裸甲藻、金黄环沟藻、波罗的海原甲藻、褐胞藻和海洋卡盾藻等28种。

有些赤潮生物特别是甲藻,往往发展出了能适应不同环境,并与其他生物成功进行生存竞争的一系列适应策略,如通过垂直迁移优先争夺阳光或营养盐,能在不良环境下形成孢囊沉积于底泥中,一旦环境适宜,可大量萌发形成占优势的营养细胞群。在我国长江口以南沿海的调查中,就曾发现22种活的有害赤潮藻孢囊。另外,由于研究手段的更新和调查的深入,近年来在我国沿海发现了一些以前在我国没有分布的新的赤潮藻种,如包括有毒冈比亚藻、短裸甲藻、巴哈马梨甲藻等在内的新的赤潮原因种。赤潮生物及其孢囊还能随海流或船舶压舱水而迁移到新的海域,因此,境外赤潮生物种的入侵也是一个值得注意的问题。

9.3.1 赤潮概述

赤潮,又称红潮,国际上也称其为"有害藻类"或"红色幽灵",它是在特定的环境条件下,海水中某些浮游植物、原生动物或细菌爆发性增殖或高度聚集而引起水体变色的一种有害生态现象。赤潮并不一定都是红色,主要包括淡水系统中的水华、海洋中的一般赤潮,还有近几年新定义的褐潮(抑食金球藻类)、绿潮(浒苔类)等。

随着现代化工、农业生产的迅猛发展,沿海地区人口增多,大量工农业废水和生活污水排入海洋,其中相当一部分未经处理就直接排入海洋,导致近海、港湾富营养化程度日趋严重。同时,沿海开发程度的加深和海水养殖业的扩大,也带来了海洋生态环境和养殖业自身污染问题;海运业的发展导致外来有害赤潮种类的引入;全球气候的变化也导致了赤潮的频繁发生。

赤潮是一种世界性的公害,美国、日本、中国、加拿大、法国、瑞典、挪威、菲律宾、印度、印度尼西亚、马来西亚、韩国等30多个国家和地区赤潮发生都很频繁。

首先,赤潮的发生破坏了海洋的正常生态结构,因此也破坏了海洋中的正常生产过程,从而威胁海洋生物的生存。

其次,有些赤潮生物会分泌出黏液,粘在鱼、虾、贝等生物的鳃上,妨碍呼吸,导致其窒息死亡。含有毒素的赤潮生物被海洋生物摄食后中毒死亡,而人类食用含有毒素的海产品,也会导致类似的后果。

最后,大量赤潮生物死亡后,尸骸在分解过程中要大量消耗海水中的溶解氧,造成缺氧环境,引起虾、贝类的大量死亡。

随着沿海养殖业的大发展,尤其是对虾养殖业的蓬勃发展,产生了严重的污染问题。在对虾养殖中,人工投喂大量配合饲料和鲜活饵料,由于养殖技术陈旧和不完善,往往造成投饵量偏大,池内残存饵料增多严重污染了养殖水质。同时,由于虾池每天需要排换水,所以每天都有大量污水排入海中,这些带有大量残饵、粪便的水含有氨氮、尿素、尿酸及其他形式的含氮化合物,加快了海水的富营养化,这为赤潮生物提供了适宜的生存环境,使其增殖加快,特别是在高温、闷热、无风的条件下最易发生赤潮。由此可见,海水养殖业的自身污染也使赤潮发生的频率有所增加。

9.3.2 赤潮发生

我国有关赤潮的最早报道是1933年原浙江水产实验场费鸿年记录的发生在浙江镇海至台州—石浦一带的夜光藻和骨条藻赤潮。我国有害赤潮的发生有以下趋势,自20世纪70年代开始,赤潮的发生以每10年增加3倍的速度不断上升,赤潮的高发区为南海、长江口和渤海。

1972年以来由于赤潮造成的经济损失每年高达10亿元以上,有些特大赤潮,一次就能造成几亿元的经济损失,并能影响到几千平方千米的海域,如1998—2000年,连续3年,在渤海、东海发生了面积达到几千平方千米的特大赤潮,世界罕见。

2000年7月9日至15日,辽东湾鲅鱼圈海域发现中心区域以淡红色为主,边缘区域以淡黄色、红褐色为主,呈絮状、条带状分布的赤潮,面积约350平方千米,其西南方有近2 000平方千米的水色异常区分布。2000年5月12日至2000年5月16日,浙江中部台州列岛附近海域发生面积为1 000平方千米的赤潮;2000年5月18日在该海域再次发现赤潮,赤潮区域呈褐色条状和片状分布,长约80千米,宽约57千米,面积约4 560平方千米,赤潮生物以具齿原甲藻(含有毒素)为主,密度最高值在水下2米处;2000年5月20日赤潮区域扩展至5 800平方千米;2000年5月24日,该赤潮仍然存在,呈暗红色块状,区域较2000年5月20日有所北移,面积进一步扩大。

2000年8月17日,深圳坝光至惠阳澳头海域发生赤潮,面积约20平方千米,赤潮生物为锥形斯氏藻和原多甲藻。此次赤潮导致东升网箱养殖区养殖的卵形鲳鲹、美国红鱼、红鳍笛鲷、狮鱼等大批死亡。

2012年深圳南澳海面出现较大面积赤潮,靠近岸边的海面已变成赤红色,受污染的海面约有一个足球场大。海面上漂浮着大量垃圾,海水也泛着阵阵恶臭。2012年4月10日,深圳市海洋环境与资源监测中心工作人员到深圳东部海域南澳月亮湾进行水样化验,认定这里出现的较大面积红褐色物质是由一种名叫夜光藻的藻类大量繁殖导致的赤潮。"赤潮对网箱养殖来说是个灾难。"据南澳某水产养殖企业的技术人员介绍,夜光藻本身不含毒素,但一旦它大量繁殖形成赤潮时,易黏附在鱼鳃上阻碍鱼类呼吸,导致鱼类缺氧窒息死亡。鱼类死亡后,分解产生的尸碱和硫化氢会使海水变质,危害水体生态环境,给海洋生物带来危害。在出现该类赤潮时,不能采捡不明死因的海洋生物食用,以防食物中毒。

9.3.3 我国赤潮的研究进展

赤潮的形成需要合适的条件,各种环境因子包括物理(温度、光照和海流等)、化学(氮、磷等营养盐和微量元素铁、锰和维生素等)、生物(摄食与捕食、种间的相互作用等)和气候(降雨、温室效应和厄尔尼诺现象)等都可能触发、影响赤潮的发生及其时空分布。赤潮近年来频发的原因中,一般认为最重要的是人类活动带来的影响,如海洋环境污染,尤其是海域的富营养化。随着经济的发展,工农业废水和生活污水排放量不断增加,沿海富营养化加剧,为赤潮的发生提供了物质条件。香港吐露港赤潮发生频率的变化很好地印证了富营养化是赤潮发生的基础这一点。自20世纪70年代起,随着香港工农业的发展、人口的增加及城市的不断扩大,吐露港赤潮发生率也一直呈上升趋势,1980—1982年共有 11 次，1983 年有 11 次，而 1984 年上半年就有 10 次。调查发现，1985 年吐露港的营养盐负荷比 1976 年增加了两倍多，由 1976 年的每日 800 千克氮、200 千克磷上升到 1985 年的每日 2 000 千克氮、450 千克磷，在此阶段赤潮的增加与人口的增长数量明显相关。20 世纪 80 年代末香港政府对工农业及生活排污水采取了有效管理措施后，赤潮发生频率明显下降。我国的赤潮高发区渤海湾、大连湾、长江口、福建沿海、广东大鹏湾的赤潮研究也都表明了赤潮发生与环境污染、人类活动有密切联系，然而，富营养化并不等同于赤潮，赤潮的发生机制非常复杂，包括物理、化学、生物和气候等各方面的作用及其相互作用，每一类赤潮藻种与环境因子的相互关系又各不相同，有它们自身的特点，所以赤潮发生机制的研究成为各国科学家研究的热点。

1. 初始阶段（1952—1976 年）

这一阶段主要是从 1952 年原中央水产所记述发生于黄河口的范围约 1 460 平方千米的夜光藻赤潮及危害，后经费鸿年在《学艺杂志》上正式发表相关文章开始的。这一时期对赤潮的认识和调查监测甚少，1962 年在福建平潭岛附近海域发现的两次束毛藻赤潮、1972 年发生在长江口以东外海面积约 2 000 平方千米的东毛藻赤潮等，基本上停留在赤潮现象的定性描述，尚未进行赤潮专项调查研究。

2. 起步阶段（1977—1989 年）

这个阶段是从 1977 年由于在渤海湾海河口发生规模宏大、持续时间长达 50 多日的微型原甲藻（Prorocentrum minimun）赤潮并对渔业造成了严重危害，从而引起我国政府和有关部门高度重视开始的。国家和有关部门相继设立赤潮研究专项，组织有关科研教育部门进行专题研究。与此同时，这一阶段研究赤潮的单位也有所增加，研究队伍不断扩大，并开始走上联合研究的道路。

3. 发展阶段（1990—2000 年）

1990 年以来，我国赤潮研究开始跨入了一个新的发展阶段，其主要特点是研究领域的拓宽，以及研究内容与国际的接轨，开展了赤潮甲藻孢囊的生理生态及生活史，赤潮微型甲藻识别新技术，赤潮种群生态动力学，赤潮生消过程、成因和机理，赤潮藻种间及藻菌相互作用，赤潮毒素及产毒、致毒机理，赤潮的生物、化学治理方法，赤潮的生态数值模拟等研究，并取得了一定的进展。

4. 深化阶段（2001—）

进入 21 世纪以来，随着生物、信息、计算机、遥感等技术的迅猛发展，赤潮的研究开始向纵深阶段发展。在广泛国际合作的基础上，主要进行了以下研究工作：有害赤潮的现场快速检测技术、多源遥感影像数据的自动监测系统和灾害预测算法研究，明确赤潮的时空分布特征，以有效地预防和治理赤潮的发生和发展；此外，研究了多重复合环境因子变化对赤潮藻生长和爆发的影响，基于多组学技术研究赤潮藻环境响应机制，了解其发生机理；另外，开展了一系列的赤潮藻的化学、物理和生物等防治新方法。

9.3.4 我国赤潮的防治工作

随着我国社会经济的不断发展和海域利用强度的加大,海洋环境污染问题越来越突出,赤潮灾害高频率、大面积地发生已是不争的事实。提高沿海城市赤潮灾害防御能力,减轻赤潮灾害所造成的经济损失是国家和沿海城市地方政府重点解决的问题,主要从以下四个方面开展赤潮灾害的防治。

1. 赤潮预报

赤潮预报是防治工作的前提,预报结果直接反映赤潮灾害的基本情况,为开展赤潮治理工作提供依据。赤潮预报的方法包括数值预测法、经验统计预测法和遥感检测法,其中前两种属于常规预报方法。

2. 生物防治

在赤潮藻生消过程中伴随着许多微生物的共同作用,赤潮藻与微生物、其他藻类之间的相互关系是多种多样的。细菌、寄生虫和病毒等微型生物是天然水体中调节藻类种群动态平衡的重要潜在因子,它们的繁殖速度非常快,并具有宿主的专一性,是一种非常有潜质的赤潮调控因子。根据生态系统中的食物链关系,通过引入赤潮生物的天敌来防治赤潮也是一种治理方法。

3. 物理、化学防治

赤潮防治的物理、化学方法主要有:机械搅动法,利用动力或机械方法搅动底质,促进海底有机污染物分解,恢复底栖生物生存环境,提高海区的自净能力;撒播黏土法,利用黏土矿物对赤潮生物的絮凝作用以及黏土矿物中铝离子对赤潮生物细胞的破坏作用来消除赤潮,利用黏土治理赤潮具有对生物和环境无害、促进生态系统的物质循环、黏土资源丰富、操作简便易行等优点;化学除藻法,利用药剂对藻类细胞产生破坏作用和抑制生物活性来进行杀灭、控制赤潮生物,然而化学药剂在使用过程中极易造成局部浓度过高而危害渔业,同时在海水的波动下迁移转化太快,药效的持久性差,也易引起二次污染;围隔法,利用围栏把赤潮发生区域进行围隔,避免扩散污染其他海域;过滤分离法,通过机械设备把含赤潮生物的海水吸到船上进行过滤,分离赤潮生物;改变因子法,改变温度、光照、盐度、营养物、微量元素等物理因子,从而改变赤潮生物的生存条件;降解矿化法,降解和矿化海洋中的有机污染物和异生质,切断赤潮生物的食物链。

4. 公共防治

赤潮多发生于沿岸排污口和海洋环境条件较差、潮流较弱、水体交换能力较弱的海区,海水富营养化是形成赤潮的物质基础。要防止赤潮的发生,必须严格控制富营养化污水的入海量,从源头上减少富含营养物质的污水排放入海。另外,为避免和减少赤潮灾害的发生,应开展海洋功能区规划工作,从全局出发,科学指导海洋资源的开发和利用。赤潮一旦发生,其后果相当严重。因此,还要经常通过报刊、广播、电视、网络等各种新闻媒介,向全社会广泛开展关于赤潮的科普宣传,通过宣传教育,增强全民抗灾防灾的意识和能力;同时也呼吁社会各方面在全面开发海洋的同时,高度重视海洋环境的保护,提高全民保护海洋的意识。

加强赤潮的生态学与海洋学的研究迫在眉睫。赤潮是一个非常复杂的涉及多学科的生态环境问题,涉及海洋生物、海洋生态、物理海洋、海洋化学以及气候等多个方面。目前赤潮形成的机制尚不清楚,所以必需加强与赤潮相关的生态学与海洋学等基础问题的研究,才能从赤潮形成机理上加深对有害赤潮的认识,才能掌握我国有害赤潮的爆发机制,进而进行有效的预报和治理,建立适合我国国情的经济有效的赤潮防御系统,减轻赤潮灾害造成的经济损失。

有害赤潮是大规模的海洋生态环境严重失衡问题,它的研究涉及多学科的交叉和多部门的合作,许多国家已认识到这一点并相继设立了国家研究计划。如何在我国现有的有害赤潮研究基础上,尽快周密、科学地制订和实施我国的有害赤潮国家研究计划,协调各地区、各部门的赤潮研究,并与全球有害藻华生态学与海洋学(GEOHAB)国际研究计划保持紧密的合作关系是非常必要和急需的。

9.4 海洋汞污染——水俣病

20世纪五六十年代,日本经济全面复苏,工业进入高速发展阶段,特别是钢铁、矿山和化工企业发展迅速。随之而来的是生态环境的严重恶化,当地居民的身体健康受到严重威胁,出现了很多在国际上影响很大的环境公害事件,其中之一就是著名的水俣病事件。

仅在20世纪60年代,日本就发生了著名的4大环境公害事件(熊本县的水俣病、新潟的水俣病、四日市的哮喘病、富山县的疼痛病),其中两次都是水俣病。首例水俣病患者的出现官方确认是在1956年,1965年在新潟县又发现了水俣病病例。水俣病因为首先发生在日本熊本县的水俣市而得名,新潟县的患者因为相同的致病机理和症状而被确认为患有同样的疾病。但是,水俣病并不是一种地方病,而是因工业污染而引起的身体疾病。科学家经过大量的医学和社会调查弄清了水俣病的致病机理:水俣病是由化学工厂排出的废水废渣中的甲基汞所导致的。工厂排出的废水中含有甲基汞,而这些废水没有经过任何处理措施就直接进入了河流和海湾,河流和海湾里的鱼和贝壳因此受到污染。生活在河流和海湾周围的居民食用大量受污染的鱼和贝壳后导致身体器官汞中毒。这种病症最初出现在猫身上,被称为"猫舞蹈症"。病猫步态不稳,抽搐、麻痹,甚至跳海死去,被称为"自杀猫"。随后不久,此地也发现了患这种病症的人。患者由于脑中枢神经和末梢神经被侵害,轻者口齿不清、步履蹒跚、面部痴呆、手足麻痹、感觉障碍、视觉丧失、震颤、手足变形,重者精神失常,或酣睡,或兴奋,身体弯曲,直至死亡。

9.4.1 灾难的开始

水俣市位于日本九州岛西南端熊本县的最南部，与鹿儿岛县接壤，三面环山，一面朝海，树木葱茏，碧海蓝天，风光秀丽，是水俣湾东部的一个小城。水俣湾外围的不知火海是被九州本土和天草诸岛围起来的内海，那里海产丰富，是渔民们赖以生存的主要渔场。由于地处里亚斯型海岸，潮汐落差4米，其附近的海域鱼类丰富多样。1908年8月，日本窒素肥料株式会社宣告成立，并于1909年正式落户于这个宁静的小渔村。

1927年，日本窒素肥料株式会社大举向海外扩张，还曾设立朝鲜窒素肥料株式会社，在兴南工厂兴建了电力化学联合企业。1932年5月起，水俣工厂开始生产醋酸、乙酸酐等用于有机工业产品原料的乙醛，致使混合着有机汞的工厂废水未经任何净化便滔滔流向水俣湾。渔民们撒下的渔网上粘满了黏乎乎的异物，异物呈现暗褐色，散发出刺鼻的恶臭。1953年12月，发病的54名患者中17名患者被确认死亡。患者的症状是：起初，全身酸痛，手脚发麻，走路经常跌倒，口齿不清，语无伦次，舌头麻痹，咽不下东西；然后，眼睛渐渐失明，耳朵渐渐失聪；最后，全身剧烈痉挛。

9.4.2 灾难的持续发展

自1956年起，人们开始关注工厂排污。渔民们将渔船抛锚在废水区，发现船底并不附着任何鳞笠藤壶，可见，工厂的废水是酿成水俣病的元凶。1956年，厂方为了掩人耳目，息事宁人，就废水造成的渔业损失向水俣市渔业合作组织支付了区区1500日元的慰劳金。1957年熊本县卫生部宣布："水俣病病因是窒素工厂的废水。"然而，该工厂仍未停止废水排放，只是把废水口迁至水俣河河口，致使河口大片鱼群暴毙，大量鱼尸漂浮在水面，猫吃了这种浮尸便癫痫发作而死亡。日本厚生省也若无其事地宣称："并无证据表明湾内的鱼贝类都有毒。"此时，日本政府如果采取果断措施，整治乃至关停该污染工厂，便能有效阻止水俣病进一步扩散。然而政府并没有采取禁渔措施，致使窒素工厂继续排污达十多年之久。

1956年4月末，水俣市窒素肥料株式会社水俣工厂附属医院发现了特殊的神经症状患者，5月1日，院方正式向水俣保健所做了汇报，这就是水俣病的开端。此后，奇病患者接踵而至。是月28日，由水俣市医生协会、保健所、水俣工厂附属医院、市立医院、市政府联合组建了"奇病对策委员会"，30日，熊本大学医学院水俣病研究组（简称"熊大研究组"）成立。经过长期、曲折而艰苦的研究，研究组查出水俣病的病因是甲基汞化合物中毒，其祸源是工厂排出的工业废水。水俣工厂在生产乙醛过程中，使用低成本的汞作为催化剂，20多年来工业废水未加处理，已有上百吨汞随废水流入不知火海。不知火海水流平稳，与外洋几乎不能对流，而水俣湾又是不知火海的内湾，湾内更是无波无潮，加之汞的比重大，一经入海便自行沉降，为鱼所食，人或动物一旦摄取了体内高浓度含汞的鱼，就会患病。鱼肉中50%～70%的汞是以甲基汞形式存在的,甲基汞比无机汞更具毒性,过多地食用这些鱼,便有甲基汞中毒的危险。在水俣病死者的肝、肾和脑等器官中,汞的含量分别为20～70.5毫克、22.6～144毫克及2.6～24.8毫克,分别为正常人汞含量的99倍、15倍和17倍。

1963年2月20日,熊大研究组认定,水俣病是由患者食用了水俣湾的鱼类和贝类导致的神经系统疾病,而这些鱼类和贝类都被海湾内的甲基汞污染了。甲基汞是有机汞的一种,其形态呈白色粉末状,容易被肠胃吸收,经血液循环先进入肝脏和胃脏,而后转移至大脑或胎儿体内,并积蓄于此,给人体带来严重的影响及损害。

1965年,新涛大学向新满卫生部反映,在新得的阿贺也川流域发现有机水银中毒(后来被称为新潟病)患者,原因是当地一家叫昭和电工的工厂向河里排泄的工业废水里含有有机水银。新潟县的调查委员会通过病理调查,认定新潟水俣病起因于昭和电工的工业废水,并于1967年将报告报送厚生省。直到1968年9月26日,日本官方才认定水俣病的致病原因确实如此,窒素肥料株室会社排放的含汞废水污染了环境,因此,水俣病是一种环境污染公害病。水俣病的发生极大地损害了人民的身体健康,同时也使水俣市形象受损,旅游业、生产经营滑坡。

9.4.3 灾难的危害

从1956年水俣病在水俣市发现到1968年政府发表正式结论,其间经过了整整12年。这12年正是日本经济高速发展的12年,窒素肥料株式会社及其他化工厂家你争我赶,加快生产,产量年年创新高,其中使用的水银量也年年加大,水俣病不但没有消失,受污染患病的人数仍在不断扩大。

患者被病痛折磨得随地翻滚,痛苦地呻吟,甚至疯狂吼叫,或染病不久即被夺去生命;或不堪忍受痛苦,投海自尽;或终生残废,卧床数十年,苦受病魔的煎熬。水俣病更加恐怖之处还在于它有遗传性,对后代遗害无穷。正如日本评论社发行的《水俣病裁判》(乙书)中所述:"熊本水俣病,从其受害之广及受害情形之悲惨而言,是世界有史以来,仅次于广岛、长崎原子弹的人为灾害,是人类有史以来最恐怖的公害病。"

1969年6月14日,水俣病患者互助会的诉讼派向熊本地方法院提出起诉,状告公害制造者窒素肥料株式会社。1973年3月20日,地方法院对肇事方做出有罪的判决,并判其向受害者支付巨额赔偿金。这次审判严惩了肇事方,给予了受害者一定的经济补偿。这一悲惨的历史事件给我们留下了诸多的反思与启迪。

9.4.4 我国对汞的防治

2013年1月19日,历时4年多的全球限汞谈判终有结果,首个汞限排公约《关于汞的水俣公约》文本获得147个国家的一致通过。该公约对汞的生产、流通、使用及污染控制做出了具体安排,重申了"共同但有区别的责任"原则,并就资金机制和技术援助做出了安排,对于控制全球汞污染具有十分重要的积极意义,同时也必将促进我国的重金属污染防治工作进一步深化。

我国正面临全球性限汞带来的压力和挑战。我国涉汞行业较多,在联合国环境署已列明的 11 类 50 余子类的汞排放源中,我国涉及其中的 40 多个类别。首先,工业、小型金矿和燃煤电站是汞污染的重要来源,特别是氯碱行业,电石法生产聚氯乙烯的生产工艺导致大量的汞排放。其次,医疗行业也是汞污染的来源,含汞医疗器械主要包括水银血压计、水银体温计、食道扩张器、牙科使用的汞合金材料、一些人体测量仪器等。汞在日常生活中最常见的应用是荧光灯。废弃的含汞照明电器如果处置不当,以每年 10 亿只计,释放到大气环境中的汞量就可达 70 至 80 吨。

我国的限汞措施持续在推进。早在 2010 年第一轮国际汞公约谈判进行前,2009 年 11 月,国务院批转了环保部、工信部等八部门《关于加强重金属污染防治工作的指导意见》(国办发〔2009〕61 号),目标是到 2015 年使包括汞在内的重金属污染得到有效控制。

2013 年 1 月,环保部发布《汞污染防治技术政策》(征求意见稿),向社会公开征求意见,这是我国政府发布的第一个专门针对汞污染及排放治理的法规政策意见稿,在意见稿中,明确提到了具体的落实目标:到 2015 年,涉汞行业基本实现汞污染的全程监控,含汞的废气、废水要达到基本国标;到 2020 年,含汞废物、废水得到全面控制,汞污染及排放达到国际标准。该意见稿提出了涉汞行业汞污染及排放的一般要求、过程控制规范、废气和废水防治、固体废物处理、二次污染防治、技术研发等内容,包括原生汞开采生产、用汞工艺(聚氯乙烯、氯乙烯生产)、含汞产品(含汞电源、电池、体温计、血压计、化学试剂等)生产,以及火力电厂、工业锅炉、铜铅锌及黄金冶炼、钢铁冶炼、水泥生产、垃圾焚烧等工业过程中的汞排放。该文件以法规的形式确立了上述行业的技术标准及排放标准,并就新技术研发及工艺改造提出了具体的要求。

我国汞污染防治体系涉及很多方面的内容。首先,必须明确制定可行的限汞、治汞目标;其次,要加强汞治理的科学研究,推广无汞、低汞绿色技术的应用范围;再次,必须制定相关的法律法规及技术标准规范;最后,建立并完善监管机制,提升公众、企业、政府的限汞意识。从整体上说,要多源头控制汞的使用和排放。

水俣病事件给世界敲响了警钟,迫使人们不得不重新审视发展模式。一方面,应加大环境立法的力度,健全法律、法规,以法规范企业及个人行为。另一方面,应建立起一套行之有效的社会监督机制和损害环境经济补偿制度,严惩制造公害、破坏环境的肇事者。同时,加强环境教育,提高国民的环境意识,让"保护环境"这个概念家喻户晓、铭刻入心,在全社会形成爱护环境者光荣、破坏环境者可耻的风尚,使公害制造者成为过街老鼠,人人喊打。只有这样,才能从根本上清除公害,根绝如水俣病这样的公害疾病发生。水俣病的警钟必须长鸣。

9.5 海洋热污染

环境中的热污染是指自然因素和人类活动中的热排放导致环境温度异常升高,破坏环境温度的稳定和平衡,对人类和其他生物、对环境、对气候造成不良影响的一种物理性污染现象。简而言之,热污染主要是指自然因素和人类活动中的热排放导致环境温度异常升高的现象。

人类活动的强度和规模不断扩大,人为活动产生的热排放急剧增加,导致环境温度异常升高,构成明显的热污染。目前,热污染已经成为一大社会公害。环境中的热污染可以分为大气热污染和水体热污染。高温热源排放的热量大量进入大气,导致大气温度的异常升高,称为大气热污染。同样,高温热源排放的热量大量进入水体,导致水体温度的异常升高,称为水体热污染。热污染导致水体温度异常升高,使海水受热膨胀,海平面也随之升高。科学家实验研究证明,当气温升高 1.5～4.5 ℃时,海平面将会升高 20～165 厘米。近 100 年来,全球平均气温上升了 0.6 ℃,海平面上升了 14～15 厘米。

环境温度的异常变化,还会影响到水体中溶解氧的含量。通常,当环境温度升高的时候水体中的溶解氧就会减少。较低的水温能够溶解较多的氧。例如,5 ℃时的溶解氧为 20 ℃时的 1.5 倍。热污染导致气温异常升高,使得地球气候带发生异常变化。国际政府间气候变化专门委员会(IPCC)在其气候变化评估报告中说,若气温升高 1 ℃,那么北半球的气候带将向北方移动 100 千米;气温升高 3.5 ℃,气候带将向北移动 5 个纬度左右。

9.5.1 温排水对生物及生态环境的影响

1. 对水质环境的影响

温排水使水域温度升高,水体表面常出现白色浮沫,造成水色浑浊、透明度降低,以及溶解氧含量下降,增加氨氮及重金属的毒副作用,从而影响水域中生物的生存。

此外,由于温排水温度比周边海域水温高,电厂排出的"热水"浮于冷水上面,在近排放口的浅水区如果水动力条件比较好,潮流混合比较充分,温排水入水后很快就能和水体垂直混合均匀,但当垂直混合不是很强烈时,温排水会影响到水体表层下 2～4 米,因此在对混合区水域进行监测时应关注这一水层,尤其是该水层的生物生态受影响情况。电厂大量温排水的排放,会使得近排放口处局部水域的水温高于邻近海域,一定程度上促进了耐温水生生物的增殖,同时由于水体自净能力下降,促进了沉积环境中营养盐的释放,使水中氮磷比更趋于适合富营养化特征藻类的增殖需要,这都在某种程度上加速了水体的富营养化,当条件合适时就可能引发赤潮,并使局部水域赤潮发生的时段有所延长。

2. 对浮游生物的影响

国内外研究表明,水生生物有着自己适宜生长的最佳温度,若温度升高超过其耐受温度,有可能导致浮游生物的生长受到抑制甚至死亡。在温排水的研究中,冬季当温度升高3℃时浮游生物种类和数量开始减少,夏季当温度升高4℃时浮游生物的种类和数量开始减少,尤其是对排水口附近活动能力较强的大型浮游动物影响更明显。

3. 对底栖生物的影响

长期栖息在水底底质表面或浅层中的底栖动物,活动范围较窄,也相对比较固定,迁徙能力较差,所以生活在排水口附近的底栖生物在废水排放冲击下,最容易受到有害影响。研究表明,随着季节的不同,温排水对底栖生物的影响范围也不同。

4. 对鱼类的影响

国内外关于温排水对鱼类的影响进行了大量的研究,并利用温排水养殖鱼类取得了显著的经济和社会效益。一般认为温度变化对鱼类生长影响较大,鱼类喜欢在适宜温度的水域内活动,对水温变化最为敏感,不同的增温区对鱼类的影响程度也不同。从生理角度上讲,鱼类并不具备通过调节自身体温以适应周围环境温度变化的能力,所以某些鱼类的繁殖、胚胎发育、鱼苗的成活等因温度变化均会受到不同程度的影响,温排水排入受纳水体后会使鱼类和其他水生生物在水体中的正常分布发生改变,从而导致鱼类群落结构发生改变,甚至会引起鱼类畸形发育,严重影响有些鱼类的洄游习性。

5. 对生态系统功能的影响

除了考察温排水对某些物种的影响,研究者们还考察了温排水对物种组合和群体的影响,以及对生态系统结构和功能的影响。温排水可能有不利和有利两方面的影响。例如温度升高可能会破坏珊瑚礁,而有的研究发现,温排水可能提高新珊瑚的再生能力,为禽鸟类和哺乳动物提供更适宜的水温。此外,水温升高导致初级生产力和溶解氧水平这两个生态系统要素下降,例如,温排水导致马尾藻覆盖率降低,影响了栖息地结构、鱼类群落结构及空间分布。

9.5.2 我国的温排水现状

海洋是全球生命系统的基本组成部分,是人类赖以生存和发展的基础,也是保证人类可持续发展的重要财富。当今社会,利用海洋是缓解资源紧缺、人口膨胀、环境恶化问题的重要出路。各国积极开发海洋资源,发展海洋经济,我国也将目光投向了海洋。

随着沿海经济的飞速发展,对于能源的需求也与日俱增,大型滨海电厂的建立成为缓解能源需求的途径之一。然而滨海电厂的建设在满足能源需求的同时,由于大量的温排水排放入海,排放的热废水对海洋生态环境的影响也有所显现。随着人们对海洋环境保护意识的增强,越来越多的人开始关注滨海电厂温排水问题。

出于经济和安全方面的考虑,我国的电厂大多建立在滨海地区,可以充分利用海水进行冷却。当今国内外电厂的冷却主要采用直流冷却和二次循环冷却。我国主要使用的是直流冷却,即直接抽取海洋中的海水对电厂进行冷却,而冷却水经过循环后水温升高,排放出的热量是巨大的,然后将高温加热后温度明显高于周围水体的废水直接排放入海,即为温排水。水温作为重要的水质和生态环境要素,几乎影响所有水的物理、化学和生物化学性质,从而间接影响到各种水生生物的生长和繁殖活动。运营中的电厂的热使用效率较低,一般由循环冷却水带走的能量为发电量的2.5倍,而电厂实际利用率仅为35%~40%,其余的大部分热量都没有得到利用就直接排入大气中或者随冷却水排入周围水体。为了保护海洋环境,必须采取切实有效的方法以减少电厂的温排水热量扩散造成的海洋污染。

电厂在投产运行后产生的大量余热、二氧化硫和灰渣等都需要向外排放、转移,为了减少投资,便于余热等的冷却排放及再利用,我国的火/核电厂大多靠近水库、水池、直流河段和感潮河段、河口。近年来,考虑到燃料的运输和电力输送等因素,火力发电厂一般都建立在滨海城市附近。滨海电厂主要包括半封闭型海域、开放型海域和海岛型开放海域的火/核电厂(群),它们一般利用海水作为冷却水,这些冷却水携带大量的热量进入海洋,使得受纳水域水温升高,对海洋环境产生了一定的负面影响,主要包括随温排水进入附近海域的余热、余氯等对海洋生态环境和水产养殖业等的影响。

9.5.3　大亚湾核电基地

大亚湾核电基地包括大亚湾核电站、岭澳核电站,两座核电站共6台百万千瓦级压水堆核电机组。大亚湾核电站和岭澳核电站的温排水分别通过各自的排放引导渠汇入长1 190米的合排渠排放入海。大亚湾海域位于南亚热带,自然状态下海水温度较高,夏季平均水温达29.8 ℃;冬、夏季平均流速分别为10.9厘米/秒,平均潮差为1.01米。6台机组运行时,温排水量为315立方米/秒,温升10 ℃。根据物模试验和数模计算的综合分析结果,大亚湾核电基地6台机组运行时,温排水造成当时水温超过4 ℃的面积冬季最大不超过5平方千米、夏季最大不超过3.4平方千米,其范围限于排水口向东及东南3~4千米的海域。

大亚湾核电基地温排水导致浮游植物群落结构的变化主要体现在以下3个方面:(1)在大亚湾生态监控区,浮游植物群落由暖水种占绝对优势转变为广温广布种占主导地位,种类与丰度呈逐年下降的态势,终年以硅藻为优势种群。(2)在历年变化中,硅藻所占比例略有下降,甲藻无论种类数还是所占比例均有所增加,硅藻/甲藻比率呈下降趋势,在夏季变化趋势尤为明显,并且多样性指数偏低。(3)2005-2006年,在大亚湾的大鹏澳养殖区观察到亚历山大藻孢囊在冬季形成高峰。可见,温排水对大亚湾核电基地附近海域的浮游植物群落结构产生了较明显的影响。

大亚湾海域浮游动物中华哲水蚤在春季和冬季数量都较大,密度较高,是首要优势种。2006年7月至2007年11月大亚湾海域四季调查结果显示,中华哲水蚤春季虽然是优势种,但密度降低了一个数量级,冬季已不再是优势种。核电厂附近温度变化被认为是影响中华哲水蚤分布的主要环境因素。

对大亚湾大型底栖动物生产力变化特征的研究表明,核电站温排水使大鹏澳口北侧近岸海域海水温度升高,直接影响该海域底栖动物的生存,导致大型底栖动物的生产力水平显著下降。

大亚湾核电站温排水对邻近水域鱼卵、仔鱼影响的研究表明,其在种类组成上出现了一些异常现象:温升 $0.5\sim1$ ℃ 的水域,小沙丁鱼鱼卵和仔鱼数量明显增多,这可能与该区域为冷暖水的混合区、浮游生物比较丰富有关;斑鰶和鲷科的鱼卵和仔鱼数量显著减少,说明受温排水的影响其产卵地点可能已经迁移。斑鰶和鲷科鱼类都是冬季产卵的种类,产卵需要较低的水温和清洁的水质,特别是鲷科鱼类,喜欢在海藻丛生或礁石较多的水域产卵,然而,温排水却使海水变浊,影响海藻生长,从而破坏了斑鰶和鲷科鱼类的产卵环境。

9.5.4　Quad Cities 核电站(QCNS)

Quad Cities 核电站包括两个沸水堆核电机组,坐落在伊利诺伊州密西西比河沿岸,于 1972 年开始商运。QCNS 从密西西比河取水,温排水排至密西西比河 14 号水库中。伊利诺伊州环保局(ILEPA)对 QCNS 夏末(7~9月)温排水最大温升限值拟增加 1.1 ℃ 进行了全面研究,以评估对 14 号水库潜在的热影响。研究结果显示,增加 1.1 ℃ 的温升没有明显增大温排水的影响范围。温排水对代表性重要鱼类的影响的研究结果表明,提高排放温度对大嘴鲈、叉尾鮰的影响可以忽略不计,对斑鳍银鱼有轻微影响(例如加快其增长);温排水混合区内大眼梭鲈慢性死亡率增加了 8.5%,而在 14 号水库中大眼梭鲈死亡率仍然小于 1%。回顾性影响分析表明,自从核电站运行以来,14 号水库中一些表层食物链(如鱼类)发生了变化,但这并不是因为 QCNS 温排水,而是由河流的整体变化导致的;底层食物链,例如浮游动物和浮游植物一直保持稳定,提供充足的食物供应,维持鱼类和贝类的增长。可见,QCNS 的温排水没有大幅减少当地物种丰度和群落结构;QCNS 的温排水也没有大幅增加任何有害物种(如斑纹贝)或耐高温鱼类的丰度或分布。

此外,ILEPA 测试了 QCNS 温排水和其他污染物(包括溶解有机碳、总磷、总氮、杀生剂、重金属和位于上游的其他温排水)的相互作用。没有证据表明,少量额外热排入 14 号水库会增强与其他污染物不利的协同效应。QCNS 温排水温度的升高仍能确保 14 号水库良好的水质,不会导致娱乐水域或经济水域的减少。14 号水库未出现濒危物种和独特罕见的栖息地,因此,QCNS 温排水对其不造成影响。基于上述分析,ILEPA 批准了 QCNS 温排水夏季温度限值升高 1.1 ℃。

9.5.5　关于热污染的建议与展望

1. 温排水排放的管理水平有待提高

国外关于温排水和混合区的研究已经趋于成熟,但我国相关标准未明确混合区的范围,目前运行和在建的火/核电站排水一般以温升不超过当时当地水温 4 ℃的变化作为水质判定标准。不过由于混合区的划定涉及功能区划、水域水动力条件和热排工程技术条件等因素,地方政府多受技术条件限制而无法根据海域条件确定混合区的范围。因此,有必要在法律法规建设中对排放口的绝对温度、温升、混合区边缘的温升、混合区范围进行研究分析和统一规定,以减少滨海电厂温排水对周边海洋环境的影响。

2. 加强温排水对环境影响范围的评估

在我国的温排水对环境的影响评估体系中,数模、物模试验的目的是预测电厂排水口处温升为 1 ℃、2 ℃、3 ℃、4 ℃时的温升包络面积,以满足"人为造成的海水温升不超过当时当地 4 ℃"的海水水质标准,并据此最终确定取排水位置、结构等。但在判断取排水口布置是否合理的实际操作中依然存在困难,目前只能在制订取排水方案时,在安全运行的前提下,结合工程造价和工程可实施性,优化取排水方案,尽可能做到缩小 4 ℃温升包络面积。所以有必要加强温排水对环境影响范围的评估,并以此来指导电厂的选址和建设。

3. 建立温排水影响的生态补偿机制

建立有效的海洋生态补偿法律制度,对于保护海洋生态环境,促进海洋自然资源的有序开发,实现对海洋资源的可持续开发利用尤为必要。2010 年,《生态补偿条例》被国务院列入立法计划,原国家海洋局在全国开展海洋生态补偿试点。同年,山东省出台《山东省海洋生态损害赔偿费和损失补偿费管理暂行办法》,将海洋生态补偿正式提升到地方性环境保护政策的层面。2012 年,党的十八大提出"建设海洋强国",海洋生态补偿机制正式被确认为我国生态文明体系的重要建设目标。2016 年和 2017 年,我国相继修改了《中华人民共和国海洋环境保护法》,沿海各省市随之出台了与本地区情况相适应的海洋生态补偿政策。2016 年,山东省出台了《山东省海洋生态补偿管理办法》;2017 年,连云港出台了《江苏连云港市关于加强海洋生物资源损失补偿管理工作的意见》;2018 年,福建省厦门市政府颁布了《厦门市海洋生态补偿管理办法》;2019 年,珠海市出台了《珠海市生态环境损害赔偿制度改革实施方案》。可见,海洋生态文明建设是生态文明建设的应有之义,我国是海洋大国,建立海洋生态补偿制度能更好地服务、推动海洋生态文明建设。

与陆地生态系统相比,海洋生态补偿的系统研究较少,且尚未从产业开发的角度真正建立补偿标准。针对滨海电厂的温排水影响,加强对新型环保的生物缓蚀剂的研究及其对海洋环境影响的评价,建立并逐步完善相关监测技术规范和评价办法,制定相应的补偿机制尤为重要。

4. 温排水余热的利用

据调研,电站温排水余热的潜在利用途径主要包括以下 3 个方面。

(1)农业利用。

农业利用项目包括室外土壤增温、灌溉、温室加热和制冷、农作物干燥、家畜粪便处理以及家畜庇护场所的环境温度调节等。

(2) 水产养殖业利用。

水产养殖业包括各种海产品及淡水生物的养殖,都可利用温排水。

(3) 工业及居所供暖等余热利用工程。

通过热泵技术,可以提高循环冷却水的热品位,提升其利用价值。需要 77~110 ℃ 热水的工业过程主要有:工业空间供热;食品加工洗涤、去皮、消毒和清洁等行业;金属去污和处理;石油化学工业和食品工业的蒸馏作用;谷物、木材及各类海产品或水产品的干燥等。

9.5.6 温排水生态影响研究的建议

目前国际上对如何选择敏感性目标物种、利用何种生物指标来表征生物对温升的生理反应,以及如何以此评价温排水对水生生物的热影响等问题的方法论研究不多,尚未形成统一标准,尤其是对温排水对受纳水体生态系统整体结构和生态功能的影响的研究少之又少。因此,需要进一步开展温排水对生态系统的影响研究,以预测一个电厂投运后对受纳水体的长期影响。基于全方位的生物学和生态学研究,可以确定温排水受纳水体最高绝对温度和允许的温度变化幅度。

理想条件下,全方位的生物学和生态学研究项目包括物理、化学和生物的现场和实验室研究。由于电厂厂址地理位置的差异,电厂的环境条件各不相同,因此没有绝对的研究标准。通常,在热带地区,需要关注致死温度,而在寒带和温带地区,温排水余热对生物种群和行为的影响更需关注。同时,要考虑不同污染源的叠加影响。目前,人们对多种环境压力对生物的协同作用还了解甚少,因此,需要对这种协同作用多加关注。

关于温排水的生物学和生态学的热影响研究方法是国际通用的,一些新的研究方法还在发展过程中,特别是针对如何确定长期的间接致死影响、对生态系统的整体影响和区域影响的研究。为了获得高质量的温排水对生物体的热影响数据,每个地点至少需要两年的研究。如果要做可靠的预测,则还需更长期的研究。

本章参考文献

[1] 浜尚亮.环境污染公害之日本水俣病事件[J].人民公安,2016(Z1):74-78.

[2] 《珠江水运》编辑部.不能忘却的伤痛——墨西哥湾漏油事件一周年回首[J].珠江水运,2011(9):30-33.

[3] 曹宇峰,曾松福,林春梅.浅谈我国滨海电厂温排水对海洋环境的影响状况[J].海洋开发与管理,2013,30(2):72-75.

[4] 陈慧贞,蒋安兆.海水提铀水合氧化铁吸附剂的研究——HTO 表面的研究[J].海洋学报,1990,12(3):333-339.

[5] 程鹏立.日本"水俣病"的社会学研究[J].河海大学学报(哲学社会科学版),2008,10(4):30-33+95.
[6] 丁昌坤,豆林涛,张海峰.核能原理的应用[J].科海故事博览·科教论坛,2010(8):168.
[7] 丁德文,刘胜浩,刘晨临,等.孢囊及其与赤潮爆发关系的研究进展[J].海洋科学进展,2005(1):1-10.
[8] 董立延.水俣病:现代社会的一面镜子——从公害发源地到环境模范都市[J].福建论坛(人文社会科学版),2013(7):179-183.
[9] 高波,邵爱杰.我国近海赤潮灾害发生特征、机理及防治对策研究[J].海洋预报,2011,28(2):68-77.
[10]《世界环境》编辑部.汞污染下水俣病梦魇60年[J].世界环境,2016(4):10-11.
[11] 黄海燕,康林冲,杨翼,等.2013年我国近海赤潮引发种种类和分布研究[J].海洋科学,2016,40(11):17-27.
[12] 姜伟.中国海上油田开发中的钻完井技术现状和展望[J].中国工程科学,2011,13(5):58-65.
[13] 刘晓星.日本福岛核废水排海将带来哪些危害?[J].中国科技奖励,2021(4):72-73.
[14] 刘永叶,杨阳,乔亚华,等.关于国内温排水生态影响研究的建议[J].环境与可持续发展,2017,42(3):47-49.
[15] 孟伟.石油工业史上的911——墨西哥湾漏油事件[J].石油知识,2020(3):30-33.
[16] 宋德玲.日本水俣病事件的历史反思——以熊本水俣病事件为中心[J].长春师范学院学报,2001(1):20-23.
[17] 王耳朵先生.日本处理核废水,让全世界买单?[J].世界文化,2021(6):4-7.
[18] 王克欧.城市和工业废水中有机化合物分析[M].北京:学术期刊出版社,1989.
[19] 魏新渝,王一川,张琨,等.电厂温排水对水生生物影响评价综述[J].水生态学杂志,2018,39(2):1-10.
[20] 魏秀兰,朱庆林.滨海电厂温排水的综合利用[J].海洋湖沼通报,2017(1):52-56.
[21] 杨晖玲.日本福岛核泄漏事件的案例分析[D].郑州:郑州大学,2012.
[22] 杨新兴,李世莲,尉鹏,等.环境中的热污染及其危害[J].前沿科学,2014,8(3):14-26.
[23]《经济管理文摘》编辑部.中国将在2020年实现核电装机容量4 000万千瓦[J].经济管理文摘,2005(8):9.
[24] 予馨,邝飚.《水俣公约》促进中国限汞进程[J].环境,2013(3):36.
[25] 苑佳卉,吴元柱.核电站温排水现状研究[J].科技视界,2015(12):231+259.

[26] 云间子.排核废水入海是唯一选择吗[J].方圆,2021(9):68-69.
[27] 詹慧玲,饶小珍.赤潮的危害、成因和防治研究进展[J].生物学教学,2021,46(7):66-68.
[28] 张蕾.我国赤潮的成因和防治[J].江苏教育学院学报(自然科学版),2008,25(4):57-59.
[29] 张奇.中国汞治理迫在眉睫[J].生态经济,2016,32(7):10-13.
[30] 张青田.中国海域赤潮发生趋势的年际变化[J].中国环境监测,2013,29(5):98-102.
[31] 张仕荣,李鑫.日本核泄漏引发全球治理再思考[J].中国应急管理,2021(6):80-83.
[32] 张延.日本水俣病和水俣湾的环境恢复与保护[J].水利技术监督,2006(5):50-52.
[33] 赵召.墨西哥湾漏油事件:前所未有的生态灾难[J].生命世界,2010(7):38-43.
[34] 郑琳,张爱君,曲亮,等.青岛滨海电厂温排水对海洋生态环境影响研究现状[J].海洋开发与管理,2012,29(9):94-97.
[35] 周名江,朱明远,张经.中国赤潮的发生趋势和研究进展[J].生命科学,2001(2):53-59.